RESPONSABILIDADE TRIBUTÁRIA

CIP-BRASIL. CATALOGAÇÃO NA PUBLICAÇÃO
SINDICATO NACIONAL DOS EDITORES DE LIVROS, RJ

F42r
4. ed.

Ferragut, Maria Rita
Responsabilidade tributária / Maria Rita Ferragut. - 4. ed., rev., atual. e ampl. - São Paulo : Noeses, 2020.

336 p.
ISBN 978-85-8310-141-3

1. Direito tributário - Brasil. 2. Responsabilidade (Direito) - Brasil. I. Título.

19-61106 CDU: 34:351.713(81)

Meri Gleice Rodrigues de Souza - Bibliotecária CRB-7/6439

Maria Rita Ferragut

Livre-docente em Direito Tributário pela USP; Mestre e Doutora em Direito Tributário pela PUC-SP. Professora de Direito Tributário no IBET e PUC/Cogeae. Advogada.

RESPONSABILIDADE TRIBUTÁRIA

4ª edição revista, atualizada e ampliada

Prefácio de Paulo de Barros Carvalho

2020

Copyright © Editora Noeses 2020
Fundador e Editor-chefe: Paulo de Barros Carvalho
Gerente de Produção Editorial: Rosangela Santos
Arte e Diagramação: Renato Castro
Revisão: Georgia Evelyn Franco
Designer de Capa: Aliá3 - Marcos Duarte

TODOS OS DIREITOS RESERVADOS. Proibida a reprodução total ou parcial, por qualquer meio ou processo, especialmente por sistemas gráficos, microfílmicos, fotográficos, reprográficos, fonográficos, videográficos. Vedada a memorização e/ou a recuperação total ou parcial, bem como a inclusão de qualquer parte desta obra em qualquer sistema de processamento de dados. Essas proibições aplicam-se também às características gráficas da obra e à sua editoração. A violação dos direitos autorais é punível como crime (art. 184 e parágrafos, do Código Penal), com pena de prisão e multa, conjuntamente com busca e apreensão e indenizações diversas (arts. 101 a 110 da Lei 9.610, de 19.02.1998, Lei dos Direitos Autorais).

2020

Editora Noeses Ltda.
Tel/fax: 55 11 3666 6055
www.editoranoeses.com.br

Ao Vladimir, com todo o meu amor,
por tudo o que é e significa para mim.

Aos meus pais, Jonas e Nilza ("in memoriam"),
e aos meus irmãos, Henrique e Alice, responsáveis
por tantos momentos felizes de minha vida.

NOTAS À 4ª EDIÇÃO

É com imensa satisfação que apresento aos leitores a nova edição do livro *Responsabilidade tributária*, revisada e ampliada.

Mereceu nossa reflexão o interesse comum previsto no art. 124, I, do CTN, rotineiramente utilizado pelas Autoridades Fiscais e julgadores administrativos e judiciais como fundamento da solidariedade; a nova redação do art. 50 do Código Civil, dada pela Lei da Liberdade Econômica, e a desconsideração da personalidade jurídica; a prescrição intercorrente e a Teoria da Actio Nata; o art. 149, VII, do CTN para as hipóteses de dolo, fraude e simulação; os grupos econômicos, paulatinamente sujeitos ao redirecionamento da cobrança da dívida fiscal apesar da ausência de clara autorização normativa para grande parte dos casos ilícitos e de insuficiente material probatório de acusação; a necessária distinção entre grupos econômicos de fato e separação societária meramente formal ("grupos econômicos irregulares") e o art. 30, IX, da Lei 8.212/91, dentre diversas outras questões.

Além disso, algumas partes foram excluídas e outras revisitadas e agrupadas, de forma a abordar o tema da Responsabilidade Tributária de maneira mais direta e atual.

Por fim, realizamos cuidadosa atualização jurisprudencial, tendo em vista as inúmeras decisões sobre o tema, proferidas nos últimos anos pelo Supremo Tribunal Federal, Superior Tribunal de Justiça, Tribunais Regionais Federais e os

Administrativos, a respeito da desconsideração da personalidade jurídica, dos grupos econômicos, do interesse comum que autoriza a solidariedade, da dissolução irregular da sociedade empresária, da responsabilidade pessoal do administrador, do prazo para redirecionamento da execução fiscal, do Incidente de Desconsideração da Personalidade Jurídica e da medida cautelar fiscal.

Mais uma vez agradeço a gentil acolhida deste livro, e espero que a ampliação da obra e as atualizações realizadas possam atender às expectativas daqueles que buscam uma abordagem teórica e pragmática das controvertidas e atuais questões acerca da responsabilidade tributária.

Outubro de 2019.

Maria Rita Ferragut

NOTAS À 3ª EDIÇÃO

É com imensa satisfação que apresento aos leitores a nova edição do *Responsabilidade tributária*, após ampla revisão legislativa e jurisprudencial, que abrange modificações recentes do STF, STJ e Tribunais Administrativos, sobretudo no que diz respeito à responsabilidade pessoal do administrador, as questões processuais que envolvem esse tema, o redirecionamento da execução fiscal e a dissolução irregular da sociedade empresária.

Mais uma vez agradeço a gentil acolhida desta obra no meio acadêmico e espero, com ela, poder atender às expectativas daqueles que buscam uma abordagem clara das controvertidas questões acerca da responsabilidade tributária.

Finalmente, gostaria de estender as minhas palavras de amor e carinho, destinadas na 2ª edição apenas à minha Júlia, aos meus dois novos e lindos filhos, João e Gabriela. Meu coração bate feliz por vocês três!

Agosto de 2013.

Maria Rita Ferragut

NOTAS À 2ª EDIÇÃO

É com inestimável alegria que apresento aos leitores a nova edição do Responsabilidade tributária, cuja primeira edição, lançada em dezembro de 2005, esgotou-se.

Acredito que o conteúdo deste livro tenha alcançado, em grande parte, o objetivo delineado, em um segmento do direito tributário que considero extremamente complexo, por envolver proposições normativas vagas, provas que sequer são produzidas por serem tidas como desnecessárias, lançamentos incorretos, prazos decadenciais não observados, direitos de defesa e de arrecadação mitigados etc. Felizmente, entretanto, o avanço da doutrina e da jurisprudência administrativa e judicial, desde a primeira edição, já é notável, e certamente contribuirá para um melhor equilíbrio entre os direitos e deveres do Fisco e dos contribuintes.

Nesta edição, fiz algumas pequenas revisões, fruto de um período de pesquisa e reflexão oriundo de inúmeros debates, promovidos em sala de aula dos cursos de mestrado e doutorado em direito tributário da PUC/SP, em grupos de estudos que tive a valiosa oportunidade de participar e em congressos.

Por fim, agradeço a gentil acolhida desta obra no meio acadêmico, e espero, com ela, poder atender às expectativas daqueles que buscam uma abordagem clara das controvertidas questões, de natureza material e processual, que envolvem o tema.

A Autora

PREFÁCIO

O advento do Código Civil de 2002, com a nova configuração que instituiu, não poderia deixar de repercutir no ordenamento tributário brasileiro, deixando marcas em setores específicos da legislação. O direito incide sobre o campo dos comportamentos intersubjetivos, mas, para tanto, qualifica pessoas, situações e coisas. Às vezes, discreta mutação na ordem das qualificações de direito privado ou de direito público será o bastante para alterar institutos e regimes jurídicos que se mantiveram estáveis por muitos anos. E, com isso, o direito vai avançando em clima de "completabilidade". Não de "completude", como já se pretendeu, mas operando de tal maneira que permaneça em estado de aptidão para responder, com norma, às circunstâncias da vida social que lhe interesse absorver, utilizando seu invariável e peculiar instrumento de regulação das condutas inter-humanas, isto é, permitindo, obrigando e proibindo. Em paralelo bem adequado, o Prof. Vilanova comparou a "completabilidade" do sistema jurídico-normativo àquela de um idioma qualquer, sempre pronto para criar palavras e frases novas, a partir de suas estruturas morfológicas e sintáticas. O patrimônio vocabular e fraseológico de uma língua vai se enriquecendo com o passar do tempo, de tal modo que podemos extrair, de um número finito de regras, infinitas construções frásicas. Assim também é o direito positivo.

Com efeito, a riqueza inesgotável do real, na multiplicidade intensiva de suas variações, está por exigir a incessante criação de conceitos e de seus correlatos termos, que o ser humano vai demarcando mediante definições e, em seguida, procura distribuir em classes para avançar no projeto do conhecimento. Ora, a despeito do monumento jurídico que a sistematização do Código Civil de 1916 ainda significa como construção jurídico-prescritiva, nossa sociedade houve por bem repensar a matéria, promovendo alterações que, em alguns momentos, chegam a ser substanciosas, ao editar o Diploma de 2002. Lembremo-nos de que a legislação civil, regulando as qualificações fundamentais que configuram o sujeito de direito e as relações que deve manter com seus semelhantes; disciplinando os institutos que dizem mais de perto com a participação de cada um no contexto social; sempre foi o pano de fundo, o padrão de referência, o sistema básico de inspiração para a disciplina de condutas nos demais setores do direito positivo. E o subdomínio do direito tributário, certamente, não poderia escapar desse tipo de consideração. Eis a razão de ser do título desta obra magnífica que tenho o imenso prazer de prefaciar: "Responsabilidade Tributária e o Código Civil de 2002",[1] de Maria Rita Ferragut, professora por vocação, além de renomada escritora e advogada.

Ao longo deste trabalho, o tema da responsabilidade é amadurecido no fogo brando da reflexão e exposto de maneira a corresponder à mais exigente expectativa. Sabe muito bem a autora que vulgar é ler, raro é refletir. À interpretação literal, com os singelos recursos do nervo óptico, não reserva mais do que o posto de mero início da elaboração interpretativa, o travar contato, indispensável, mas elementar e primeiro, com o texto do produto legislado, sem o que a mensagem prescritiva não seria percebida pelo destinatário. Percorrendo seus

---

1. Nota do editorial: o título corresponde ao da primeira edição. Em vista do decorrer do tempo e de que o Código Civil de 2002 não é mais novidade, acrescendo-se o fato de que a autora ampliou, sobremaneira, seus estudos para esta edição, é que a mesma optou por atribuir-lhe título mais conciso à obra.

escritos, vê-se que Maria Rita está ciente de que ser responsável tributário é receber um atributo deôntico ao lado de outros mais, território dentro do qual se movimenta o legislador para compor a disciplina que se propôs implantar.

Mais do que um livro de feição analítica, a presente obra se enquadra, perfeitamente, naquele "constructivismo lógico-semântico" tão ao gosto do Professor Lourival Vilanova, vertente do "constructivismo epistemológico".

Se compararmos o conteúdo deste texto com seu anterior, na ordem do tempo, o bem recebido "Presunções Jurídicas no Direito Tributário", notaremos o mesmo estilo penetrante, a mesma forma atilada e idêntica preocupação com o rigor científico. A imersão teórica, contudo, é mais densa, mostrando o aprimoramento filosófico empreendido no intervalo das duas edições. Refinamento filosófico, é bom dizer, que longe de afastar as cogitações levantadas pelo exercício efetivo dos conceitos jurídicos, facilita enormemente o contato com a realidade factual, oferecendo instrumentos preciosos para a análise de situações concretas que formam a experiência tributária dos nossos dias. Nas linhas em que é tecido o discurso, nota-se um comprometimento existencial do jurista teórico com o objeto escolhido. Mas, nele mesmo, discurso, fica patente a técnica de quem advoga com intensidade, colhendo e recolhendo os resultados que o trato diário com a matéria vai suscitando. Em nenhum instante deixa de lado a observação de que as hipóteses fáticas são expressões dotadas de significação empírica, de referência objetiva. Além do mais, acompanha o pensamento da autora a convicção de que o pensar, em sua tríplice modalidade: idear, julgar e raciocinar, reivindica necessariamente a linguagem.

O livro que o leitor tem em mãos cobre a temática do sujeito passivo, referta de dúvidas e povoada de imprecisões com que se debatem os estudos dogmáticos. A ilustre professora, que tem prestado relevante assistência no Programa de Pós-graduação, além de ministrar aulas nos cursos de especialização da PUC/SP e do IBET, ao tratar do assunto da responsabilidade tributária, estabelece conexões interessantíssimas entre as várias figuras de que se ocupa. Afinal de contas, versar o tema demanda incursões demoradas por categorias, institutos e formas da Teoria Geral do Direito, o que faz com naturalidade e vigor. Além do mais, enfrenta questões práticas inerentes à responsabilidade pessoal do administrador, dentre as quais a necessidade de inclusão de seu nome na certidão de dívida ativa, a responsabilidade e os prazos decadenciais e prescricionais, a exceção de pré-executividade e a responsabilidade pelo extravio de documentos, apenas para ressaltar alguns itens relevantes que dão sentido de praticidade ao estudo. É por tudo isso que o presente volume foi escolhido para integrar o conjunto inicial de livros lançados pela Editora Noeses, e que eu, tendo convivido acadêmica e profissionalmente com a autora, posso testemunhar sua altíssima qualidade científica, além de ressaltar o interesse e utilidade de sua leitura.

São Paulo, 03 de outubro de 2005.

Paulo de Barros Carvalho
Titular de Dir. Tributário da PUC/SP e da USP

SUMÁRIO

NOTAS À 4ª EDIÇÃO VII
NOTAS À 3ª EDIÇÃO IX
NOTAS À 2ª EDIÇÃO XI
PREFÁCIO XIII
INTRODUÇÃO 1

Capítulo I
RESPONSABILIDADE TRIBUTÁRIA

1.1 Considerações iniciais 5
1.2 Conceito de sujeito passivo 6
1.3 Inexistência de previsão constitucional do sujeito passivo tributário 10
1.4 Responsabilidade civil: breve abordagem 11
1.5 Conceito de responsabilidade tributária 13
1.6 Reflexões sobre a desnecessidade da constituição do crédito perante o contribuinte, para o nascimento da norma de responsabilidade 15

1.7 Limite constitucional e legal para a criação do responsável tributário 17

1.8 Responsabilidade tributária e o princípio da capacidade contributiva 20

    1.8.1 Modalidades de repercussão jurídica: reembolso e retenção na fonte 24

1.9 A natureza jurídica da norma de responsabilidade: norma jurídica tributária ou não tributária; dispositiva ou sancionadora? 27

    1.9.1 Nosso entendimento 30

1.10 Causas de existência da responsabilidade tributária 32

1.11 Classificação das normas de responsabilidade tributária 33

    1.11.1 A classificação de Rubens Gomes de Sousa e a de Alfredo Augusto Becker 33

    1.11.2 Nossa classificação 35

1.12 Extinção da responsabilidade tributária 36

Capítulo II
RESPONSABILIDADE TRIBUTÁRIA POR SUBSTITUIÇÃO

2.1 Responsabilidade tributária por substituição 39

2.2 Estrutura lógica da norma de substituição tributária 41

2.3 Espécies de substituição tributária 44

2.4 Titularidade do direito à restituição do indébito na substituição tributária 45

Capítulo III
RESPONSABILIDADE TRIBUTÁRIA POR SOLIDARIEDADE

3.1 Responsabilidade tributária por solidariedade . 49

2.2 Estrutura lógica da norma de solidariedade 51

3.3 Art. 124, I, do CTN 52

2.4 Art. 124, II, do CTN 58

2.5 Do lançamento e da obrigação de a autoridade administrativa identificar todos os sujeitos que respondem pelo crédito tributário 60

3.6 Nulidade absoluta do lançamento na hipótese de cerceamento de defesa 64

3.7 Titularidade do direito à restituição do indébito na solidariedade 65

Capítulo IV
SUCESSÃO TRIBUTÁRIA NA FUSÃO, INCORPORAÇÃO E CISÃO DE SOCIEDADES E NA AQUISIÇÃO DE ESTABELECIMENTOS

4.1 Introdução 67

4.2 Estrutura lógica da norma de sucessão 68

4.3 Art. 132 do CTN: sucessão nas hipóteses de fusão, incorporação e cisão 69

4.4 Cisão e ausência de previsão legal expressa no CTN 74

    4.4.1 Características da cisão e a responsabilidade por sucessão e por solidariedade 76

XIX

4.5 Art. 133 do CTN: sucessão na aquisição de estabelecimentos 80

    4.5.1 Conceito de estabelecimento e as consequências fiscais de sua alienação 81

    4.5.2 Incisos I e II do art. 133 do CTN 85

4.6 Anulação do negócio jurídico de aquisição do estabelecimento e a controvérsia sobre a contabilização dos débitos fiscais................................... 87

4.7 Possibilidade de transferência da multa na responsabilidade por sucessão.. 89

4.8 Titularidade do direito à restituição do indébito na sucessão 92

Capítulo V
RESPONSABILIDADE TRIBUTÁRIA DE TERCEIROS

5.1 Introdução.. 93

5.2 Conceitos necessários ao estudo da responsabilidade de terceiros: ilícito, infração, sanção, culpa e dolo... 94

    5.2.1 Culpa... 98

    5.2.2 Dolo 100

5.3 Art. 134 do CTN 103

5.4 Estrutura lógica da norma de responsabilidade (art. 134 do CTN).. 106

5.5 Responsabilidade dos sócios no caso de liquidação de sociedade de pessoas... 107

    5.5.1 O administrador não sócio sujeita-se à disciplina do inciso VII do art. 134 do CTN?... 110

5.5.2 Conclusões parciais..................................... 111
5.6 Art. 135 do CTN 111
5.7 Estrutura lógica da norma de responsabilidade (art. 135 do CTN).................................... 113
5.8 Da imprescindibilidade do dolo para a aplicação do art. 135 do CTN.................................... 114
5.9 O art. 135 do CTN não é hipótese de desconsideração da personalidade jurídica.......................... 115
5.10 Elementos da responsabilidade tributária do administrador.. 117

    5.10.1 Elemento pessoal: indivíduos sujeitos à responsabilidade............................. 117

    5.10.2 Elemento fático: condutas que geram a responsabilidade pessoal........................... 123

        5.10.2.1 Excesso de poderes..................... 123

        5.10.2.2 Infração do contrato social ou do estatuto............................... 124

        5.10.2.3 Infração de lei............................ 125

        5.10.2.3.a Falta de pagamento de tributo: infração de lei, para os fins do art. 135 do CTN?...................... 126

        5.10.2.4 Dissolução irregular da sociedade empresária................................ 128

5.11 A importância das provas para o reconhecimento da responsabilidade pessoal do administrador . 130

    5.11.1 A utilização das provas diretas e das presunções legais para a caracterização da responsabilidade de terceiros............... 132

5.12 Possibilidade de exigência das multas moratória e punitiva... 134

XXI

5.13 Responsabilidade de terceiros e legitimidade ativa na restituição do indébito 134

Capítulo VI
RESPONSABILIDADE POR INFRAÇÕES

6.1 Introdução 135

6.2 Art. 136 do CTN 135

6.3 Art. 137 do CTN 138

    6.3.1 Art. 137, I, do CTN 139

    6.3.2 Incisos II e III do art. 137 do CTN: tipos penais ou administrativos-tributários? 141

    6.3.3 Art. 137, II, do CTN 142

    6.3.4 Art. 137, III, do CTN 142

6.4 O art. 137 do CTN e a mera ausência de pagamento de tributo: responsabilidade do administrador? 144

6.5 Resumo das similaridades e das diferenças entre os arts. 135 e 137 do CTN 146

Capítulo VII
RESPONSABILIDADE TRIBUTÁRIA DOS ADMINISTRADORES: OUTRAS QUESTÕES RELEVANTES

7.1 Execução fiscal: o administrador como sujeito passivo e a necessidade da inclusão de seu nome na certidão de dívida ativa 149

7.2 Inclusão do administrador na lide após a oposição dos embargos à execução fiscal: limites para a preservação da constitucionalidade e da legalidade desse procedimento.................................... 155

7.3 Decadência e inclusão do nome do administrador na Certidão de Dívida Ativa 157

7.4 Quem é o contribuinte na hipótese de interposição de pessoas? 158

7.5 Desnecessidade de propositura de ação de conhecimento para comprovação do ilícito praticado pelo administrador.. 160

7.6 Prescrição intercorrente para o redirecionamento da execução fiscal 161

7.7 Exceção de pré-executividade como forma de exclusão do nome do responsável do polo passivo da execução fiscal 167

7.8 Meio processual adequado para a defesa do administrador quando a exceção de pré-executividade não tiver cabimento: embargos de terceiro ou embargos à execução fiscal?................................... 170

7.9 Considerações fundamentais sobre o processo falimentar, consequências legais decorrentes da quebra e algumas questões processuais relevantes envolvendo débitos fiscais.. 172

    7.9.1 Responsabilidade tributária do administrador de sociedade falida 176

7.10 Meação do cônjuge não administrador e a questão da responsabilidade tributária de terceiros 178

7.11 Fraude contra credores: quando a doação dos bens do administrador a tipifica............................. 182

7.12 Impossibilidade do redirecionamento da execução fiscal quando a pessoa jurídica não tiver bens suficientes para a quitação da dívida................. 184

XXIII

7.13 Confissão da dívida fiscal pela pessoa jurídica e responsabilidade pessoal do administrador 185

7.14 Responsabilidade do administrador pelo extravio e pela inutilização de documentos fiscais 187

7.15 Responsabilidade do ex-sócio pelas dívidas fiscais relativas a fatos jurídicos tributários ocorridos na época de sua administração. Perda ou não apresentação dos documentos fiscais pelos sucessores 189

Capítulo VIII
DESCONSIDERAÇÃO DA PERSONALIDADE JURÍDICA E DE ATOS E NEGÓCIOS SIMULADOS

8.1 Teoria da desconsideração da personalidade jurídica 193

8.2 Art. 50 do Código Civil 198

8.3 Desconsideração de atos e negócios jurídicos e a Lei Complementar 104/2001 201

8.4 Atos e negócios jurídicos simulados e o art. 149, VII, do CTN 204

8.5 Síntese conclusiva da responsabilidade por atos lícitos e ilícitos 208

Capítulo IX
RESPONSABILIDADE TRIBUTÁRIA DOS GRUPOS ECONÔMICOS

9.1 Introdução 211

9.2 Grupos econômicos 212

9.2.1 Grupo econômico de direito (ou convencional) 212

9.2.2 Grupos econômicos de fato 213

    9.2.2.1 Grupo econômico de fato por relações societárias 214

    9.2.2.2 Grupo econômico de fato presumido 216

9.3 Da imprescindível distinção entre separação societária meramente formal ("grupo econômico irregular") e grupos econômicos de fato 218

9.4 Responsabilidade tributária e patrimonial dos grupos econômicos 222

    9.4.1 Art. 124, I do CTN 224

    9.4.2 Art. 124, II, do CTN conjugado com o art. 30, IX, da Lei 8.212/91 226

    9.4.3 Art. 50 do Código Civil 229

    9.4.4 Art. 149, VII, do CTN 232

9.5 Sucessão empresarial decorrente de dilapidação patrimonial e grupos econômicos de fato 233

9.6 Da necessidade de citação de todos os componentes do grupo econômico 235

9.7 Incidente de Desconsideração da Personalidade Jurídica - IDPJ 236

9.8 Opera-se a prescrição intercorrente no redirecionamento da execução fiscal para grupos econômicos? 241

9.9 Segregação de atividades empresariais e limites para desconsideração da "sociedade paralela" .. 246

9.10 Medida Cautelar Fiscal 250

9.11 Conclusão final: responsabilidade solidária por atos lícitos e ilícitos e seus fundamentos legais . 255

XXV

Capítulo X
O CÓDIGO CIVIL DE 2002 E A RESPONSABILIDADE DOS SÓCIOS E ADMINISTRADORES

10.1 A importância dos conceitos de direito civil para a correta compreensão e aplicação do direito tributário 257

10.2 Superioridade hierárquica das normas veiculadas no CTN sobre as constantes do Código Civil 259

10.3 Conceito e nascimento da personalidade jurídica das sociedades empresárias e das simples 261

    10.3.1 Sociedades irregulares e sociedades de fato   263

10.4 As sociedades empresárias e simples e a interpretação da legislação fiscal anterior ao advento do Código Civil de 2002 264

10.5 Responsabilidade dos sócios, dos acionistas e dos administradores em face do Código Civil de 2002. 266

    10.5.1 Responsabilidade dos empresários 267

    10.5.2 Responsabilidade dos incapazes 267

    10.5.3 Responsabilidade nas sociedades não personificadas 270

        10.5.3.1 Responsabilidade nas sociedades em comum 271

        10.5.3.2 Responsabilidade nas sociedades em conta de participação 273

    10.5.4 Responsabilidade nas sociedades personificadas 274

        10.5.4.1 Responsabilidade nas sociedades simples 275

10.5.4.2 Responsabilidade nas sociedades em nome coletivo 283

10.5.4.3 Responsabilidade nas sociedades em comandita simples 284

10.5.4.4 Responsabilidade nas sociedades limitadas 286

10.5.4.5 Responsabilidade nas sociedades anônimas 290

10.5.4.6 Responsabilidade nas sociedades em comandita por ações 292

10.5.4.7 Responsabilidade nas sociedades cooperativas 293

10.6 Resumo das responsabilidades dos sócios e dos acionistas no Código Civil de 2002 294

REFERÊNCIAS 297

INTRODUÇÃO

A escolha do tema deste trabalho, fruto de minha tese de doutoramento, foi motivada pela indignação. Indignação com relação às inúmeras normas constantemente publicadas que, cada vez mais, sacrificam a sociedade ao prever um elevadíssimo número de controles fiscais e a obrigação de recolher tributos devidos em função de fatos praticados por terceiros, como se o interesse público justificasse toda e qualquer intromissão na atividade privada, nos direitos individuais e no direito que se tem de trabalhar e de gozar dos frutos do trabalho.

Indignação, também, com relação ao crescente número de contribuintes sonegadores, que se utilizam das mais variadas artimanhas para, de forma fraudulenta, evitar o pagamento de tributos, como se a arrecadação não fosse imprescindível para a manutenção do Estado de Direito.

Nesse contexto, por que fazer ciência, senão pelo prazer intelectual *somado* à expectativa de que a construção teórica engendrada tenha repercussões práticas, que atendam tanto ao interesse público quanto aos direitos individuais?

Assim, procurando oferecer critérios para conciliar o interesse público da arrecadação, com os direitos constitucionais conferidos aos contribuintes, é que se põe a temática da responsabilidade tributária.

Elegemos como objeto de estudo o conjunto de proposições prescritivas pertencentes ao subsistema jurídico tributário brasileiro, veiculadoras da responsabilidade tributária. A partir desse universo, fizemos mais um corte metodológico, para nos centrarmos nas proposições que regulam a sucessão de sociedades em virtude da fusão, incorporação, cisão e aquisição de estabelecimentos, bem como a responsabilidade pessoal dos administradores e, na 4ª edição, acrescentamos os grupos econômicos e a Lei da Liberdade Econômica (Lei 13.874/2019). Por fim, centramo-nos nas normas introduzidas pelo Código Civil de 2002, que tratam da responsabilidade dos sócios, acionistas e administradores.

Propusemo-nos a desenvolver investigação científica de caráter analítico, à luz das categorias da Teoria Geral do Direito, considerando a supremacia da Constituição Federal e dos valores nela inseridos. Uma vez que o direito apresenta-se como fenômeno linguístico, todo o trabalho está orientado pelas categorias semióticas: sintaxe, semântica e pragmática.

Para melhor desenvolvimento do tema, nesta **4ª Edição**, o trabalho foi dividido em dez capítulos. Inicialmente (Capítulo I), analisamos o conceito de sujeito passivo tributário, a inexistência de norma constitucional que indique quem deva ser o sujeito passivo de uma relação jurídica tributária, a natureza jurídica da responsabilidade e as causas de existência dessas proposições etc. Classificamos as normas em substituição, solidariedade, sucessão, responsabilidade de terceiros e responsabilidade por infrações.

A partir dessas considerações, adentramos no Capítulo II e analisamos a sujeição passiva por substituição. No Capítulo III, a responsabilidade solidária, de ímpar importância nos dias atuais, sobretudo em face da imprecisa delimitação do conceito de "interesse comum", previsto no art. 124, I, do CTN.

No Capítulo IV, discorremos sobre a sucessão, em especial das sociedades em virtude da fusão, incorporação e cisão, e da aquisição de estabelecimentos.

Logo após, no Capítulo V, verificamos as hipóteses de cabimento da responsabilidade do sócio, fundada no art. 134, VII, do CTN. Analisamos, também, a responsabilidade prevista no art. 135 do mesmo Código, inclusive no caso de dissolução irregular da sociedade empresária. O terceiro responsável assume as consequências advindas do ato ilícito por ele praticado, ou em relação ao qual tenha participação, sem que isso signifique tratar-se de hipótese de desconsideração da personalidade jurídica.

Demonstramos que a separação das personalidades, somada aos princípios constitucionais da propriedade e do não confisco, veda que um administrador seja responsável por ato não praticado mediante dolo. Estamos convictos de que a prova da intenção de fraudar, de agir de má-fé e de prejudicar terceiros é fundamental.

É a partir desse prisma que as normas de responsabilidade envolvendo o administrador devem ser interpretadas. Caso contrário, a intervenção no patrimônio particular e na liberdade do administrador será injurídica e totalmente incompatível com as garantias que a Constituição defere a todos, a título de direitos fundamentais.

No Capítulo VI, tratamos da responsabilidade por infrações fundada no art. 137 do CTN, que exige a constatação da conduta dolosa por parte do infrator. As infrações previstas em todos os incisos desse enunciado constituem crimes ou contravenções. São as infrações penais.

No Capítulo VII, a proposta foi analisar várias questões controvertidas envolvendo a responsabilidade pessoal do administrador, tais como a necessidade de sua inclusão no lançamento tributário, decadência, prescrição intercorrente para o redirecionamento da execução fiscal, exceção de pré--executividade etc.

No Capítulo VIII, tratamos da desconsideração da personalidade e de atos e negócios jurídicos simulados, incluindo a análise do art. 50 do Código Civil, com seus desdobramentos esperados pelos reflexos da Lei 13.874/2019, a Lei Complementar

104/2001 e o art. 149, VII, do CTN, pouco aplicado apesar de sua abrangência e importância no caso de fraude.

No Capítulo IX, tratamos da responsabilidade tributária dos grupos econômicos. Iniciamos com a identificação das espécies dos grupos considerando tanto a abordagem normativa quanto a probatória, para posteriormente distinguir os grupos econômicos de fato dos denominados irregulares (separação societária meramente formal). Analisamos o art. 124, incisos I e II, e art. 149, VII, do CTN, bem como o art. 30, IX, da Lei 8.212/91 e o art. 50 do Código Civil, dilapidação patrimonial e grupos econômicos de fato, Incidente de Desconsideração da Personalidade Jurídica – IDPJ, prescrição intercorrente, segregação de atividades empresariais, medida cautelar fiscal etc.

Finalmente, no Capítulo X, tratamos da superioridade hierárquica das normas veiculadas no CTN, sobre as constantes do Código Civil, da interpretação da legislação fiscal anterior ao advento desse Código e das inúmeras normas de responsabilidade dos sócios, acionistas e administradores constantes desse texto legal.

Capítulo I

RESPONSABILIDADE TRIBUTÁRIA

1.1 Considerações iniciais

Estudar responsabilidade tributária requer que a investigação tenha como ponto de partida a regra-matriz de incidência, com enfoque na relação jurídica constante de seu consequente. Não que seja necessário adentrar de forma profunda em temas tão ricos, para que nosso objeto de estudo possa ser devidamente conhecido, mas uma breve incursão nessas matérias permitirá que a sujeição passiva tributária, e especialmente a responsabilidade, sejam melhor compreendidas.

Regra-matriz de incidência tributária é norma jurídica, definida por nós como sendo a significação organizada numa estrutura lógica hipotético-condicional (juízo implicacional), construída pelo intérprete a partir do direito positivo, seu suporte físico. Tem por função regular condutas intersubjetivas.

Difere das demais normas existentes no direito positivo apenas em virtude de seu conteúdo, que descreve um fato típico tributário e prescreve a relação obrigacional que se estabelece entre os sujeitos ativo e passivo, tendo por objeto o pagamento de uma prestação pecuniária compulsória, em moeda ou cujo valor nela se possa exprimir, não decorrente de ato ilícito (tributo).

Em função do corte metodológico desse trabalho, interessa-nos o critério pessoal do consequente normativo, mais especificamente o sujeito passivo da relação jurídica, que será analisado a seguir. Por ora, indaga-se: o que é relação jurídica? É o vínculo que se instaura entre dois ou mais sujeitos de direito, em razão da ocorrência de determinado fato jurídico. Por força da imputação normativa, uma pessoa, denominada sujeito ativo, tem o direito de exigir de outra, sujeito passivo, o cumprimento de determinada obrigação prevista na relação.

As relações previstas no consequente das normas gerais e abstratas não apresentam vínculo capaz de gerar direitos e obrigações, mas apenas critérios para determiná-los. São consideradas, por isso, relações jurídicas formais,[2] que enunciam um possível futuro fato relacional.

Já nas normas individuais e concretas, encontramos a relação jurídica intranormativa (instaurada na norma), decorrente da associação de implicação deôntica de um fato, descrito normativamente no antecedente do enunciado, e um prescritor individual e concreto. É a projeção do consequente da norma geral e abstrata.

A relação jurídica intranormativa nasce no instante em que a norma individual e concreta, produzida pelo particular ou pela Administração, ingressa no sistema do direito positivo. Surge, nesse sentido, em decorrência do fato jurídico, que é jurídico em virtude da norma; jurídica, por sua vez, em face do direito positivo.

A relação é composta por dois sujeitos, ativo e passivo, e um objeto. De um lado, direito subjetivo; de outro, obrigação ou dever. Interessa-nos a obrigação, que será tributária se o objeto prestacional for "entregar dinheiro aos cofres públicos".

1.2 Conceito de sujeito passivo

Uma das definições mais importantes para todo o desenvolvimento deste trabalho é a de sujeito passivo. Em que pese sua aparente simplicidade, esse conceito será o fundamento de

---

2. Relação jurídica formal é a desprovida de concretude, porque o fato jurídico ainda não se realizou. Corresponde à previsão contida no consequente da norma geral e abstrata.

muitas das interpretações que serão construídas, parte delas em sentido contrário à maioria da doutrina e da jurisprudência.

Iniciemos com algumas importantes definições da doutrina nacional:

- *Paulo de Barros Carvalho*: "Sujeito passivo é a pessoa – sujeito de direitos – física ou jurídica, privada ou pública, de quem se exige o cumprimento da prestação: pecuniária, nos nexos obrigacionais; e insuscetível de avaliação patrimonial, nas relações que veiculam meros deveres instrumentais ou formais. É no critério pessoal do consequente da regra-matriz de incidência que colhemos elementos informadores para a determinação do sujeito passivo."[3]

- *Ruy Barbosa Nogueira:* "Sujeito passivo da obrigação tributária, em princípio, deve ser aquele que praticou a situação descrita como núcleo do fato gerador, aquele a quem pode ser imputada a autoria ou titularidade passiva do fato imponível. Como objetivamente a situação fática é de conteúdo econômico, o titular ou beneficiário do fato deve ser em princípio o contribuinte, mesmo porque é com o resultado da realização do fato tributado que ganha para pagar o tributo ou manifesta capacidade contributiva."[4]

- *Geraldo Ataliba:* "Sujeito passivo da obrigação tributária é o devedor, convencionalmente chamado contribuinte. É a pessoa que fica na contingência legal de ter o comportamento objeto da obrigação, em detrimento do próprio patrimônio e em favor do sujeito ativo. É a pessoa que terá diminuição patrimonial, com a arrecadação do tributo. É sujeito passivo, em regra, uma pessoa que está em conexão íntima

---

3. *Curso de direito tributário*, p. 296.
4. *Curso de direito tributário*, p. 144.

(relação de fato) com o núcleo (aspecto material) da hipótese de incidência."[5]

- *Aires F. Barreto*: "Será sujeito passivo, no sistema tributário brasileiro, a pessoa que provoca, desencadeia ou produz a materialidade da hipótese de incidência de um tributo como inferida na Constituição; ou 'quem tenha relação pessoal e direta' – como diz o artigo 121, parágrafo único, I do CTN – com essa materialidade."[6]

- *Ricardo Lobo Torres:* "Sujeito passivo é a pessoa obrigada a pagar o tributo e a penalidade pecuniária ou a praticar os deveres instrumentais para a garantia do crédito. Deve ser explicitamente indicado na lei que define o fato gerador. O sujeito passivo da obrigação de pagar o tributo diz-se contribuinte ou responsável."[7]

- *Renato Lopes Becho:* "Extraímos do critério pessoal os sujeitos passivos da obrigação tributária que, nos tributos discriminados na Constituição, serão necessariamente aquelas pessoas que realizarem, inquestionavelmente, a materialidade prevista na norma constitucional tributária. Nos tributos não discriminados, serão aquelas pessoas que realizarem as condutas descritas em dita materialidade. Os sujeitos passivos tributários estão, portanto, umbilicalmente relacionados com a materialidade descrita na norma."[8]

- *Luís Cesar Souza de Queiroz:* "Sujeito passivo tributário ou contribuinte – é o sujeito de direito titular do polo passivo de uma relação jurídica tributária (determinada e individualizada)."[9]

---

5. *Hipótese de incidência tributária*, p. 77.
6. *ISS na Constituição e na lei*, p. 289.
7. *Curso de direito financeiro e tributário*, p. 217
8. *Sujeição passiva e responsabilidade tributária*, p. 190.
9. *Sujeição passiva tributária*, p. 180.

- *Paulo Ayres Barreto*: "No âmbito de uma relação jurídica de cunho eminentemente tributário, o contribuinte é o único sujeito de direito a figurar no polo passivo dessa relação. E assim é porque ele é o titular da riqueza pessoal descrita no antecedente da norma geral e abstrata de índole tributária."[10]

- *Luciano Amaro*: "Sujeito passivo é o devedor da obrigação tributária, ou seja, é a pessoa que tem o dever de prestar, ao credor ou sujeito ativo, o objeto da obrigação. Como as obrigações, em função do objeto, foram classificadas pelo Código Tributário Nacional em principais ou acessórias, esse diploma, embora não tenha dado um conceito genérico de sujeito passivo, definiu o sujeito passivo da obrigação tributária principal e o sujeito passivo da obrigação tributária acessória."[11]

Definimos sujeito passivo a partir das lições de Paulo de Barros Carvalho. Para nós, *é a pessoa física ou jurídica, privada ou pública, detentora de personalidade, e de quem juridicamente exige-se o cumprimento da prestação. Consta, obrigatoriamente, do polo passivo de uma relação jurídica, única forma que o direito reconhece para obrigar alguém a cumprir determinada conduta.*

Não percamos de vista esse ponto fundamental: *sujeito passivo é aquele que figura no polo passivo da relação jurídica tributária*, e não necessariamente aquele que tem aptidão para suportar o ônus fiscal por ter praticado o fato jurídico tributário.

Os incisos I e II do parágrafo único do art. 121 do CTN elegem duas espécies de sujeitos passivos para a relação jurídica tributária: o *contribuinte*, identificado como sendo a pessoa que tem relação direta e pessoal com o fato jurídico, e o *responsável*, como sendo a pessoa que, embora não tendo relação direta e pessoal com o fato, é eleita pela lei para satisfazer a obrigação tributária.

---

10. *Imposto sobre a renda e preços de transferência*, p. 86.
11. *Direito tributário brasileiro*, p. 279.

Os dois sujeitos passivos, por terem obrigação de adimplir com o objeto da prestação, são responsáveis considerando-se a acepção *lata* do termo. Entretanto, dada a ambiguidade presente em referido vocábulo, daqui por diante passaremos a designar "responsabilidade tributária" somente à obrigação do terceiro, fundada no inciso II do referido parágrafo.

Contribuinte é a pessoa que realizou o fato jurídico tributário, e que cumulativamente encontra-se no polo passivo da relação obrigacional. Se uma das duas condições estiver ausente, ou o sujeito será o responsável, ou será o realizador do fato jurídico, mas não o contribuinte. Praticar o evento, portanto, é condição necessária para essa qualificação, mas insuficiente.[12]

Já o responsável será estudado detalhadamente mais adiante.

1.3 Inexistência de previsão constitucional do sujeito passivo tributário

Desconhecemos a existência de qualquer norma constitucional que indique quem deva ser o sujeito passivo de uma relação jurídica tributária. Por isso, entendemos que a escolha é infraconstitucional.

Tome-se como exemplo o ITBI: o art. 156, II, da Constituição, não estabelece quem deva ser contemplado pela lei como contribuinte, vale dizer, se o alienante do bem imóvel ou o adquirente. A Carta Magna prevê apenas a materialidade passível de tributação, e a competência dos Municípios para tributá-la.

Como todas as materialidades referem-se a um comportamento de pessoas (um fazer, um dar, um ser), elas pressupõem a existência do realizador da conduta humana normativamente qualificada. É ele, certamente, quem praticará o fato passível de tributação, manifestador de riqueza. Mas não é

---

12. A maior parte da doutrina não concorda com o entendimento ora exposto. Dentre diversos autores, tomemos como exemplo Renato Lopes Becho (op. cit., p. 85): "Por contribuintes temos as pessoas que realizam a materialidade descrita na regra-matriz de incidência tributária."

ele, obrigatoriamente, quem deverá manter uma relação jurídica tributária com o Fisco.

São dois aspectos distintos. O primeiro diz respeito ao sujeito realizador do fato previsto no antecedente da regra-matriz de incidência tributária, fato esse que, como regra, encontra-se indicado na Constituição.

Já o segundo refere-se ao sujeito obrigado a cumprir com a prestação objeto da relação jurídica, ou seja, aquela pessoa que integra o polo passivo da obrigação. Essa pessoa é a única obrigada ao pagamento do tributo, e pode ou não coincidir com o sujeito que realizou o fato jurídico revelador de capacidade contributiva: se realizou, será contribuinte; se não, responsável. Não identificamos qualquer inconstitucionalidade nessa regra.[13]

1.4 Responsabilidade civil: breve abordagem

Etimologicamente, "responsabilidade" é signo linguístico que se origina do termo "responder", do latim *respondere*. Segundo Caldas Aulete,[14] responsabilidade significa "obrigação de responder pelas ações próprias ou dos outros; caráter ou estado do que é responsável ou do que está sujeito a responder por certos atos e a sofrer-lhes as consequências."

A responsabilidade aplica-se a todo o sistema jurídico, pois, para que a convivência em sociedade seja organizada e pacífica, o direito deve assegurar que o autor de ato ilícito, violador de direito individual de outrem, responsabilize-se pelos seus atos e pelas suas omissões. Imperioso que se prove, também, que diante das circunstâncias do caso concreto, o sujeito poderia ou deveria ter agido de modo diferente.

A responsabilidade civil assenta-se na ideia de indenização. Determina o art. 927 do Código Civil: "Aquele que, por ato

---

13. Desde que seja assegurado ao responsável o ressarcimento do tributo pago sempre que não estivermos tratando de responsabilidade prevista em norma sancionadora.
14. *Dicionário contemporâneo da língua portuguesa*, p. 3.513.

ilícito (arts. 186 e 187), causar dano a outrem, fica obrigado a repará-lo." Já os arts. 186 e 187 estabelecem, respectivamente, *in verbis*: "Aquele que, por ação ou omissão voluntária, negligência ou imprudência, violar direito e causar dano a outrem, ainda que exclusivamente moral, comete ato ilícito" e "Também comete ato ilícito o titular de um direito que, ao exercê-lo, excede manifestamente os limites impostos pelo seu fim econômico ou social, pela boa-fé ou pelos bons costumes."

Portanto, a responsabilidade assenta-se nas ideias de ato ilícito (ação ou omissão do agente), censurabilidade de sua conduta, culpa ou dolo, prejuízo moral ou patrimonial e nexo causal entre o ato ou a omissão e o prejuízo.

Ocorre que, não obstante a regra geral seja de que o ilícito consista em condição necessária à obrigação de indenizar a vítima, o Código Civil, no parágrafo único do art. 927, estabelece: "Haverá obrigação de reparar o dano, independentemente de culpa, nos casos especificados em lei, ou quando a atividade normalmente desenvolvida pelo autor do dano implicar, por sua natureza, risco para os direitos de outrem."

Em função disso, alguns defendem que atualmente a responsabilidade civil passou a prescindir da culpa ou do dolo, bastando para tanto uma previsão legal ou a identificação do risco assumido.

Entendemos que a regra geral permanece sendo a da responsabilidade civil subjetiva – o dever de indenizar nasce somente quando o agente causar dano a outrem, intencionalmente ou por negligência, imprudência ou imperícia – em que pesem as exceções previstas em lei, tais como as fixadas no Código de Defesa do Consumidor, na Lei contra Crimes Ambientais, na atividade de risco a direitos alheios, nos atos da Administração Pública e dos concessionários de serviços públicos, na Lei de Acidentes de Trabalho, no Código Brasileiro de Aeronáutica, no furto de valores praticado por empregados de hotéis contra hóspedes, na queda de coisas de uma casa ou seu lançamento em lugar indevido etc.

Vejamos agora a responsabilidade tributária, tema escolhido como objeto desse estudo, e que diverge em parte da responsabilidade civil por nem sempre pressupor a existência de um dano.

1.5 Conceito de responsabilidade tributária

Diferentemente da responsabilidade civil que, salvo nas exceções legais, surge da prática de ato ilícito culposo ou doloso que resulte em dano a terceiro, e que implica a obrigação de indenizar, a responsabilidade tributária, embora em alguns casos requeira a prática de atos ilícitos (arts. 134, 135 e 137 do CTN), por diversas vezes existe independentemente deles (arts. 129 ao 133 do CTN).

É a ocorrência de um fato qualquer, lícito ou ilícito (morte, fusão, excesso de poderes etc.), e não tipificado como fato jurídico tributário, que autoriza a constituição da relação jurídica entre o Estado-credor e o responsável, *relação essa que deve pressupor a existência do fato jurídico tributário.*

O enunciado "responsabilidade tributária" detém mais de uma definição, posto tratar-se de *proposição prescritiva*,[15] *relação* e *fato*. As acepções caminham juntas, já que, em toda aparição do termo, faz-se possível identificar essas três perspectivas, indissociáveis. Optamos por nesse momento separá-las sem afastar o entendimento de que o fato jurídico é também uma proposição e uma relação; que a relação é um fato e uma proposição; e assim por diante. Separamo-las, também, com o objetivo de, com uma maior especificação do objeto, permitir o aprofundamento do estudo de cada uma de suas definições.

Como *proposição prescritiva*, responsabilidade tributária é norma jurídica deonticamente incompleta (norma *lato*

---

15. De acordo com a acepção de norma jurídica adotada neste trabalho, proposição prescritiva não deve ser confundida com norma jurídica. Definimos norma jurídica como sendo a significação construída a partir do direito positivo, organizada numa estrutura lógica hipotético-condicional completa. Já a proposição prescritiva não é suficiente para permitir a formação de uma unidade mínima de significação do deôntico, em que pese ser dotada de significado.

sensu), de conduta, que, a partir de um fato não tributário, implica a inclusão do sujeito que o realizou no critério pessoal passivo de uma relação jurídica tributária.

Poderá tanto constar do veículo introdutor que institui o tributo, quanto de um outro. Independente da hipótese, é significação que comporá a construção da norma jurídica completa.

A responsabilidade é proposição que tem o condão de alterar a norma individual e concreta que constituiu o crédito tributário, sempre que esta norma (a de constituição) tiver inicialmente previsto um outro indivíduo como sujeito passivo da relação.

Por outro lado, é proposição que não altera a norma individual e concreta de constituição do crédito, se, desde o início, o responsável tributário for o sujeito passivo da relação.

O responsável diferencia-se do contribuinte por ser necessariamente um sujeito qualquer (i) que não tenha praticado o evento descrito no fato jurídico tributário; e (ii) que disponha de meios para ressarcir-se do tributo pago por conta de fato praticado por outrem.

Se a responsabilidade advier de norma primária sancionadora, o ressarcimento poderá não ter cabimento, sem que a diferenciação ora proposta reste comprometida. Nesse caso, teremos o item (i) supra, e o (ii) deverá ser substituído por: "que tenha cometido um ilícito tipificado em lei como apto a gerar a responsabilidade tributária."

A responsabilidade tributária constitui-se, também, numa *relação*, vínculo que se estabelece entre o sujeito obrigado a adimplir com o objeto da obrigação tributária e o Fisco.

Já como *fato*, responsabilidade é o consequente da proposição prescritiva que indica o sujeito que deverá ocupar o polo passivo da relação jurídica tributária, bem como os demais termos integrantes dessa relação (sujeito ativo e objeto prestacional).

A qualificação desse fato decorre da relação de implicação, que tem como antecedente o relato de um outro fato, não tributário, previsto em lei como apto a gerar a responsabilidade tributária.

Por fim, no que diz respeito às suas características, a responsabilidade poderá ser pessoal, subsidiária ou solidária. Será pessoal se competir ao terceiro adimplir a obrigação, desde o início (responsabilidade de terceiros, por infrações e substituição).

Será subsidiária se o terceiro for responsável pelo pagamento da dívida somente se constatada a impossibilidade de pagamento do tributo pelo devedor originário. E, finalmente, será solidária se mais de uma pessoa integrar o polo passivo da relação, permanecendo todos eles responsáveis pelo pagamento da dívida.

Nada impede, finalmente, que mais de uma dessas características seja simultaneamente aplicada – em que pese nem todas as combinações serem ontologicamente possíveis – como exemplos a subsidiária e a solidária.

1.6 Reflexões sobre a desnecessidade da constituição do crédito perante o contribuinte, para o nascimento da norma de responsabilidade

Vimos acima que as proposições prescritivas que veiculam normas de responsabilidade podem ou não alterar uma norma já existente. Em hipótese afirmativa, teríamos duas normas gerais e abstratas (a regra-matriz e a norma de responsabilidade, separadas didaticamente) e duas normas individuais e concretas (a da constituição do crédito em face do contribuinte ou outro terceiro, e a que alterar a sujeição passiva dessa primeira norma, prevendo o responsável como sujeito passivo).

Não havemos de nos esquecer, ainda, que todas essas normas introduzidas (enunciado-enunciado) pressupõem a existência de uma norma introdutora (enunciação-enunciada), que poderá também ser em número de quatro (uma introdutora para cada introduzida), ou menos, se a mesma introdutora inserir no sistema mais de uma introduzida.

Se a responsabilidade for por solidariedade ou por sucessão, teremos tido pelo menos duas normas individuais e concretas introduzidas: a primeira, constituída em face do contribuinte ou de um outro responsável, e a segunda, constituída posteriormente à primeira – sucessão – ou posterior ou concomitantemente – solidariedade. Consideramos, nessa afirmação, que a norma que indicou o sucedido foi introduzida no sistema antes que o evento que motivou a alteração do polo passivo tivesse ocorrido. Caso contrário, haverá, também, apenas uma norma (a de sucessão).

Se a responsabilidade for por substituição, teremos tido uma norma individual e concreta introduzida: a de responsabilidade propriamente dita, tendo em vista que o realizador do fato jurídico, ou um outro responsável, não terão figurado no polo passivo da norma de constituição do crédito.

Nesse contexto, poderia ser indagado como é possível existir apenas a norma de responsabilidade, sem que o contribuinte tenha previamente figurado na relação.

A partir de nosso sistema de referência, que não define o contribuinte como sendo o mero realizador do evento descrito no fato jurídico, mas sim essa pessoa ocupando o polo passivo de uma relação jurídica tributária, não defendemos a necessária existência de duas normas individuais e concretas (a da constituição do crédito em face do contribuinte, e a da responsabilidade, que alteraria a primeira), se o direito positivo não impõe essa necessidade.

O exemplo a seguir nos ajudará a elucidar essa afirmação. Imaginemos a substituição tributária. A lei, ao criar a regra-matriz de incidência, prescreve como sujeito passivo do ISS não o prestador do serviço – que é aquele que pratica a materialidade prevista na Constituição como passível de tributação – mas a fonte pagadora.

A substituição ocorrida entre o pretenso contribuinte e o responsável é somente pré-jurídica. Em momento algum o realizador do fato encontrou-se vinculado obrigacionalmente com o Fisco, em que pese estar juridicamente compelido a suportar a carga tributária. Se é assim, como defender a existência de duas relações?

O que existirá, eventualmente, é a existência de duas normas gerais e abstratas veiculadas com base em suportes físicos diferentes. A primeira de substituição, e a segunda de qualificação do fato jurídico tributário, antecedente da norma de constituição do crédito.

Sim, porque é necessário que se descreva o fato jurídico a ser praticado por um terceiro que não o substituto, e que manifeste capacidade contributiva. A qualificação desse fato, no entanto, pode dar-se na própria norma geral e abstrata que prevê a responsabilidade (hipótese em que teremos apenas um suporte físico).

1.7 Limite constitucional e legal para a criação do responsável tributário

Conforme já exposto, a Constituição não prescreve quem deva ser o sujeito passivo das relações jurídicas tributárias, deixando para o legislador infraconstitucional essa atribuição. Mas será que qualquer pessoa pode ser colocada, pela lei, na posição de sujeito passivo, ou existe algum limite à definição legal da responsabilidade tributária?

Para Luciano Amaro,[16] o art. 121, parágrafo único, II, do CTN, aparentemente autoriza essa discricionariedade, que é posteriormente limitada pelo art. 128 do mesmo Código. Vejamos:

> [...] que *qualquer indivíduo* (que não tenha relação pessoal e direta com o fato gerador) possa ser posto na condição de responsável, desde que isso se dê por *lei expressa*. Já o artigo 128 diz que a lei pode eleger terceiro como responsável, se ele estiver vinculado ao fato gerador. Por aí já se vê que não se pode responsabilizar *qualquer terceiro*, ainda que *por norma legal expressa*. Porém, mais do que isso, deve-se dizer que também *não é qualquer tipo de vínculo* com o fato gerador que pode ensejar a responsabilidade de terceiro. Para que isso seja possível, é necessário que esse vínculo seja de tal sorte que permita a esse terceiro, elegível como responsável, fazer *com que o tributo seja recolhido sem onerar seu próprio bolso*. (destaques do autor)

---

16. *Direito tributário*, cit., p. 294.

Entendemos que o legislador ordinário é livre para eleger qualquer pessoa como responsável, dentre aquelas pertencentes ao conjunto de indivíduos que estejam (i) indiretamente vinculadas ao fato jurídico tributário ou (ii) direta ou indiretamente vinculadas ao sujeito que o praticou.

Esses limites fundamentam-se na Constituição e são aplicáveis com a finalidade de assegurar que a cobrança do tributo não seja confiscatória e atenda à capacidade contributiva, pois, se qualquer pessoa pudesse ser obrigada a pagar tributos por conta de fatos praticados por outras, com quem não detivessem qualquer espécie de vínculo (com a pessoa ou com o fato), o tributo teria grandes chances de se tornar confiscatório, já que poderia incidir sobre o patrimônio do obrigado e não sobre a manifestação de riqueza ínsita ao fato constitucionalmente previsto. Se o vínculo existir, torna-se possível a preservação do direito de propriedade e do não confisco.

Aparentemente essa interpretação alarga o conteúdo do art. 128 do CTN, mas permanece de acordo com as regras vigentes no sistema do direito positivo brasileiro. A vinculação indireta ao fato jurídico encontra-se prevista em lei e sobre ela não há o que se discutir. O alargamento a que nos referimos aplica-se à vinculação ao sujeito que realizou o fato, hipótese não expressamente contemplada no enunciado.

Ora, parece-nos inegável que o adquirente de um imóvel, a sociedade incorporadora ou o pai pelos tributos devidos pelo filho menor, em momento algum relacionam-se indiretamente com os fatos jurídicos ocorridos no passado, e que ensejaram, por exemplo, a cobrança do IPTU, no primeiro e terceiro casos; e da contribuição social sobre a folha de salários, no segundo. Mas nem por isso deixaram de ser considerados pela lei como responsáveis tributários. A responsabilidade decorreu, nessas situações, da lei que considera o vínculo existente entre os sujeitos, realizador do fato jurídico e responsável.

Assim, o legislador encontra-se subordinado a um limite para a escolha do responsável tributário: poderá ser qualquer terceiro, desde que pertencente ao conjunto de indivíduos que estejam indiretamente vinculados ao fato jurídico tributário, ou direta ou indiretamente vinculados ao sujeito que o praticou. Ou seja, o campo de eleição é controlado pelo CTN (vinculação ao fato gerador ou ao contribuinte/responsável), somado à necessidade de se assegurar ao responsável o ressarcimento da quantia em dinheiro por ele recolhida, mediante retenção ou reembolso, exceção feita a algumas situações excepcionais de dolo.

Já no que diz respeito à criação de *novas* hipóteses de responsabilidade tributária – aqui entendidas as não contempladas nos arts. 124, 132, 133, 134, 135 e 137 do CTN – o art. 128 do mesmo Código exige que o terceiro esteja vinculado ao fato gerador da respectiva obrigação tributária, ao prescrever que "a lei pode atribuir de modo expresso a responsabilidade pelo crédito tributário a terceira pessoa, vinculada ao fato gerador da respectiva obrigação, excluindo a responsabilidade do contribuinte ou atribuindo-a a este em caráter supletivo do cumprimento total ou parcial da referida obrigação." No enunciado, não há referência ao vínculo entre pessoas como sendo suficiente para a atribuição da responsabilidade.

Por outro lado, não entendemos que a implementação de novas hipóteses de responsabilidade tributária encontra-se adstrita à reserva da lei complementar. Ora, desde que não colida com princípios constitucionais e normas gerais constantes do CTN, o legislador ordinário está autorizado a disciplinar a matéria, amparado pelo disposto no art. 128 do CTN.

Não percamos de vista que o art. 146, III, da Constituição exige tão somente que as *normas gerais* que tratem de sujeição passiva em matéria tributária sejam fixadas por lei complementar, deixando margem de regulamentação para que leis *ordinárias* disponham sobre regras específicas acerca de responsabilidade tributária, conforme há muito tempo defendido por Leandro Paulsen, nos termos a seguir:[17]

---

17. AC nº 2003.70.01.001616-0/PR - TRF4, 2ª Turma, DJU de 18/01/2006.

A invocação do artigo 146, III, "a", da Constituição não aparenta apontar para a inconstitucionalidade do artigo 30, IX, da Lei nº 8.212/91. A norma constitucional mencionada é bastante clara ao definir que cabe à lei complementar não apenas tratar dos conflitos de competência e da regulação das limitações ao poder de tributar, mas também estabelecer normas gerais disciplinando os institutos jurídicos básicos da tributação, capazes de dar uniformidade técnica à instituição de tributos pelas diversas pessoas políticas. Ao impor a edição de lei complementar na definição dos fatos geradores, bases de cálculo e contribuintes, a Constituição não está a exigir a criação de toda e qualquer situação de responsabilidade tributária seja veiculada através de lei complementar. Na verdade, está a exigir tão somente que as normas gerais que tratem de sujeição passiva em matéria tributária sejam fixadas por lei complementar, deixando, por outro lado, uma margem regulamentatória para que lei ordinária venha a dispor acerca das regras específicas sobre a definição dos contribuintes e das hipóteses de responsabilidade tributária. Não é por outro motivo que o artigo 128 do CTN vem a apresentar regra genérica em matéria de responsabilidade tributária, a qual expressamente prevê a possibilidade de lei – aqui compreendida como ordinária – "atribuir de modo expresso a responsabilidade pelo crédito tributário a terceira pessoa, vinculada ao fato gerador da respectiva obrigação, excluindo a responsabilidade do contribuinte ou atribuindo-se a este em caráter supletivo do cumprimento total ou parcial da referida obrigação.

1.8 Responsabilidade tributária e o princípio da capacidade contributiva

Faz-se ainda necessário avaliar a questão da capacidade contributiva, tendo em vista ser esse o principal argumento de grande parte da doutrina, que defende que apenas o contribuinte poderia ocupar o polo passivo das relações jurídicas tributárias. O responsável encontrar-se-ia obrigado em relações não tributárias.

O princípio da capacidade contributiva encontra-se previsto no art. 145, § 1º, da Constituição, e estabelece que os impostos terão caráter pessoal e deverão ser graduados segundo a manifestação de riqueza do fato jurídico.

Determina que o legislador, ao criar o tributo, escolha apenas fatos de relevância econômica, evitando-se que uma tributação excessiva comprometa os meios de subsistência dos cidadãos, ao mesmo tempo em que assegura que o Estado arrecade o necessário à sua subsistência.

Nesse sentido, a lição de Roque Antonio Carrazza:[18]

> A capacidade contributiva à que alude a Constituição e que a pessoa política é obrigada a levar em conta ao criar, legislativamente, os impostos de sua competência é *objetiva*, e não *subjetiva*. É *objetiva* porque se refere *não* às condições econômicas reais de cada contribuinte, individualmente considerado, mas às suas *manifestações objetivas de riqueza* [...] Pouco importa se o contribuinte que praticou o *fato imponível* do imposto reúne, por razões personalíssimas (v.g., está desempregado), condições para suportar a carga tributária. (destaques do autor)

É, portanto, a real capacidade de se diminuir o patrimônio do realizador do fato, considerando não sua riqueza pessoal, mas a riqueza do fato jurídico. Não fosse assim, a Constituição teria previsto apenas um critério material – ter patrimônio – e todos os tributos incidiriam independentemente dos fatos passíveis de tributação. Apenas a capacidade econômica da pessoa seria relevante.

Diante do exposto, como compatibilizar a norma de responsabilidade tributária com tal princípio, uma vez que o responsável tributário não possui relação pessoal e direta com o fato jurídico, ou seja, aquele que deverá recolher o tributo ao Fisco não manifestou a riqueza que está sendo tributada?[19]

Entendemos que a capacidade contributiva determina que os impostos sejam graduados segundo a manifestação de

---

18. *Curso de direito constitucional tributário*, p. 66-67.

19. Nesse sentido, confira-se Leandro Paulsen (*Responsabilidade e substituição tributárias*, p. 184): "O princípio da capacidade contributiva poderá ser invocado, isto sim, quando haja vício na lei, de modo que, a título de substituição ou de responsabilidade, em verdade se esteja transferindo o próprio encargo econômico da tributação ao terceiro, sem que, todavia, seja sua a capacidade contributiva apontada na norma principal que tenha imposto a obrigação de pagar tributo."

riqueza do fato jurídico, possibilitando e, ao mesmo tempo, limitando a tributação. Restringe, ademais, os elementos pertencentes ao conjunto dos possíveis destinatários da carga tributária, de forma que a princípio só terá aptidão para suportar economicamente o ônus fiscal aquele que realizou o fato.

Não regula, nesse sentido, a sujeição passiva, que, conforme já vimos, é a circunstância de um sujeito figurar no polo passivo de uma relação jurídica, e não a aptidão para suportar o ônus fiscal. O sujeito passivo pode ser qualquer pessoa eleita pela lei, desde que o tributo que estiver sendo pago seja subtraído da parcela da riqueza manifestada no fato jurídico.[20]

Portanto, o princípio da capacidade contributiva exige que a regra-matriz de incidência tributária descreva, no critério material de seu antecedente, um comportamento pessoal que denote sinal de riqueza, e que prescreva, em seu consequente, uma relação jurídica em que o sujeito passivo seja ou o titular dessa riqueza ou um outro sujeito qualquer indiretamente relacionado a ela (riqueza), ou ainda direta ou indiretamente relacionado ao seu titular. O sujeito passivo será obrigado a entregar ao sujeito ativo parcela desse montante, a título de tributo.

Luís Cesar Souza de Queiroz, em interessante construção doutrinária, posiciona-se contrariamente a nós:[21]

> Ora, no momento de se determinar como deverá ser feita a participação obrigatória das pessoas na entrega de recursos (dinheiro) para o Estado, o único fator que pode ser erigido como desigualador é a *riqueza*. Se a norma tributária que dispõe sobre o imposto (norma impositiva de imposto) tem como propósito regular a conduta de entrega de dinheiro ao Estado, tal norma só pode exigir esta conduta daquele que tem aptidão para entregar parte da riqueza de que é titular, ou seja, só pode exigir daquele que é titular de capacidade contributiva. (destaque do autor)

---

20. Não consideramos, aqui, a substituição tributária para frente, que toma como base de cálculo riqueza não manifestada, já que o fato ainda não ocorreu. Não consideramos, também, a responsabilidade pessoal decorrente de fatos ilícitos. Sobre essas questões nos manifestaremos oportunamente.

21. *Sujeição passiva*, cit., p. 167.

Ademais, considerar que a capacidade contributiva relaciona-se com a graduação do tributo e com o destinatário da carga tributária, mas não com o sujeito que tem a obrigação de cumprir com a obrigação tributária, não afasta a necessidade de ser assegurado ao responsável o ressarcimento da quantia em dinheiro por ele recolhida, embora em alguns casos excepcionais a restituição não se faça necessária.

Para facilitar a compreensão, trabalharemos inicialmente com a hipótese de a restituição não ser legalmente assegurada, tal como ocorre na sucessão diante da extinção da pessoa jurídica sucedida por força da cisão, e na responsabilidade pessoal do administrador que agiu com excesso de poderes e seu ato gerou consequências fiscais.

Em ambos os exemplos, o sucessor e o responsável relacionam-se apenas com o sujeito que praticou o fato jurídico, sem que pessoalmente tenham manifestado qualquer riqueza. Mas se, ainda assim, devem pagar tributo, a exigência não estaria sendo confiscatória, ao adentrar no patrimônio particular desses sujeitos, de forma não autorizada pela Constituição?

As respostas são distintas para cada um dos exemplos. No que diz respeito à sucessão com o desaparecimento do contribuinte, o sucessor, nos termos e limites da lei, torna-se titular dos direitos e das obrigações do sucedido, sendo a ele transferido o patrimônio que suportaria o pagamento da dívida tributária.

Se o patrimônio não existir, ou for insuficiente para a quitação do débito, o sucessor não responderá com seu patrimônio anterior, pois a sucessão limita-se ao patrimônio líquido transferido.

Na responsabilidade de terceiros ou por infração, por sua vez, a obrigação que o responsável tem, de pagar com recursos próprios tributo decorrente de fato praticado pela pessoa jurídica, advém de norma primária sancionadora, criada com o objetivo de evitar e punir a má-gestão empresarial que prejudique as atividades sociais, os sócios, os acionistas e o interesse público.

Assim, o caráter eminentemente punitivo da responsabilidade excepciona a necessidade de ressarcimento do tributo pago. A capacidade contributiva não terá sido violada, pois o tributo cobrado foi graduado segundo a manifestação de riqueza do fato. Já a aptidão para suportar a carga tributária decorre da sanção decorrente da prática do fato ilícito.

Por fim, analisemos a segunda hipótese acima mencionada, que legalmente assegura ao responsável o ressarcimento da quantia em dinheiro por ele recolhida. Ressarcir-se de que forma? Por meio de ação regressiva ou segundo tratamento especial previsto em lei? A solução para essas questões surge da aplicação da norma de repercussão jurídica, em uma de suas modalidades: reembolso e retenção na fonte.

1.8.1 Modalidades de repercussão jurídica: reembolso e retenção na fonte

O critério econômico criado por Rubens Gomes de Souza é até hoje utilizado pela doutrina para distinguir duas classes de sujeitos passivos e de tributos: os diretos e os indiretos, de acordo com a respectiva repercussão econômica (ou incidência econômica) da carga fiscal.

A repercussão econômica consiste no ônus financeiro suportado pelo sujeito em função do pagamento do tributo, e que pode ou não ser transferido a uma terceira pessoa. Não se confunde com a incidência jurídica, resultado do ato de aplicação de normas.

Nesse contexto, contribuinte de direito (*de jure*) é a pessoa integrante da relação jurídica tributária obrigada ao pagamento do tributo, e que pode ou não suportar economicamente o ônus tributário. Já aquele que o suporta, sofrendo a repercussão, é classificado como contribuinte de fato.[22]

---

22. Alfredo Augusto Becker (*Teoria geral do direito tributário*, p. 533) define o contribuinte de fato da seguinte maneira: "A pessoa que suporta definitivamente o ônus econômico do tributo (total ou parcial), por não poder repercuti-lo sobre outra pessoa. [...] é a pessoa que sofre a incidência econômica do tributo."

Em nosso entender, a classificação dos tributos e dos contribuintes em diretos e indiretos é inadequada e acarreta confusões entre os planos normativo e o fático-econômico, por levar em consideração um critério extrajurídico: a repercussão econômica do tributo. No campo estritamente jurídico, contribuinte de fato não é contribuinte (salvo se a incidência jurídica coincidir com a econômica, hipótese em que ele será também contribuinte de direito), não figura no polo passivo da relação jurídica tributária, e não pode ser cobrado pelo sujeito ativo.

A repercussão econômica só será relevante ao direito positivo quando o legislador a verter em linguagem competente, normatizando-a e, nesse sentido, transformando-a em repercussão jurídica. Passemos a analisá-la.

Repercussão jurídica é norma que permite ao sujeito passivo transferir o encargo econômico do tributo a ser por ele pago. Em que pesem vários tributos poderem "repercutir financeiramente", é importante considerar apenas o significado da expressão "tributos que comportem, por sua natureza, a transferência do respectivo encargo financeiro", conforme prescreve o art. 166 do CTN.

A transferência do encargo, à que se refere a lei, é apenas a juridicamente prevista. Assim, o tributo comporta a transferência do respectivo encargo financeiro quando se verificar que a *norma* autoriza expressamente que o sujeito passivo transfira o ônus fiscal para outras pessoas, seja por meio de reembolso, seja por meio da retenção, como nos casos de:

1) Substituição para frente, quando o tributo for repassado (tributos submetidos ao regime da não cumulatividade – ICMS, IPI, e, em alguns casos, de Cofins e PIS monofásicos), e substituição para trás (diferimento) – repercussão por reembolso;

2) Solidariedade, quando a lei assegura ao sujeito que pagou o tributo restituir-se perante os demais devedores (IPTU, ITBI, ISS etc.) – repercussão por reembolso;

3) Substituição convencional, na sistemática das retenções (IRRF, ISS, INSS etc.) – repercussão por retenção.

Nesse contexto, apropriada mostra-se a classificação da repercussão jurídica em "por reembolso" e "por retenção na fonte", nos termos desenvolvidos por Alfredo Augusto Becker.[23] Segundo ele, no primeiro caso, a lei outorga ao responsável o direito de receber do realizador do fato jurídico tributário o reembolso do montante de tributo por ele pago. Vejamos:

> [...] o legislador cria duas regras jurídicas. A primeira regra jurídica tem por hipótese de incidência a realização de determinados fatos que, uma vez acontecidos, desencadeiam a incidência da regra jurídica tributária, e o efeito jurídico desta incidência é o nascimento da relação jurídica tributária, vinculando o contribuinte *de jure* ao sujeito ativo, impondo-lhe o dever de uma prestação jurídico-tributária. A segunda regra jurídica tem como hipótese de incidência a realização da prestação jurídico-tributária que se tornara juridicamente devida após a incidência da primeira regra jurídica. A realização daquela prestação jurídico-tributária realiza a hipótese de incidência desta segunda regra jurídica e, em consequência, desencadeia sua incidência. O efeito jurídico desta incidência é o nascimento de uma segunda relação jurídica que tem: em seu polo positivo, aquela pessoa que fora o contribuinte *de jure* no primeiro momento e, em seu polo negativo uma outra determinada pessoa na condição de sujeito passivo. O conteúdo jurídico desta segunda relação jurídica consiste num direito de crédito do sujeito ativo (o contribuinte *de jure*) contra o sujeito passivo, tradicionalmente denominado contribuinte de fato, mas que, cientificamente, somente será contribuinte de fato, na medida em que não puder repercutir o ônus econômico do tributo sobre uma terceira pessoa.

Finalmente, temos a repercussão jurídica por retenção na fonte. A repercussão ocorre por meio da incidência de uma norma jurídica que permita ao sujeito passivo abater do valor que por ele deveria ser pago ao terceiro (realizador do fato jurídico tributário), o valor do tributo por ele (sujeito passivo) devido, em função da norma de responsabilidade (na modalidade substituição).

---

23. Op. cit., p. 534-535.

Novamente nos dizeres de Becker:[24]

> A lei outorga ao contribuinte *de jure* o direito de compensar o montante do tributo com o determinado débito que o contribuinte *de jure* tiver com uma determinada pessoa. Exemplo: a sociedade anônima, ao ser aprovado o dividendo, torna-se devedora desse dividendo para com o acionista titular de ação ao portador; entretanto, o sujeito passivo da relação jurídica tributária de imposto de renda sobre o dividendo da ação ao portador é a própria sociedade anônima, de modo que a lei outorga-lhe o direito de compensar com o débito do dividendo um imposto por ela pago ou devido, isto é, reter na fonte pagadora do rendimento o imposto de renda devido com referência ao mesmo.

1.9 A natureza jurídica da norma de responsabilidade: norma jurídica tributária ou não tributária; dispositiva ou sancionadora?

A norma de responsabilidade, para a maior parte da doutrina, não detém natureza tributária, considerando-se que: (i) a relação jurídica, para ser tributária, deve ter como sujeito passivo exclusivamente aquele que realizou o evento descrito no fato jurídico; (ii) o fato que dá nascimento à responsabilidade não é o previsto como apto a ensejar o nascimento de relações jurídicas tributárias. Esse fato é normalmente lícito, mas não é o "fato gerador"; e (iii) a relação de responsabilidade é acessória à eminentemente tributária.

Assim, "A" é sociedade comercial, que realizou diversas operações de venda de mercadorias e tornou-se devedora do ICMS. Como vem a ser incorporada pela sociedade "B", esta última passa a ser responsável pelo débito não pago por "A". A relação jurídica que impõe a sucessão não teria cunho tributário – já que "B" não realizou o fato jurídico que originou a dívida – e sim civil (sub-rogação subjetiva total). Deve-se não porque se praticou o fato juridicamente relevante, mas

---

24. Op. cit., p. 535.

porque "B" sucedeu, em direitos e obrigações, a um outro sujeito, este sim devedor de tributos.

Normalmente, a norma de responsabilidade, para os autores que nela não identificam natureza tributária, possuiria alternativamente uma das seguintes naturezas: *norma primária impositiva de natureza não tributária* – subdividida em (i) norma primária de sub-rogação total dos direitos e obrigações; (ii) norma primária de sub-rogação parcial de direitos e obrigações e (iii) norma de dever instrumental – ou *norma primária punitiva*.

A primeira espécie de norma primária de natureza não tributária é a de sub-rogação total dos direitos e deveres (exceto os personalísticos), do contribuinte para o responsável, tendo em vista que o primeiro deixa de existir. Sempre que estivermos diante de uma pessoa física, essa sub-rogação dar-se-á na sucessão *causa mortis* (art. 131, I e II, do CTN); se, diante de uma pessoa jurídica, por meio da fusão, incorporação e cisão (art. 132, *caput*, do CTN).

Já a segunda espécie é a da norma primária de sub-rogação parcial. Nessa hipótese, não há desaparecimento do contribuinte, e apenas parte de suas obrigações é transferida para o responsável, com a consequente manutenção da personalidade física ou jurídica do sucedido.

Como exemplo, temos o adquirente de um imóvel urbano, responsável pelo IPTU não pago nos últimos cinco anos. O sujeito não participou do fato jurídico, e provavelmente também não participou das decisões que geraram a inadimplência, mas, em função da aquisição do bem, passará a ser responsável pelo pagamento do IPTU (e tão somente por este imposto, já que os demais tributos devidos pelo vendedor não serão objeto de sucessão).

Sustenta-se, para essa situação, que a responsabilidade tem natureza punitiva, tendo em vista ter nascido somente porque o adquirente não obrigou o vendedor a quitar o imposto em aberto quando da aquisição do imóvel. Por isso, deve pagar uma sanção correspondente ao valor da dívida tributária (tributo + multa + juros).

Não compartilhamos desse entendimento, na medida em que o antecedente da norma de responsabilidade é a aquisição de imóvel que possui IPTU em atraso. Ora, adquirir imóvel não é ato contrário à lei, e nem adquirir um imóvel com dívidas pendentes. O negócio jurídico é lícito, e a alegação de que o responsável não diligenciou de forma adequada, na medida em que não exigiu o adimplemento do imposto pelo ex-proprietário, parece-nos mera especulação.

O que importa é a dimensão jurídica do fato: adquirir imóvel, com dívida pendente ou não, é ato lícito, e dessa maneira deve ser tratado. E, sendo lícito, não poderá ser tido como antecedente da norma sancionadora, ao menos considerando-se a estrutura lógica completa por nós adotada.

Se o comprador do imóvel assumiu a condição de responsável, é porque a lei assim estabeleceu. Sem dúvida alguma, ser responsável pelo pagamento de débito de terceiro nada mais é do que punir o adquirente, mas não porque ele agiu contrariamente à lei, e sim porque realizou negócio jurídico com quem, outrora, infringiu a legislação.

Assim, ainda que, em certa medida, o responsável esteja sendo "punido", ao passar a ser obrigado a quitar tributo que deveria ter sido pago pelo realizador do fato jurídico, essa "punição" não tem o condão de alterar a natureza jurídica da norma de responsabilidade.

Por fim, temos a terceira espécie de norma primária impositiva de natureza não tributária, que é a da norma de deveres instrumentais, impondo ao responsável a realização de certos atos não dotados de caráter pecuniário (emissão de nota fiscal eletrônica, preenchimento de declarações fiscais etc.). Não vislumbramos, nessa norma, espécie de responsabilidade, já que, em nosso entender, não é possível haver deveres instrumentais que a ela se enquadrem. A responsabilidade tem caráter patrimonial, e os deveres instrumentais não.

Os que têm posicionamento diverso do nosso, normalmente, citam como exemplo a retenção do IRRF e o posterior repasse do imposto retido à Receita Federal. O responsável seria sujeito passivo da relação de deveres instrumentais, já que estaria cumprindo com os meros deveres de reter e repassar.

Em nosso entender, a pessoa obrigada à retenção na fonte é sujeito passivo da relação jurídica tributária, já que seu "dever" detém, indiscutivelmente, caráter pecuniário, classificando-se como obrigacional. Afora isso, se a obrigação não for cumprida, o responsável será penalizado com a multa, podendo também responsabilizar-se pelo pagamento do tributo. É nesse sentido o Parecer Normativo COSIT nº 01/2002, da Secretaria da Receita Federal.[25]

A segunda e última espécie de natureza jurídica (norma primária sancionadora) será analisada a seguir, ao expormos o nosso posicionamento.

1.9.1 Nosso entendimento

Não classificamos as normas primárias de sub-rogação total ou parcial acima analisadas como sancionatórias, porque consideramos que a sanção é consequência necessária de um antecedente ilícito, fato não observado nas hipóteses mencionadas. Não deixam, também, de ser tributárias.

Para nós, *a natureza jurídica da norma de responsabilidade é sempre tributária, nas modalidades de norma primária dispositiva ou sancionadora.*

Será primária dispositiva quando (i) submeter-se ao regime jurídico tributário, como, por exemplo, os prazos de prescrição e decadência, o princípio da legalidade, a não cumulatividade

---

[25]. Estabelece referido PN que, constatada a falta de retenção do imposto antes da data fixada para o encerramento do período de apuração em que o rendimento for tributado, serão exigidos da fonte pagadora o imposto, a multa de ofício e os juros de mora. Verificada a falta de retenção após as datas ora referidas serão exigidos da fonte pagadora a multa de ofício e os juros de mora isolados, calculados desde a data prevista para recolhimento do imposto até a data prevista para o encerramento do período de apuração, exigindo-se do contribuinte o imposto, a multa de ofício e os juros de mora, caso este não tenha submetido os rendimentos a tributação.

etc.; (ii) possuir um antecedente lícito; (iii) a relação jurídica tiver por objeto a obrigação de pagar tributo; e (iv) o pagamento realizado tiver o condão de extinguir um débito tributário.

Será primária sancionadora quando o antecedente normativo descrever o descumprimento (-c) de uma conduta que competia ao sujeito realizar ou não realizar (futuro responsável), implicando a consequência de passar a ser obrigado a entregar ao Estado – subsidiária ou pessoalmente – uma quantia equivalente àquela que a princípio seria devida pelo contribuinte, a título de tributo.

Assim, a descrição de um antecedente ilícito (situação correspondente à não realização do comportamento prescrito pelo consequente de uma norma primária dispositiva), somada à sanção aplicável ao sujeito que praticou a infração, não permitem que a norma seja considerada primária dispositiva, em que pese permanecer sendo dotada de natureza tributária, pois (i) submete-se ao regime jurídico tributário; (ii) possui um antecedente ilícito que não se confunde com um fato gerador ilícito; e (iii) a relação jurídica tem por objeto a obrigação de pagar tributo; e (iv) o pagamento realizado tem o condão de extinguir o crédito tributário.

Nessa situação, enquadram-se os arts. 134, 135 e 137 do CTN. O caráter sancionatório fica evidente, por exemplo, no *caput* do art. 134 do CTN, que estabelece a responsabilidade tributária pelos atos em que determinados sujeitos intervierem ou pelas omissões de que forem responsáveis. As pessoas previstas nesse artigo têm o dever de intervir com zelo e de não se omitir, sob pena de submeter-se à sanção correspondente à quantia equivalente ao tributo.

A norma sancionadora, finalmente, poderá tanto constituir-se em sanção administrativa-fiscal pelo descumprimento de um dever (fiscal, societário, contratual), como sanção penal decorrente da prática de crimes contra a ordem tributária. Na primeira hipótese, classificamos o art. 134 e, por vezes, o art. 135, e, na segunda hipótese, o art. 137 e, por vezes, o art. 135, todos do CTN.

Conclui-se, em face do exposto, que a norma de responsabilidade tem natureza tributária, podendo ser classificada tanto como norma primária dispositiva, quanto como norma primária sancionadora.

1.10 Causas de existência da responsabilidade tributária

A causa mais difundida para a criação das normas de responsabilidade é a arrecadatória. Alega-se que, por razões de conveniência e necessidade, a lei elege um terceiro para ser o responsável pelo pagamento do tributo, em caráter pessoal, subsidiário ou solidário. Este terceiro necessariamente não é o contribuinte (pois, se fosse, não seria "terceiro"), e deve encontrar-se indiretamente vinculado ao fato jurídico tributário ou direta ou indiretamente à pessoa que o realizou.

Temos, assim, a conveniência, pois é mais eficaz e menos oneroso para o Fisco fiscalizar apenas um sujeito, do que milhares de contribuintes. Como exemplo, podemos citar a substituição tributária para frente, em que o fabricante recolhe o ICMS devido por toda a cadeia de circulação. Conveniência, também, por propiciar uma provável diminuição da inadimplência, ao se estabelecer a obrigação de recolher o tributo para a fonte pagadora, como ocorre no IRRF sobre salários, ou na substituição tributária instituída pelos Municípios, em que a fonte pagadora do serviço deve descontar do prestador a quantia relativa ao ISS devido e depois repassá-la ao Fisco.

Temos, ademais, a necessidade, pois em certas situações o sujeito passivo originário desaparece, como nos casos da sociedade incorporada ou da pessoa física que falece.

Já a segunda causa de existência das normas de responsabilidade é sancionatória. A lei determina que o terceiro seja responsável pessoal pelo pagamento do tributo, como forma de sanção pelo ato praticado com dolo, e que prejudicou os interesses do Fisco e, eventualmente, de terceiros. É a hipótese do art. 135 do CTN, que responsabiliza aqueles que praticaram atos contrários à lei, ao estatuto ou ao contrato social, bem como agiram com excesso de poderes.

Portanto, são duas as causas de existência das normas de responsabilidade: arrecadatória, nas modalidades de conveniência e necessidade, e sancionatória.

1.11 Classificação das normas de responsabilidade tributária

1.11.1 A classificação de Rubens Gomes de Sousa e a de Alfredo Augusto Becker

Para Rubens Gomes de Sousa, o sujeito passivo tem relação econômica com o fato jurídico, tendo o Estado, por vezes, "interesse ou necessidade de cobrar o tributo de pessoa diferente: dá-se então a sujeição passiva indireta que apresenta duas modalidades, quais sejam a substituição e a transferência, esta comportando as hipóteses de solidariedade, sucessão e responsabilidade."[26]

E adiante prossegue:[27]

> Transferência ocorre quando a obrigação tributária, depois de ter surgido contra uma pessoa determinada (que seria o sujeito passivo direto), em virtude de um fato posterior transfere-se para outra pessoa diferente (que será o sujeito passivo indireto). As hipóteses de transferência, como dissemos, são três:
>
> 1) Solidariedade: é a hipótese em que duas ou mais pessoas sejam simultaneamente obrigadas pela mesma obrigação;
>
> 2) Sucessão: é a hipótese em que a obrigação se transfere para outro devedor em virtude do desaparecimento do devedor original;
>
> 3) Responsabilidade: é a hipótese em que a lei tributária responsabiliza outra pessoa pelo pagamento do tributo, quando não seja pago pelo sujeito passivo direto. No imposto de *sisa* (transmissão de propriedade *inter vivos*), o tabelião é responsável pelo imposto se não providenciar a sua cobrança no ato de passar a escritura;

---

26. *Compêndio de legislação tributária*, p. 55.
27. Op. cit., p. 55.

> Substituição: ocorre quando, em virtude de uma disposição expressa de lei, a obrigação tributária surge desde logo contra uma pessoa diferente daquela que esteja em relação econômica com o ato, ou negócio tributado: nesse caso, é a própria lei que substitui o sujeito passivo direto por outro indireto.

Essa classificação foi parcialmente alterada quando o autor passou a considerar a responsabilidade como gênero de sujeição passiva, nas situações em que o sujeito cumpre com responsabilidade alheia (em contraposição ao contribuinte, que paga "obrigação própria"), sendo as demais hipóteses acima elencadas espécies desse gênero.

Tanto é assim que mais tarde considerou: "Resumindo, na sistemática do CTN responsável tanto é o devedor solidário, como o sucessor do devedor, como o obrigado a suprir o inadimplemento do devedor, como, finalmente, aquele a quem a lei já designa como devedor de obrigação ainda 'in fieri'."[28]

A classificação de Rubens Gomes de Sousa, de sujeitos passivos diretos e indiretos, é criticada por utilizar critérios econômicos e pré-jurídicos. Compartilhamos dessa crítica, já que, para nós, o melhor e único critério para se classificar os sujeitos passivos é a norma jurídica instituidora do tributo, acrescida da norma de responsabilidade se ambas já não constarem do mesmo veículo introdutor.

A razão desse posicionamento é singela: se estamos analisando o direito positivo – que segundo nossas premissas é definido como o conjunto de enunciados prescritivos existentes no ordenamento jurídico – o dado relevante é apenas o sujeito previsto em lei como obrigado ao pagamento do tributo (ou seja, aquele integrante do vínculo obrigacional). O fato que deu origem à sua condição legal de sujeito passivo interessa apenas ao controle da legalidade do ato de eleição desse sujeito, mas não à classificação propriamente dita.

---

28. *Sujeito passivo das taxas*, p. 348.

Finalmente, não poderíamos deixar de observar que, nas normas de substituição tributária, o legislador, contrariamente ao afirmado pelo autor, não "substitui" o contribuinte por terceiro, já que o contribuinte não chegou a existir.

Já para Alfredo Augusto Becker, os responsáveis classificam-se em três espécies:[29]

> (i) o *contribuinte de "jure"*, a que o CTN define o contribuinte, como sendo aquele determinado indivíduo de cuja renda ou capital a hipótese de incidência é fato-signo presuntivo; (ii) o *responsável legal tributário*, sendo a pessoa à qual a lei atribui a obrigação de cumprir a prestação jurídico-tributária, porque o contribuinte de "jure" não a satisfez e (iii) o *substituto legal tributário* que é identificado como sendo uma única pessoa a quem a lei, de forma inicial e direta, elege como sujeito passivo da relação jurídica-tributária em substituição ao contribuinte de "jure".

A classificação de Becker também não coincide com a nossa, seja em função de que as regras que compõem o direito positivo exigem uma classificação diversa, a fim de agrupar e separar normas com características muito diferentes, seja em função de nosso entendimento divergir de alguns dos conceitos adotados pelo autor.

1.11.2 Nossa classificação

Nossa classificação foi construída a partir (e nos limites) das proposições prescritivas constantes do sistema jurídico tributário brasileiro que tratam da responsabilidade.

Consideramos que a classificação mais acertada para as normas de responsabilidade tributária é a que as divide em (i) substituição; (ii) solidariedade; (iii) sucessão; (iv) responsabilidade de terceiros; e (v) responsabilidade por infrações.

---

29. *Teoria*, cit., p. 287.

1.12 Extinção da responsabilidade tributária

Para concluir este capítulo, cumpre-nos ainda tecer breves considerações acerca da extinção da responsabilidade. Não é nosso objetivo analisar cada uma das hipóteses de extinção, mas sim tratar do final da trajetória dessas normas: o desaparecimento da relação.

A relação jurídica, como nexo abstrato mediante o qual uma pessoa, chamada de sujeito ativo, tem o direito subjetivo de exigir uma prestação, enquanto outra, designada de sujeito passivo, está encarregada de cumpri-la, nasce da formalização linguística (apropriada) da ocorrência do fato típico descrito no antecedente da proposição normativa. E depois se extingue, por haver realizado seus objetivos reguladores da conduta, ou por razões que o direito estipula. Essa é a primorosa lição de Paulo de Barros Carvalho.[30]

A extinção das obrigações tributárias decorre do desaparecimento de um ou mais de seus elementos integrativos, ou das relações que os unem. Nesse sentido, pode haver o desaparecimento do sujeito ativo, do sujeito passivo, do objeto, do direito subjetivo de que é titular o sujeito pretensor (desaparecimento do crédito) ou, finalmente, do dever jurídico (ou também da obrigação) cometido ao sujeito passivo (desaparecimento do débito).

São doze as causas extintivas previstas no art. 156 do CTN, todas aplicáveis às relações jurídicas que prevejam o responsável tributário como sujeito passivo da obrigação: pagamento; compensação; transação; remissão; prescrição; decadência; conversão do depósito em renda; pagamento antecipado e a homologação do lançamento; a consignação em pagamento; decisão administrativa irreformável; decisão judicial passada em julgado e dação em pagamento em bens imóveis.

Sustentamos, também, causa de extinção da obrigação tributária constituída em face do contribuinte, na hipótese

---

30. *Curso*, cit., p. 444.

contemplada no art. 134 do CTN, bem como nas hipóteses de sucessão (conforme analisaremos oportunamente).

Assim, a responsabilidade extingue-se juntamente com o crédito tributário, seja qual for a modalidade de extinção.

Mesmo na hipótese em que a responsabilidade admita a existência concomitante de duas normas (solidariedade), a obrigação tributária, que é única e se encontra prevista em ambas as normas, extingue-se quando o responsável quita a dívida.

Ora, se o responsável pagar o débito, coincidente com o do contribuinte ou com o do terceiro solidário, a relação jurídica instaurada entre estes últimos e o sujeito ativo é extinta, já que o objeto da prestação – que é único considerando-se as duas relações – extinguiu-se pelo pagamento.

Não é necessário que o próprio contribuinte pague para que o débito gerado em função da ocorrência do fato jurídico desapareça. Qualquer terceiro poderá fazê-lo em seu nome. Da mesma forma, se o responsável quita sua dívida, relativa a fato jurídico praticado por outra pessoa, a extinção se dará não apenas no que diz respeito à sua relação, mas a todas as que eventualmente existirem e que tiverem por objeto o débito quitado, que só pode ser exigido uma única vez.

Capítulo II
RESPONSABILIDADE TRIBUTÁRIA POR SUBSTITUIÇÃO

2.1 Responsabilidade tributária por substituição

A sujeição passiva por substituição tem por fundamento o dever de colaboração e a praticabilidade da tributação. Encontra-se prevista no § 7º do art. 150 da Constituição e em leis complementares e ordinárias, tais como os arts. 6º e 9º da Lei Complementar 87/96, sem que o CTN tenha tratado especificamente dessa espécie de responsabilidade, em que pese seu fundamento de validade infraconstitucional ser o art. 128 de referido Código.

Substituição é proposição prescritiva (norma jurídica *lato sensu*) que prevê, em seu antecedente, uma relação direta ou indireta firmada entre o substituto e o substituído, ou direta entre o substituto e o fato jurídico tributário (tal como venda e compra de mercadorias, pagamento e recebimento de salário, pagamento e recebimento de honorários por serviços prestados etc.) e prescreve, em seu consequente, a obrigação de o substituto cumprir com a obrigação tributária gerada em virtude de fato juridicamente relevante praticado pelo substituído, ao mesmo tempo em que exonera este último de cumprir com a obrigação.

O substituto *não praticou* o fato jurídico, mas com ele ou com o realizador desse fato, relaciona-se. A ausência de relação direta com a ocorrência do fato é tomada na substituição como elemento normativo de qualificação, permitindo sua distinção em relação ao contribuinte.

Juridicamente não implica, como o nome sugere, a cessão do polo passivo da relação jurídica tributária, de um sujeito para outro. Se a sujeição passiva por substituição for pura (ou seja, sem que simultaneamente haja solidariedade com o contribuinte) o realizador do evento descrito no fato jurídico nunca terá sido sujeito passivo da relação tributária. Portanto, a substituição é pré-jurídica, não jurídica.

Nesse sentido, o emprego do vocábulo "substituição" é inadequado, podendo induzir o intérprete a erro. Mas, como a doutrina e a jurisprudência já consolidaram esta denominação, adotá-la-emos em que pese nossa crítica.

Prosseguindo, temos que, embora o substituído não seja compelido a pagar o tributo – já que não faz parte do vínculo obrigacional – sua existência e suas características não podem ser desconsideradas pelo direito.

A uma, porque se o substituído não chegou a existir, não haverá fato jurídico tributário, pressuposto para a existência da obrigação. A duas, porque se existiu mas faleceu ou extinguiu-se, haverá também sucessão. A três, porque o regime aplicável à substituição é o do substituído, e por isso, o substituto sofrerá os respectivos efeitos.[31] E, finalmente, a quatro, porque a lei aplicável deverá ser a da data da ocorrência do fato praticado

---

31. Nesse mesmo sentido Paulo de Barros Carvalho (*Sujeição passiva e responsáveis tributários*, p. 254): "É oportuno frisar que o substituído, conquanto não esteja compelido ao recolhimento do tributo, nem a proceder ao implemento dos deveres instrumentais que o fato jurídico suscita, tudo ficando a cargo do substituto, mesmo assim permanece a distância como importante fonte de referência para o esclarecimento de aspectos que dizem com o nascimento, a vida e a extinção da obrigação tributária. É nesse sentido que se firma como regime jurídico da substituição o do substituído, e não o do substituto. Se aquele primeiro for imune ou estiver beneficiado por isenção, este último exercitará os efeitos correspondentes. Ao ensejo do lançamento, a lei aplicável há de ser a do instante em que ocorreu a operação praticada pelo substituído, desprezando-se o substituto."

pelo substituído (tempo *no* fato tributário), e não a da data do fato que gerou a substituição (fato jurídico não tributário).

2.2 Estrutura lógica da norma de substituição tributária

Adotamos o modelo cognoscitivo em que a norma jurídica completa é composta pela norma *primária impositiva* (veiculadora de uma obrigação em função da ocorrência de um fato lícito qualquer), pela norma *primária sancionadora* (que impõe uma sanção em virtude do não cumprimento da consequência da norma impositiva) e, finalmente, pela norma *secundária* (que regula a participação direta do Estado, a fim de fazer cumprir o consequente das normas primárias).

Formalizando a norma jurídica completa, temos:

D {[(A → Cd) . (-Cd → Cs)] . [(-Cd v -Cs) → Rp]}, em que:

- D = functor deôntico não modalizado (dever-ser);

- (A → Cd) representa a norma primária dispositiva (deve-ser, dado o antecedente *A*, então o consequente *Cd*, de natureza não punitiva);

- (-Cd → Cs) representa a norma primária sancionadora (deve-ser, dado o antecedente que corresponde ao não cumprimento da conduta intersubjetiva prescrita pela norma primária dispositiva, então o consequente, de natureza punitiva);

- [(-Cd v -Cs) → Rp] representa a norma secundária (deve-ser, dado o antecedente, que corresponde ao não cumprimento da conduta prescrita pelo consequente da norma primária dispositiva *e/ou* da norma primária sancionadora, então o consequente *Rp*, prescritor de uma relação processual).

Na estrutura interna de cada uma das normas que compõe a estrutura completa, o antecedente (que certifica linguisticamente o evento) implica o consequente por força da imputação deôntica. O elo entre as duas fórmulas é feito pelo operador deôntico *dever-ser* na forma neutra (não modalizada).

Nas normas gerais e abstratas, o antecedente é também denominado hipótese, suposto, prótase ou descritor, e nele encontramos critérios para a identificação de evento de existência possível, que atua como implicante do consequente. Exemplificativamente, temos: "se se dá um fato F qualquer, então deve-ser o fato de o sujeito Sa estar obrigado, proibido ou permitido a praticar a conduta C ante o sujeito Sp".

Ao descrever fatos passíveis de ensejar a incidência de enunciados jurídicos, o antecedente atua como redutor de complexidades dos acontecimentos recolhidos valorativamente. Selecionando aspectos que se prestam a um número indeterminado de situações, o antecedente é predominantemente conotativo, ou seja, caracteriza-se por deter uma estrutura aberta à espera do preenchimento de diversas variáveis.

O consequente, por sua vez, é também denominado prescritor, consequência, mandamento ou tese, e veicula consigo critérios para a identificação de determinada conduta intersubjetiva futura, uma vez que comportamentos passados não se submetem à regulamentação prevista numa relação jurídica deonticamente modalizada, que se vai instalar onde e quando se concretizar o pressuposto fático.

O functor *dever-ser* presente no consequente normativo vem sempre modalizado por um dos três modais da lógica deôntica: obrigatório (O), permitido (P) e proibido (V). Por força do princípio do quarto excluído, inexiste uma quarta possibilidade de modalização, sendo que o facultativo pode ser reduzido ao permitido e ao não permitido (p e -p, respectivamente).

Já o enunciado denotativo e factual da norma individual e concreta caracteriza-se por estabelecer tanto o núcleo factual, como as determinantes de espaço e tempo. É o fato jurídico, relatando em linguagem um determinado acontecimento.

O antecedente revela uma ação ou situação humana expressa por um verbo no tempo pretérito, indicando um comportamento ocorrido no campo dos objetos da experiência. Nesse sentido, os enunciados fáticos têm caráter eminentemente declaratório.

O consequente, por sua vez, veicula os elementos da conduta intersubjetiva a ser cumprida pelo sujeito passivo em favor do sujeito ativo. É enunciado linguístico denotativo e fático, constituidor da relação jurídica.

Da mesma forma que nas normas jurídicas gerais e abstratas, o functor deôntico do consequente vem sempre modalizado por um dos três modais da lógica deôntica: obrigatório (O), permitido (P) e proibido (V).

Feitas essas considerações iniciais, que se aplicam a todas as normas que serão analisadas, passemos a formalizar a substituição tributária:

$$D \{(S' R^1 S'') \to [(S R S'') . - (S R S')]\}, \text{ em que:}$$

- D = functor deôntico não modalizado (dever-ser);
- $(S' R^1 S'')$ = antecedente da norma de substituição tributária e relação existente entre o substituto e o substituído, que permite a inclusão do substituto no polo passivo da relação jurídica tributária;
- S' = sujeito substituído (realizador do evento descrito no fato jurídico);
- S'' = substituto tributário (devedor);
- R^1 = objeto da relação não tributária que une o substituto ao substituído ou ao fato jurídico;
- $(S R S'')$ = relação jurídica de substituição tributária, mantida entre o Fisco e o substituto;
- S = sujeito ativo (credor);

- R = objeto da relação jurídica tributária;

- "." = conectivo lógico aditivo;

- → = operador implicacional

- – (S R S') = negação da relação entre o Fisco e o sujeito substituído, de forma que esta pessoa não integrará o polo passivo da relação jurídica tributária.

2.3 Espécies de substituição tributária

A sujeição passiva por substituição pode ocorrer de três diferentes maneiras: para trás, convencional e para frente.

A primeira consiste na responsabilidade pelo pagamento de tributo relativo a operações ou prestações anteriores, ou seja, o diferimento. Aqui, a obrigação de pagar é adiada para momento posterior à operação tributada, como no caso da responsabilização do industrial pelo pagamento do imposto referente às operações de venda de insumos do produtor rural para a indústria. Não se confunde com a mera postergação do prazo de pagamento, já que o vencimento da obrigação condiciona-se a um outro fato futuro, a ser praticado pelo substituto (indústria deverá promover a saída do insumo adquirido do produtor, ainda que o bem tenha sido alterado em função da industrialização).

Já a segunda hipótese é a convencional, e diz respeito à substituição assim que ocorrido o fato jurídico, como no exemplo do tomador do serviço pelo recolhimento do ISS retido do prestador, ou do recolhimento de IRRF pela fonte pagadora no envio de certos pagamentos ao exterior. Aqui também não há postergação, mas substituição (pré-jurídica) do sujeito devedor.

Por fim, na sujeição passiva para frente (terceira hipótese) o substituto integra relação jurídica constituída anteriormente à própria ocorrência do evento que talvez seja no futuro praticado pelo substituído, e que por força da causalidade normativa deveria implicá-lo. É o denominado fato gerador presumido, norma jurídica que imputa a um fato indiciário de situação de provável ocorrência futura, consequências jurídicas próprias do fato jurídico típico tributário.

Por força dessa regra, o nascimento da relação jurídica tributária não requer a ocorrência efetiva do fato típico, mas somente a expectativa, a suposição, a presunção relativa baseada em indícios considerados aptos pela lei para provar a ocorrência futura — e por isso duvidosa e incerta — do evento, violando o princípio da segurança jurídica. Ao mero indício de situação cuja ocorrência deverá dar-se no futuro são imputadas as consequências jurídicas pertinentes ao fato típico, embora os direitos e obrigações devessem surgir apenas em virtude do reconhecimento jurídico da ocorrência de fatos.

A título de exemplo, temos que a regra-matriz de incidência do ICMS, em vez de estabelecer a circulação de mercadorias pelos revendedores de carros, como fato jurídico necessário ao nascimento da obrigação tributária, prescreve como suficiente tão somente a saída dos veículos da montadora, fato indiciário da circulação a ser promovida pelo revendedor ao consumidor final.

Em que pese o exposto, o STF, no julgamento do RE 213.396/SP, decidiu pela constitucionalidade do fato gerador presumido, sistemática amplamente utilizada nos dias atuais.

2.4 Titularidade do direito à restituição do indébito na substituição tributária

Considerando que, na substituição tributária, o substituto é o único a integrar o vínculo obrigacional, e considerando também que esse sujeito paga o tributo às expensas do substituído,[32] este último é o titular do direito de requerer a devolução do indébito.

---

32. Ainda que em certas situações possa haver, num primeiro momento, desembolso de dinheiro pertencente ao substituto, que mais adiante deverá ser ressarcido pelo realizador do fato jurídico.

Não nos esqueçamos de que ainda que seja irrelevante para o adimplemento da obrigação tributária o sujeito que arca economicamente com a carga fiscal, esse dado é relevante tanto para a constitucionalidade da aplicação das normas de substituição quanto para a devolução do indébito. E não porque aqui fatos extrajurídicos passaram a ser relevantes para o direito, mas porque foram juridicizados pelo art. 166 do CTN e se submetem aos princípios da legalidade, tipicidade e capacidade contributiva.

Portanto, ao substituído assiste o direito de pleitear, administrativa ou judicialmente, a devolução do indébito pago por força de norma individual e concreta que constituiu o crédito tributário utilizando-se da substituição. Nada impede, entretanto, que o substituído seja autorizado, pelo substituto, a pleitear em seu nome a devolução do indébito (como no caso do IRRF pago indevidamente, em remessa de *royalty* ao exterior, em que a sociedade estrangeira autoriza a brasileira a pleitear judicialmente a devolução).

O substituto, por sua vez, somente terá direito à restituição do indébito se tiver pagado valor superior àquele que era devido e que não foi descontado do substituído. Exemplificando, imaginemos que o substituto tenha retido R$ 2.000,00 de seu empregado, a título de IRRF, mas acabe por recolher à Receita Federal a quantia de R$ 2.200,00. Nesse caso, o substituto será titular do direito de pleitear a devolução de R$ 200,00 (não subtraído do patrimônio do substituído), correspondente à diferença entre o que era devido e o que foi efetivamente pago.

Do exposto, concluímos que, se o substituto tiver cumprido corretamente com sua obrigação, o titular do direito à repetição do indébito será apenas o substituído.

Por fim, resta-nos ainda registrar que se encontra superada a discussão a respeito de ser ou não devida a restituição da diferença de tributo pago a mais no regime de substituição tributária para frente, se a base de cálculo efetiva da operação for inferior à presumida. Ela é devida.

Ao julgar o Tema 201 da sistemática da repercussão geral (RE 593849), o STF entendeu ser direito da parte lançar em sua escrita fiscal os créditos de ICMS pagos a maior, pois "o princípio da praticidade tributária não prepondera na hipótese de violação de direitos e garantias dos contribuintes, notadamente os princípios da igualdade, capacidade contributiva e vedação ao confisco, bem como a arquitetura de neutralidade fiscal do ICMS."

Capítulo III
RESPONSABILIDADE TRIBUTÁRIA POR SOLIDARIEDADE

3.1 Responsabilidade tributária por solidariedade

De acordo com o art. 264 do Código Civil, "Há solidariedade, quando na mesma obrigação concorre mais de um credor, ou mais de um devedor, cada um com direito, ou obrigado, à dívida toda."

Solidariedade é proposição prescritiva (norma jurídica *lato sensu*) que estabelece a existência de mais de um credor no polo ativo, ou de mais de um devedor no polo passivo da obrigação. Cada um dos integrantes do respectivo polo tem o direito ou a obrigação ao todo, como se fosse o exclusivo credor ou devedor.

São, assim, características fundamentais da solidariedade: (i) pluralidade subjetiva (de credores, de devedores, ou de uns e outros simultaneamente); e (ii) unidade objetiva (ou seja, cada devedor responde pela totalidade da prestação, e cada credor tem direito à totalidade do crédito).[33]

---

33. Cf. Fabrício Zamprogna Matiello, *Código Civil comentado*, p. 206.

Interessa-nos a solidariedade passiva tributária, em que cada um dos devedores está obrigado a cumprir com toda a prestação, como se, desde o início, tivesse assumido sozinho os encargos a ela pertinentes.

Demandado isoladamente, ao devedor não assiste o direito de pagar apenas sua fração da dívida, nem de querer obrigar que os codevedores paguem ao credor a parte que compete a cada um. Disso resulta que a solidariedade tributária não comporta benefício de ordem (parágrafo único do art. 124 do CTN). O credor poderá escolher o devedor que desejar, ou mesmo todos, para o cumprimento da obrigação, acionando-os em litisconsórcio ou isoladamente, e sem que perca a prerrogativa de demandar contra os demais, caso não consiga receber o valor daquele contra quem interpôs eventual ação.

Além disso, na solidariedade tributária, o pagamento efetuado por um aproveita a todos os demais, a interrupção da prescrição em favor ou contra um dos obrigados gera efeitos comuns, e a isenção ou remissão de crédito exonera a todos os obrigados quando não for pessoal (art. 125 do CTN).

Ademais, podem coexistir tanto a norma que indica o contribuinte como sujeito passivo, quanto as que preveem a solidariedade. Por envolverem pessoas diferentes, criam relações jurídicas distintas que, entretanto, possuem o mesmo objeto. Essas características acarretam, no mínimo, duas consequências:

1) como as relações jurídicas têm objeto comum, as obrigações não podem ser exigidas simultaneamente, ou seja, a exigência de uma exclui a da outra, sob pena de se exigir o mesmo objeto de, ao menos, dois sujeitos diferentes; e

2) o adimplemento da obrigação por um dos sujeitos passivos extingue também a outra relação, em função da perda de seu objeto. Por outro lado, se o pagamento for parcial, a dívida extingue-se apenas na proporção do adimplemento, persistindo a solidariedade quanto ao valor remanescente.

Neste Capítulo, trataremos do art. 124 do CTN, que adota dois critérios para estabelecer o vínculo de solidariedade passiva tributária, quais sejam, interesse comum na situação que constitua o fato gerador e designação expressa em lei. Confira-se:

> Art. 124. São solidariamente obrigadas:
> I - as pessoas que tenham interesse comum na situação que constitua o fato gerador da obrigação principal;
> II - as pessoas expressamente designadas por lei.
> [...]

2.2 Estrutura lógica da norma de solidariedade

A estrutura lógica da norma de solidariedade é a seguinte:

D {[(S' R¹ S") . (S R S') v (S R S")] → [(S R S") . – (S R S')]}, em que:

- D = functor deôntico não modalizado (dever-ser);

- (S' R¹ S") = antecedente da norma de solidariedade, que veicula relação não tributária existente entre os sujeitos solidários, e que permite a inclusão de mais de um devedor no polo passivo da relação jurídica tributária;

- S' = primeiro devedor solidário (contribuinte, substituto etc.);

- S" = segundo devedor solidário (contribuinte, substituto etc.);

- R¹ = objeto da relação jurídica não tributária existente entre dois sujeitos solidários (por interesse comum ou apenas por força de lei);

- "." = operador conjuntivo aditivo;

- (S R S') = relação jurídica tributária estabelecida entre o Fisco e o primeiro devedor solidário;

- (S R S") = relação jurídica tributária estabelecida entre o Fisco e o segundo devedor solidário;

- S = sujeito ativo (credor);

- R = relação jurídica tributária que tem por objeto o pagamento de tributo;

- "v" = operador disjuntivo-inclusivo;

- → = operador implicacional;

- "–" = negação;

- – (S R S') = negação da relação jurídica existente entre o Fisco e o devedor solidário não acionado para o pagamento da dívida.

3.3 Art. 124, I, do CTN

Mesmo após tantos anos da publicação do CTN (1966), e do posicionamento do STJ (desde 2008, foram prolatadas decisões em recursos não repetitivos, sobre o conteúdo da expressão "interesse comum" para fins do art. 124, I, do CTN), a interpretação da norma permanece polêmica, com significativas divergências doutrinárias e jurisprudenciais. E é sobre isso que passaremos a tratar.

De acordo com o inciso I do art. 124 do CTN, "são solidariamente obrigadas as pessoas que tenham *interesse comum* na *situação que constitua o fato gerador da obrigação principal.*"

Assim, faz-se necessário enfrentar as seguintes questões:

1) O que é "interesse comum"?

2) O que é a "situação que constitua o fato gerador"?

3) O "interesse comum" pode se dar em "situações que *não* constituam o fato gerador"?

4) Fatos ilícitos podem ser considerados 'fatos geradores da obrigação principal', uma vez que o descumprimento de uma obrigação também pode implicar o nascimento de crédito tributário? E quando existir *nexo causal* entre a conduta dolosa e o inadimplemento, o art. 124, I, passaria a ser aplicável?

5) O art. 124, I, pode ser interpretado como se o elemento a considerar fosse somente o interesse comum, desconsiderando o complemento constante do enunciado (situação que constitua o fato gerador da obrigação principal)?

Iniciemos com a identificação do que seja *interesse comum*.

Há *interesse comum* quando os direitos e deveres forem *compartilhados* entre pessoas situadas do mesmo lado de uma relação jurídica privada, subjacente ao fato jurídico tributário, somada ao proveito conjunto da situação.

Nesse sentido, é preciso que todos os devedores compartilhem a situação que constitua o fato gerador da obrigação tributária (principal ou acessória, nos termos do art. 113 do CTN), de forma que o interesse decorra de uma relação jurídica da qual o sujeito de direito seja parte integrante, que interfira em sua esfera de direitos e deveres e o legitime a postular em juízo em defesa do seu interesse. Com isso, a situação realizada por uma pessoa é capaz de gerar os mesmos direitos e obrigações para a outra.

Nessas situações, o interesse é conjunto, convergente, conforme abaixo exemplificado:

COINCIDENTES COMPRADOR E VENDEDOR	COMUNS COMPRADORES	COMUNS VENDEDORES
Realizar o negócio	Receber o bem	Receber o pagamento
	Pagar o preço	Entregar o bem

Não é outro o entendimento de Paulo de Barros Carvalho,[34] que sustenta que, nas ocorrências em que o fato se consubstancie pela presença de pessoas, em posições contrapostas, com objetivos antagônicos, a solidariedade instala-se entre os sujeitos que estiverem no mesmo polo da relação.

Assim, embora duas ou mais pessoas possam ter interesse na situação (comprador e vendedor têm interesse na compra e venda), isso não indica que seja interesse *comum* na situação. Poderá ser contraposto. E apenas nos interessa o comum.

Por outro lado, não há interesse jurídico quando os sujeitos compartilham somente outros fatos decorrentes da riqueza manifestada pelo fato típico (interesse econômico), o que não autoriza que se equipare interesse comum ao econômico.

Passemos agora a responder a segunda questão: o que deve ser entendido como a "situação que constitua o fato gerador"?

Para nós, é a situação que aponta para a *relação jurídica originária do fato tributário*, ou seja, a relação jurídica privada da qual o legislador contempla o fato que interessa ao direito tributário (ato ou negócio jurídico). Segundo Marcos Vinicius Neder,[35] "Essa relação será uma situação jurídica, quando a tributação derive diretamente dessa própria situação (ex.: propriedade) ou uma relação privada subjacente ao fato (ex.: contrato de compra e venda), nos casos em que a lei prevê a ocorrência de uma situação de fato para desencadear a incidência tributária (ex.: ganho de capital)."

Assim, ao associar "interesse comum" ao enunciado "situação que constitua o fato gerador da obrigação principal", o legislador deixou claro que não é qualquer interesse comum que pode ser considerado como suficiente para a aplicação da regra de solidariedade, dentre eles o decorrente de atos

---

34. *Curso*, p. 310/311.

35. *Responsabilidade solidária no lançamento tributário*. Texto inédito apresentado como dissertação para obtenção do título de Mestre na Pontifícia Universidade Católica de São Paulo, p. 175.

ilícitos (situação que não constitui o fato gerador). É necessário que se trate de interesse no fato ou na relação jurídica que constitui o antecedente da regra-matriz de incidência tributária, razão pela qual a norma não deve ser interpretada considerando apenas a primeira parte do enunciado.

Por isso, a solidariedade tributária do art. 124, I, do CTN só será validamente aplicada nos casos em que:

1) Consistindo o suporte fático do tributo em *situação jurídica*, exista mais de uma pessoa realizando a sua materialidade, como ocorre, por exemplo, na incidência do IPTU, em que dois ou mais sujeitos são proprietários do mesmo imóvel. Nesta hipótese, não há que se falar em mesmo polo da relação jurídica de direito privado, posto não se tratar de negócio jurídico bilateral, e sim, situação jurídica.

2) Nos casos em que o suporte de fato da tributação configura *negócio jurídico bilateral*, caracterizado pela presença de sujeitos em posições diversas e, por isso mesmo, com objetivos diferentes, a solidariedade poderá instalar-se apenas entre as pessoas que integrarem o mesmo polo da relação e tão somente se estiverem efetivamente praticando o verbo tomado pelo legislador como critério material do gravame. É o que se verifica, por exemplo, no ISS, quando dois ou mais sujeitos prestam um único serviço ao mesmo tomador.

Por fim, a parte final do art. 124, I, faz referência à "obrigação principal". A relevância desse ponto da investigação reside na necessidade de se afastar o entendimento de que o interesse poderia ser também por fatos tomados pelo legislador como pressuposto para a imputação da responsabilidade que não o interesse *lícito*, por exemplo, entre os sócios responsáveis pela sonegação fiscal ou qualquer outra situação em que duas ou mais pessoas concorram para lesar o Fisco e disso se aproveitem. Embora a norma em análise pudesse ter disciplinado a solidariedade desta forma, não o fez.

Com efeito, prescreve o art. 113 do CTN que a obrigação tributária é *principal* ou *acessória*. A *principal* surge com a ocorrência do fato gerador, tem por objeto o pagamento de tributo ou penalidade pecuniária e extingue-se juntamente com o crédito. Já a *acessória* decorre da legislação tributária e tem por objeto as prestações, positivas ou negativas, nela previstas no interesse da arrecadação ou da fiscalização dos tributos e, pelo simples fato da sua inobservância, converte-se em obrigação principal relativamente à penalidade pecuniária. Interessa-nos a obrigação principal, referida no art. 124, I.

O art. 114 do CTN, por sua vez, determina que "o fato gerador da obrigação principal é a situação definida em lei como necessária e suficiente à sua ocorrência", ou seja, uma situação de fato ou jurídica a ensejar o nascimento da obrigação tributária (art. 116 do CTN). E por assim ser, implica também contemplar referências de tempo e espaço (critérios temporal e espacial da regra-matriz de incidência tributária) para a correta identificação do fato jurídico relevante.

Sendo este o contexto normativo no qual está inserida a expressão "interesse comum na situação que constitua fato gerador da obrigação principal", entendemos que a solidariedade com fundamento no inciso I do art. 124 do CTN somente pode ser atribuída àqueles sujeitos que tenham interesse jurídico no fato descrito no antecedente da regra-matriz de incidência (auferir renda, prestar serviços, obter receita).

Ora, se a solidariedade tributária não se presume, decorre sempre de lei, e o ilícito não foi contemplado pelo legislador no enunciado do art. 124, I – que a restringiu às hipóteses de interesse comum no fato jurídico tributário – não é o intérprete que poderá ampliá-la de modo a alcançar realidades não contempladas pela lei. O art. 124, I, do CTN não é salvaguarda para fundamentar toda e qualquer intenção de responsabilizar solidariamente terceiros.

E sobre o exposto o STJ já se posicionou diversas vezes a respeito (REsp 859.61/RS, REsp 834.044/RS etc.), conforme sintetizado na decisão abaixo:

> PROCESSUAL CIVIL. TRIBUTÁRIO. RECURSO ESPECIAL. ISS. EXECUÇÃO FISCAL. LEGITIMIDADE PASSIVA. EMPRESAS DO MESMO GRUPO ECONÔMICO. SOLIDARIEDADE. INEXISTÊNCIA. VIOLAÇÃO DO ART. 535 DO CPC. INOCORRÊNCIA.
>
> [...] 7. Conquanto a expressão "interesse comum" - encarte um conceito indeterminado, é mister proceder-se a uma interpretação sistemática das normas tributárias, de modo a alcançar a *ratio essendi* do referido dispositivo legal. Nesse diapasão, tem-se que o interesse comum na situação que constitua o fato gerador da obrigação principal implica que as pessoas solidariamente obrigadas sejam sujeitos da relação jurídica que deu azo à ocorrência do fato imponível. Isto porque feriria a lógica jurídico-tributária a integração, no polo passivo da relação jurídica, de alguém que não tenha tido qualquer participação na ocorrência do fato gerador da obrigação.
>
> [...] Forçoso concluir, portanto, que o interesse qualificado pela lei não há de ser o interesse econômico no resultado ou no proveito da situação que constitui o fato gerador da obrigação principal, mas o interesse jurídico, vinculado à atuação comum ou conjunta na situação que constitui o fato imponível. (REsp 884845/SC)

Registramos aqui que contrariamente se advoga em diversos fóruns de discussão, o fato de nesses precedentes o STJ não ter tratado de situações ilícitas, nada muda no que diz respeito às nossas reflexões. Isso porque o Tribunal construiu o conteúdo do enunciado considerando a norma em sua integralidade, ou seja, com o complemento "na situação que constitua o fato gerador da obrigação principal", e a partir disso concluiu que, para que haja solidariedade, os responsáveis devem ter tido "autuação comum ou conjunta na situação que constituiu o fato imponível", sendo sujeitos da relação jurídica que deu azo à ocorrência do fato gerador.

Note-se, ademais, que em 2019, a 1ª Turma do STJ decidiu pela aplicação do Incidente de Desconsideração da Personalidade Jurídica – IDPJ na inclusão de grupos econômicos no polo passivo de execuções fiscais (REsp 1.775.269/PR). Ainda que este não seja o foco da presente reflexão, e a decisão não represente o posicionamento final do Tribunal, o acórdão afastou o interesse comum do inciso I do art. 124 do CTN para o caso de atos ilícitos, afirmando que a norma "diz respeito ao interesse jurídico das pessoas na relação jurídico-tributária, que se dá quando os sujeitos, conjuntamente, fazem parte da situação que permite a ocorrência do fato gerador", confirmando o posicionamento acima exposto e desconstruindo a linha de interpretação aqui tratada e em relação à qual não concordamos.

Diante de todo o exposto, mesmo se por hipótese entendêssemos que a expressão "interesse comum" permitisse a aplicação da regra para situações lícitas e ilícitas, ela, conjugada com a expressão "na situação que constitua o fato gerador da obrigação principal", constante do art. 124, I, afasta sua aplicação para os casos de dolo, fraude ou simulação. O interesse comum não decorre tanto do ato lícito que gerou a obrigação tributária quanto do ilícito que a desconfigurou.

2.4 Art. 124, II, do CTN

O art. 124, II, do CTN, por sua vez, é aplicável tanto para situações lícitas quanto ilícitas, ao prescrever que "serão solidárias as pessoas expressamente designadas por lei."

A regra não apresenta qualquer novidade, pois em função do princípio da estrita legalidade somente essa poderia ser a prescrição (não só para a solidariedade, mas para qualquer espécie de sujeição passiva). Qual a diferença, então, entre os incisos I e II do art. 124?

Entendemos que no inciso II, as pessoas solidariamente obrigadas são as referidas nos arts. 134 e 135 do CTN, bem como outras que venham a ser criadas, desde que observados os preceitos desses artigos e também do 128 do CTN.

Nesse sentido já se posicionou o STF no RE 562.276/PR, julgado segundo o regime dos recursos repetitivos:

> o preceito do artigo 124, II, no sentido de que são solidariamente obrigadas "as pessoas expressamente designadas por lei", não autoriza o legislador a criar novos casos de responsabilidade tributária sem a observância dos requisitos exigidos pelo artigo 128 do CTN, tampouco a desconsiderar as regras- matrizes de responsabilidade de terceiros estabelecidas em caráter geral pelos arts. 134 e 135 do mesmo diploma.

Neste julgamento, estava *sub judice* a constitucionalidade do art. 13 da Lei 8.620/93, a qual tornava devedor solidário os sócios de sociedades de responsabilidade limitada pelos débitos junto à Seguridade Social. O STF julgou inconstitucional referido artigo, formal e materialmente, por violar o art. 146, III, da Constituição, ao entender que tal matéria deveria ter sido tratada por meio de lei complementar, uma vez que criava nova hipótese de responsabilidade.

Esta decisão é recorrentemente citada por aqueles que defendem que somente por meio de lei complementar a matéria de responsabilidade pode ser tratada. Entretanto, é necessário conhecer a decisão, a fim de se evitar uma conclusão equivocada.

O STF julgou inconstitucional referido artigo que tornava responsável solidário qualquer sócio de sociedade de responsabilidade limitada pelo inadimplemento de débitos da Seguridade Social, mas o fez por entender que não basta ser sócio para ser responsabilizado por débitos tributários, há também que se observar as regras estabelecidas no CTN (normas gerais). O Tribunal destacou que novas formas de responsabilidade poderiam ser criadas, desde que respeitados os arts. 128, 134 e 135 do CTN, hierarquicamente superiores às leis ordinárias, razão pela qual leis ordinárias não poderiam dispor de forma *diversa* desses enunciados.

Nesse sentido, o STF *não decidiu* que apenas lei complementar é veículo normativo apto a instituir novas regras de responsabilidade tributária.

Ora, uma vez que as normas gerais estejam estabelecidas em lei complementar, as pessoas políticas podem, por meio de leis ordinárias, criar hipóteses de responsabilidade tributária, compatíveis com referidas normas gerais, sendo vedada a inovação sob pena de ilegalidade e inconstitucionalidade.

Isso significa que se o art. 135, III, do CTN pressupõe que o administrador tenha agido com excesso de poderes ou infração de lei, contrato social ou estatuto, nenhuma lei ordinária poderá criar hipótese de responsabilidade contemplando somente o fato de ser administrador de uma sociedade que declarou e não pagou o tributo.

2.5 Do lançamento e da obrigação de a autoridade administrativa identificar todos os sujeitos que respondem pelo crédito tributário

A correta indicação do sujeito passivo é obrigação daquele que se propõe a exigir de terceiro montante que entende ser direito seu. Por isso, sempre que houver provas diretas ou indiciárias de que o administrador agiu com dolo, o lançamento deverá indicar seu nome.

De acordo com o art. 142 do CTN, lançamento é ato privativo da autoridade administrativa, *vinculado e obrigatório*, e visa a verificar a ocorrência do fato jurídico, determinar a matéria tributável, calcular o montante do tributo devido, identificar o sujeito passivo e, quando for o caso, aplicar a penalidade cabível.

Diversos são os pressupostos e requisitos de validade desse ato administrativo. Na esfera federal, interessa-nos investigar o art. 10 do Decreto 70.235/72. Vejamos:

RESPONSABILIDADE TRIBUTÁRIA

Requisito do Auto de Infração	Finalidade
Qualificação do autuado	Identificar o sujeito passivo (art. 142 do CTN).
Local, data e hora da lavratura	Verificar se a constituição do crédito está dentro do prazo decadencial.
Descrição dos fatos	Motivação do lançamento. Deve ser escrita de modo a permitir ao autuado, conhecendo o fato que lhe é imputado, exercer o seu direito de ampla defesa.
Disposição legal infringida e penalidade aplicável	Propiciar a ampla defesa e o controle de legalidade.
Determinação da exigência e intimação para cumpri-la ou impugná-la	Explicitar o montante devido, acompanhado do demonstrativo dos cálculos, de forma a possibilitar a total compreensão da composição do valor da exigência. Já a intimação dá publicidade ao ato, tornando possível a defesa.
Assinatura do autuante e indicação de seu cargo ou função e número de matrícula	Permitir que se verifique a competência do servidor responsável pela exigência

Portanto, a autoridade administrativa, por ocasião da lavratura de auto de infração, está *obrigada* a identificar todos os sujeitos que eventualmente devam responder pelo crédito tributário na condição de contribuintes e responsáveis.

Se a rega-matriz de incidência tributária, combinada com as regras de responsabilidade, indicam pluralidade de devedores unidos pelo laço da solidariedade para o caso concreto, e há um enunciado expresso determinando a correta identificação do sujeito passivo no lançamento, a Autoridade Fiscal deve expedir norma individual e concreta indicando todas essas pessoas, sob pena de restar viciado o ato de positivação. É nesse sentido, inclusive, a Instrução Normativa RFB 1.862/2018, que dispõe sobre o procedimento de imputação de responsabilidade tributária no âmbito da Receita Federal do Brasil, e determina que quando o Auditor Fiscal identificar hipótese de pluralidade de sujeitos passivos, deverá formalizar a imputação de responsabilidade já no lançamento tributário (art. 2º).

A não indicação de todos os sujeitos obrigados ao adimplemento da obrigação é exemplo típico de *vício material*, já que o defeito está relacionado ao conteúdo do ato, não ao procedimento para a sua confecção. Nesses casos, é nítido o descompasso entre o critério pessoal da regra-matriz de incidência e os sujeitos passivos definidos na norma que constitui o crédito tributário.

Por outro lado, a inclusão do administrador na CDA, sem que seu nome tenha constado do lançamento, não terá o condão de sanar o vício do ato, pois (i) foi suprimida a instância administrativa, em desacordo com o art. 5º, inciso LV, da Constituição e (ii) a indicação do nome na CDA não é ato jurídico que o direito reconheça como apto a constituir o crédito tributário, quando no momento da lavratura do auto de infração a pessoa física já poderia ter sido corresponsabilizada.

Segundo Andrea Darzé,[36] é indefensável a teoria que atribui eficácia *erga omnes* aos atos constitutivos do crédito tributário nas hipóteses de solidariedade. Admitir interpretação em sentido contrário implica, necessariamente, violação de garantias constitucionais, aceitando-se que sujeitos sofram consequências reflexas de atos dos quais não foram participados e em relação aos quais não foi dado direito à defesa.

Ademais, mesmo que se considere que a consequência jurídica da realização de um lançamento, sem a indicação de todos os sujeitos passivos, corresponde à própria abdicação da solidariedade, ainda assim nos parece insustentável a presente solução interpretativa.[37]

A indisponibilidade do interesse público impede a aplicação, em matéria tributária, do art. 282 do Código Civil.[38] O

---

36. *Responsabilidade tributária: solidariedade e subsidiariedade*, p. 331.

37. DARZÉ, Andréa M. *Responsabilidade*, p. 331.

38. Art. 282. O credor pode renunciar à solidariedade em favor de um, de alguns ou de todos os devedores.
Parágrafo único. Se o credor exonerar da solidariedade um ou mais devedores, sub-

campo de discricionariedade da Fazenda Pública, diante de obrigações tributárias solidárias, se resume à prerrogativa de escolha da ordem de execução dos codevedores, o que não equivale à possibilidade de excluir, do polo passivo das relações tributárias, um ou alguns dos co-obrigados.

Portanto, se a parte não é intimada de ato relevante praticado pela Administração – provavelmente pelo fato de ainda se entender desnecessária a intimação, como se o lançamento visasse tão somente a identificar o contribuinte originário e o montante de tributo a pagar, muito embora o art. 142 do CTN exija a identificação do sujeito passivo, conceito que engloba tanto o contribuinte quanto o responsável – não lhe poderão ser opostos os atos subsequentes.

Finalmente, se for desnecessária a instauração de processo administrativo prévio, como nas situações em que o débito é declarado pelo próprio contribuinte (art. 62 da Lei 6.374/89 de São Paulo e art. 17 da Lei nº 10.833/2003, que altera o § 6º do art. 74 da Lei 9.430/96, dentre outros), a pessoa jurídica terá declarado a ocorrência do fato e constituído a relação jurídica, e a inscrição na dívida ativa dar-se-á sem o contraditório na esfera administrativa.

Compactuamos com o entendimento de que não se faz necessária a expedição do ato-norma de lançamento sempre que o contribuinte já tiver constituído o crédito tributário por meio de linguagem própria, prevista no direito positivo. Uma interpretação sistemática do ordenamento nos levará à conclusão de que a lei confere, aos particulares, competência para, na maior parte dos casos, declarar a ocorrência do fato e constituir a relação jurídica tributária. Nesse sentido, não há como deixar de reconhecer, na atividade do particular, um ato de aplicação da norma geral e abstrata para o caso concreto.

Ora, a instância administrativa existe para apurar a ocorrência do fato jurídico, de seu montante e do sujeito obrigado ao pagamento do tributo e de eventuais penalidades. Por isso a discussão da dívida tributária, desde que em montante

---

sistirá a dos demais.

declarado pelo contribuinte, não tem cabimento em esfera administrativa, sem que essa "supressão" viole o art. 5º, LV, da Constituição. Ao sujeito passivo caberia, sempre e tão somente, a discussão judicial (art. 5º, XXXVI, da Constituição).

Pois bem. Como fica, então, o direito do responsável de participar do processo administrativo nas hipóteses em que sua instauração não tiver cabimento?

Nessas situações, a responsabilidade pessoal será apurada apenas na esfera judicial, quando o então administrador terá oportunidade para se defender. Embora comunguemos do entendimento de que esse procedimento não seja o ideal – principalmente em face da necessidade de garantia do débito para a anulação da CDA, dos custos envolvidos numa defesa judicial, do tempo despendido até decisão judicial definitiva etc. – não podemos deixar de reconhecer a ausência de qualquer inconstitucionalidade. A sociedade, ao constituir o crédito, declara-se devedora, sem que a Autoridade Administrativa deva, num primeiro momento, questionar a veracidade dessa confissão.

3.6 Nulidade absoluta do lançamento na hipótese de cerceamento de defesa

Embora a incorreção dos atos de aplicação se dê tanto se forem indicados mais sujeitos passivos do que o correto, quanto se forem indicados menos, na primeira hipótese a nulidade é sanável, e na segunda não. A diferença reside no fato de que a indicação a menor implicará violação ao direito de defesa do sujeito acusado, que não terá tido oportunidade de se insurgir contra lesões ou ameaças de direito.

Os direitos à ampla defesa e ao contraditório são manifestações do princípio do devido processo legal, previsto no art. 5º, inciso LV, da Constituição. O contraditório tem íntima ligação com o princípio da igualdade das partes, e se traduz de duas formas: por um lado, pela necessidade de **dar conhecimento da existência da ação** e de todos os atos do processo às partes e, de outro, pela **possibilidade de as partes reagirem aos atos que lhes forem desfavoráveis**, ou seja, os litigantes têm direito de deduzir pretensões e defesas, em suma, direito de serem ouvidos paritariamente no processo em todos os seus termos.[39]

Se as respostas às seguintes perguntas forem negativas, eventuais lançamentos serão inconstitucionais independentemente de qualquer requalificação e reexame fático-probatório: foi propiciado o direito de apresentar defesa antes do ato decisório? De apresentar todos os meios de prova admitidos e de vê-las realizadas e consideradas? De ser notificado do início do processo e cientificado dos fatos e fundamentos legais que os motivaram? De se defender de fatos suficientemente descritos (motivação)? De interpor recurso administrativo como decorrência do direito de petição?

Por outro lado, quando indicados mais sujeitos passivos do que o correto, embora não devamos ignorar o ônus de uma defesa – que nem sempre é pouco significativo – não terá havido cerceamento de defesa, nem decadência. E as pessoas incorretamente indicadas terão que ser excluídas da obrigação.

3.7 Titularidade do direito à restituição do indébito na solidariedade

A solidariedade no cumprimento da obrigação tributária não significa que o direito subjetivo à devolução seja também solidário. O sujeito ativo da relação de devolução do indébito é somente a pessoa que realizou o pagamento indevido.

Se todos pagaram parcialmente o débito, de forma que, ao se somar os pagamentos, chegue-se ao adimplemento integral da obrigação, a essas pessoas assiste o direito de ressarcir-se proporcionalmente aos valores pagos. Mas, nesse caso, mais de um sujeito terá realizado o pagamento.

---

39. Cf. NERY JUNIOR, Nelson. *Princípios do processo civil na Constituição Federal*, p. 30.

Capítulo IV
SUCESSÃO TRIBUTÁRIA NA FUSÃO, INCORPORAÇÃO E CISÃO DE SOCIEDADES E NA AQUISIÇÃO DE ESTABELECIMENTOS

4.1 Introdução

Todas as vezes em que um direito subjetivo ou uma obrigação muda de titular estaremos diante de um caso de sucessão.

A responsabilidade tributária por sucessão encontra-se prevista nos arts. 129 a 133 do CTN, e implica a transferência da obrigação de quitar o crédito tributário para um terceiro, em virtude do desaparecimento, ou não, do devedor originário. Independentemente da hipótese, a sucessão tem por efeito extinguir a relação jurídica anterior, constituindo-se em causa de extinção de crédito não contemplada no art. 156 do CTN.

A sucessão pode ser tanto *inter vivos* como *causa mortis*, e como regra geral o sucessor responsabiliza-se pela dívida existente na data do evento que motivou a sucessão.

Entre a norma que contempla a sucessão e a que inicialmente constituiu o crédito tributário há uma relação de dependência, de forma que a primeira não subsistirá se a segunda for revogada, for considerada inválida ou inconstitucional etc.

Ademais, conforme já tivemos oportunidade de estudar no Capítulo I, é pressuposto de existência da sucessão o da obrigação tributária perante o devedor original, ainda que essa relação tenha sido constituída apenas após o fato que motivou a sucessão. É fundamental que tenham existido, ao menos, duas normas.

O art. 129 do CTN estabelece que a sucessão tributária aplica-se por igual aos créditos constituídos e aos em curso de constituição à data dos atos que motivaram a sucessão, bem como aos constituídos posteriormente a esses atos, desde que relativos a eventos praticados até a referida data.

Assim, a sucessão pode ocorrer tanto em relação às dívidas fiscais preexistentes ao fato que desencadeou a sucessão, quanto às que vierem a ser constituídas posteriormente, desde que o evento descrito no fato jurídico tributário tenha ocorrido até a data da sucessão. Observe-se, também, que, em se tratando de obrigação relativa aos tributos sujeitos ao lançamento por homologação, caberá ao sucessor constituí-la (se ainda não o fez o sucedido).

Finalmente, o CTN contempla diversas hipóteses de sucessão, mas para os fins deste trabalho interessa-nos apenas a fusão, a incorporação e a cisão de sociedades, bem como a aquisição de estabelecimentos, razão pela qual trataremos prioritariamente dos artigos 132 e 133 do CTN.

4.2 Estrutura lógica da norma de sucessão

A norma de sucessão pode ser formalizada da seguinte maneira:

$$D \{[(S\ R\ S'). (S'\ R^2\ S'')] \rightarrow [(S\ R^1\ S''). - (S\ R\ S')]\}, \text{ em que:}$$

- D = functor deôntico não modalizado (dever-ser);

- $(S\ R\ S')$ = antecedente da norma de sucessão e relação jurídica tributária estabelecida entre o Fisco e o devedor originário (contribuinte, substituto, solidário etc.), cujo débito não foi quitado por este;

- S = credor;

- S' = sucedido (devedor originário);

- S" = sucessor;

- R = objeto da relação jurídica tributária que exige o pagamento de tributo;

- (S' R^2 S") = antecedente da norma de sucessão e relação existente entre os sujeitos (sucedido e sucessor), que permite a inclusão de um novo devedor no pólo passivo da relação jurídica tributária e a extinção da relação anterior;

- R^2 = objeto da relação jurídica não tributária existente entre os sujeitos;

- "." = conectivo lógico aditivo;

- → = operador implicacional;

- (S R^1 S") = relação jurídica tributária de sucessão, estabelecida entre o Fisco e o sucessor, em função da qual este passa a ser o responsável pelo crédito tributário não pago pelo sucedido;

- R^1 = objeto da relação jurídica tributária de sucessão;

- "-" = negação;

- – (S R S') = negação da relação existente entre o Fisco e o sucedido.

4.3 Art. 132 do CTN: sucessão nas hipóteses de fusão, incorporação e cisão

O *caput* e o parágrafo único do art. 132 do CTN prescrevem, *in verbis*:

Art. 132. A pessoa jurídica de direito privado que resultar de fusão, transformação ou incorporação de outra ou em outra é responsável pelos tributos devidos até a data do ato pelas pessoas jurídicas de direito privado fusionadas, transformadas ou incorporadas.

Parágrafo único. O disposto nesse artigo aplica-se aos casos de extinção de pessoas jurídicas de direito privado, quando a exploração da respectiva atividade seja continuada por qualquer sócio remanescente, ou seu espólio, sob a mesma ou outra razão social, ou sob firma individual.

Transformação é ato jurídico consistente na alteração da espécie societária, alteração essa promovida segundo as regras que regulamentam a constituição e o registro do tipo a ser adotado, tal como ocorre com a transformação de uma sociedade anônima em limitada; de uma sociedade em nome coletivo em comandita simples etc.

A transformação *não implica a extinção da pessoa jurídica transformada*, nem o nascimento de uma nova pessoa, e nem a sub-rogação de dívidas para um terceiro, já que a sociedade transformada permanece devedora dos mesmos tributos devidos antes de alterar sua forma, restando inalterados todos os direitos do Fisco. Por essa razão, a transformação não deve ser considerada espécie de sucessão.

As inscrições da sociedade junto à Receita Federal, à Secretaria da Fazenda do Estado, à Fazenda Municipal etc., serão modificadas apenas no que diz respeito ao tipo societário e à razão social ou à firma individual. Existindo o NIRE (Número de Inscrição de Registro de Empresas), de controle das Juntas Comerciais, o número sofrerá alteração, cancelando-se o aplicável ao tipo anterior, e concedendo-se um novo.

Diferentemente ocorre com a fusão e a incorporação. Nessas situações, identifica-se um ato concentracionista (efeito extintivo-associativo), decorrente do desaparecimento de pessoas jurídicas e do processo total de transposição de patrimônios e de sócios e acionistas de determinadas sociedades para outras, com a consequente sucessão de direitos e obrigações e a novação subjetiva dos devedores. Verifica-se, para esses casos, que os pressupostos exigidos no parágrafo único do art. 132 do CTN foram cumpridos.

A lei brasileira consagrou as seguintes características comuns para a fusão e a incorporação, a serem observadas quando da aplicação das normas de sucessão tributária. Vejamos:

1) Envolvimento no negócio de pelo menos duas sociedades;

2) Ausência de processo liquidatório;

3) Sucessão universal (transmissão global do patrimônio);[40]

4) Participação dos sócios/acionistas da fusionada, diretamente na nova sociedade, ou participação dos sócios/acionistas das incorporada, na incorporadora;[41] e

5) Extinção das sociedades fusionadas e incorporadas.

Por *fusão*, entende-se o negócio jurídico segundo o qual se cria uma sociedade nova, para substituir duas ou mais sociedades então existentes, de tipos iguais ou diferentes que, com a fusão, são extintas.

A sociedade extingue-se porque transmitiu o seu patrimônio e os seus sócios, não tendo como subsistir sem esses elementos. A ausência do processo liquidatório – desnecessário em função da sucessão patrimonial das sociedades, com a cessão em bloco dos direitos e obrigações, unitariamente integrados – consiste em uma das principais características da fusão.

---

40. Apenas os direitos e obrigações com expressão econômica participam do patrimônio, excluídos os que sejam direitos morais e outros sem valor pecuniário. O art. 91 do Código Civil, apesar de não fazer menção expressa ao vocábulo *patrimônio*, prescreve: "Constitui universalidade de direito o complexo de relações jurídicas, de uma pessoa, dotadas de valor econômico."

41. Alguns doutrinadores não consideram essa característica como integrante do conceito de fusão e de incorporação. Não concordamos com isso, pois, se os sócios da sociedade incorporada ou fusionada não participarem da nova sociedade, teremos tido apenas um negócio jurídico afim, tal como a venda da sociedade.

As razões normalmente identificadas pela doutrina para justificar a decisão de duas ou mais sociedades de se fundir são: (i) obtenção de recursos necessários para o crescimento, tais como novos equipamentos, clientela, rede comercial, novas técnicas e pessoal qualificado; (ii) aumento da dimensão da sociedade pela integração da sede e das filiais; e (iii) diminuição ou eliminação da concorrência.

Os credores das sociedades fusionadas podem postular judicialmente a anulação do negócio jurídico, se antes do arquivamento e da publicação do ato de fusão comprovarem a titularidade de um crédito, cujo recebimento restou comprometido por força da reorganização societária.

Mas, se qualquer das sociedades envolvidas na fusão (e não necessariamente a devedora) depositar judicialmente o valor do débito, a anulação do ato não poderá concretizar-se, já que nesse caso o interesse das partes estará resguardado: o do credor, que tem no depósito a garantia para a quitação do débito, e o da nova sociedade, protegendo a operação contra os efeitos do pleito do credor que se sente ameaçado. O mesmo entendimento ora trazido aplica-se à incorporação.

Da perspectiva fiscal, o art. 132 do CTN estabelece a obrigação de a pessoa jurídica que resultar de fusão de outras responder pelos tributos devidos pelas pessoas jurídicas fusionadas, nos termos do art. 129 já visto (créditos constituídos e em curso de constituição até a data da fusão, bem como os constituídos posteriormente a esse ato, desde que relativos a eventos praticados até a fusão).

Incorporação, por sua vez, é o negócio jurídico segundo o qual uma ou mais sociedades são absorvidas por outra, que as sucede nos direitos e obrigações.

Assim que aprovado pela sociedade incorporadora o laudo de avaliação, e for formalizada a incorporação, extingue-se a sociedade incorporada, passando os seus sócios ou acionistas a fazer parte da incorporadora.

Realizam-se incorporações entre sociedades para fins de redução de despesas (empregados e pessoal terceirizado), consolidação de grupos econômicos, melhoria de redes de distribuição, implementação de planejamentos tributários etc. Entretanto, o principal motivo apontado pela doutrina para a existência das incorporações é a intenção de crescer.

Normalmente esse objetivo viabiliza-se quando se comparam os valores agregados, e as responsabilidades assumidas em virtude do negócio jurídico, *versus* o que seria gasto pela incorporadora para que ela própria criasse uma sociedade igual à incorporada.

Da mesma forma que ocorre com a fusão, na incorporação, a sociedade incorporadora responderá pelos tributos devidos pelas pessoas jurídicas incorporadas, estejam eles constituídos ou não, sendo relevante apenas que o fato jurídico tributário tenha sido praticado até a data do negócio (art. 129 do CTN).

Nos termos do § 3º do art. 227 da Lei das Sociedades por Ações, essa data corresponde à da aprovação, pela assembleia geral da incorporadora, (i) do laudo de avaliação dos bens e direitos da pessoa jurídica a ser incorporada e (ii) do negócio jurídico propriamente dito.

No que diz respeito à dívida objeto de sucessão – se apenas o tributo, ou se todo o crédito tributário – analisaremos essa questão no subitem 4.7 deste capítulo, pois o mesmo entendimento é aplicável ao art. 133 do CTN.

Por fim, o parágrafo único do art. 132 do CTN estabelece que a sucessão prevista no *caput* será aplicável quando ocorrer a extinção da pessoa jurídica, somado ao fato de as atividades então por ela exercidas serem continuadas por algum dos ex-sócios ou pelo seu espólio, independentemente da razão social da nova sociedade, que poderá ser inclusive uma firma individual.

Isso significa que se houver extinção, mas a atividade continuar sendo exercida por algum sócio remanescente ou seu espólio, esses sucederão à devedora originária na obrigação de adimplir o passivo fiscal. Não fosse a sucessão, a dívida estaria restrita ao patrimônio existente na data da extinção, salvo nas hipóteses de dolo.

O enunciado faz referência também ao espólio, que é o patrimônio de uma pessoa depois de sua morte e antes de concluído o respectivo inventário. Esse patrimônio é administrado pelo inventariante, que não poderá alienar ou oferecer em garantia quaisquer dos bens deixados pelo *de cujus*, antes de garantido o pagamento dos créditos da Fazenda Pública, sob pena de arcar com o valor da dívida pessoalmente.

Na hipótese de sucessão tratada no parágrafo único do art. 132, a pessoa que faleceu era sócia da sociedade extinta, e seu espólio, no período compreendido entre o falecimento e a partilha dos bens, continuará exercendo a atividade da pessoa jurídica.

O entendimento ora exposto é diverso do que vimos sustentando ao longo do tempo, no sentido de que o parágrafo único integrava a norma do *caput*, ou seja, não bastava a fusão, incorporação e transformação, era necessária a continuidade das atividades. Entretanto, parece-nos que a continuidade é requisito aplicável aos então sócios e respectivos espólios. Para os demais sucessores, basta a reorganização societária.

4.4 Cisão e ausência de previsão legal expressa no CTN

Cisão é o negócio jurídico pelo qual a companhia transfere parcela do seu patrimônio para uma ou mais sociedades, constituídas para esse fim ou já existentes, extinguindo-se a sociedade cindida,[42] se houver versão de todo o seu patrimônio, ou dividindo-se o seu capital, se parcial a versão.

---

42. A diferença entre cisão com extinção da companhia cindida e a incorporação é que, no primeiro caso, a pessoa jurídica é fracionada em duas ou mais partes e posteriormente adquirida por pelo menos duas sociedades diversas, ao passo que, na incorporação, a sociedade extinta é integralmente absorvida por outra, sem que haja o fracionamento prévio.

Em função de o art. 132 do CTN não se referir à cisão, muitos defendiam inexistir lei complementar prevendo a responsabilidade por sucessão para essa espécie de negócio, o que macularia de inconstitucionalidade qualquer cobrança em face de pretenso sucessor (art. 146, III, da Constituição).

Já outros defendiam que a cisão deve ser "incluída" no rol do art. 132 do CTN, pois, na data da promulgação do Código Tributário Nacional (25/10/1966), a Lei nº 6.404/76 ainda não havia sido publicada (apenas a partir dessa lei é que a cisão foi contemplada legislativamente no direito brasileiro).

A dúvida foi dirimida com o julgamento do REsp 852972/PR, não submetido ao rito dos recursos repetitivos, oportunidade em que o Tribunal entendeu que a cisão foi introduzida em nosso ordenamento somente com o advento da Lei 6.404/76, posterior ao CTN, e portanto deve ser considerada como "contida" no enunciado ora em análise, sob pena de se abrir espaço para inúmeras fraudes, uma vez que a mera alteração na estrutura da empresa afastaria a responsabilidade por tributos, em evidente ofensa ao art. 123 do CTN. Nesta decisão, o Ministro Teori Zavascki segue a segunda linha acima apontada, bem como considera-a espécie de mutação empresarial. Confira-se:

> Com efeito, a cisão não consta nesse rol de operações que importam responsabilidade dos sucessores. Tal omissão se explica, no entanto, conforme consignado no aresto recorrido, pelo fato de que, quando editado o Código Tributário Nacional (Lei 5.172/66), não haver previsão na legislação comercial para a operação de cisão, o que somente veio a ocorrer com a Lei 6.404/76. Inobstante, não há dúvida de que a norma do CTN incide também na hipótese, porquanto a cisão opera o efeito de sucessão de empresas, eis que há continuidade da atividade da pessoa jurídica primeva pela sociedade dela resultante. Assim, embora não conste de seu rol o instituto da cisão, é certo que também se trata de modalidade de "mutação empresarial", razão pela qual deve receber o mesmo tratamento jurídico dado às demais espécies de sucessão.

4.4.1 Características da cisão e a responsabilidade por sucessão e por solidariedade

Ao lado da incorporação e da fusão, a cisão apresenta-se como eficaz técnica de organização empresarial. Enquanto as duas primeiras implicam a concentração societária, a cisão constitui processo de desconcentração, porquanto importa na divisão de sociedades.

Ao longo da história, a cisão foi definida a partir da extinção da sociedade cindida, mediante o fracionamento e a transmissão total de seu patrimônio a, no mínimo, duas outras pessoas jurídicas, já existentes ou constituídas para esse fim. Todavia, na maioria dos negócios de transferência de ativos e passivos, a versão patrimonial era apenas parcial.

Neste contexto, o direito brasileiro previu, no art. 229 da Lei das Sociedades por Ações, as duas possibilidades, ao definir a cisão da seguinte forma: "[...] a operação pela qual a companhia transfere parcelas do seu patrimônio para uma ou mais sociedades, constituídas para esse fim ou já existentes, extinguindo se a companhia cindida, se houver versão de todo o patrimônio, ou dividindo se o seu capital, se parcial a versão."

As duas formas de cisão diferem apenas no que diz respeito à extinção ou não da sociedade cindida. A doutrina e a jurisprudência normalmente denominam de "cisão total" a hipótese em que a sociedade cindida é extinta, e de "cisão parcial" quando a cindida permanecer existindo.

Não concordamos com essas denominações, que levam em conta a parcela do patrimônio transferido, desprezando o ato de divisão da sociedade, que é sempre total e se constitui, para a tipificação do negócio jurídico, em característica tão importante quanto a transferência. Se o que diferencia os dois atos é a permanência ou não da sociedade cindida, consideramos mais adequadas as designações "cisão com extinção da cindida" e "cisão sem extinção da cindida".

Já o § 1º do art. 229 e o art. 233, ambos da Lei 6.404/76, determinam, *in verbis*:

> Art. 229. [...]
>
> Parágrafo 1º. Sem prejuízo do disposto no artigo 233, a sociedade que absorver parcela do patrimônio da companhia cindida sucede a esta nos direitos e obrigações relacionados no ato da cisão; no caso de cisão com extinção, as sociedades que absorverem parcelas do patrimônio da companhia cindida sucederão a esta, na proporção dos patrimônios líquidos transferidos, nos direitos e obrigações não relacionados.
>
> [...]
>
> Art. 233. Na cisão com extinção da companhia cindida, as sociedades que absorverem parcelas do seu patrimônio responderão solidariamente pelas obrigações da companhia extinta. A companhia cindida que subsistir e as que absorverem parcelas do seu patrimônio responderão solidariamente pelas obrigações da primeira anteriores à cisão.

Da conjugação desses dispositivos legais verifica-se que a legislação comercial procurou solucionar o problema da garantia dos direitos dos credores a partir da *sucessão* e da *solidariedade*.

Iniciemos com a hipótese em que a sociedade cindida subsiste ("cisão parcial"), e a titularidade dos ativos e do passivo é transferida para outras pessoas jurídicas, que passam a integrar as relações originalmente constituídas (ou que poderiam ter sido constituídas) em face da sociedade sucedida.

Como é inerente à noção de sucessão universal que haja a extinção da pessoa jurídica, na cisão sem extinção da cindida a sua caracterização é impossível. O que se dá, em verdade, é a sucessão a título singular, em que a sociedade beneficiária é sucessora apenas nas relações jurídicas destacadas do patrimônio, e que lhe foram transmitidas. A partir da noção de sucessão singular é que deve ser interpretado o art. 229, § 1º, e art. 233, todos da Lei 6.404/76.

Não se pode considerar que, na cisão sem extinção, haverá a transmissão indistinta e universal dos débitos. Para que isso ocorra, indispensável que esses débitos estejam previstos no protocolo de cisão ou no respectivo ato (conforme determina o art. 229, § 1º), o que equivale admitir que a omissão implica o reconhecimento tácito da opção da sociedade cindida pela permanência do passivo sob sua responsabilidade.

Já no caso da cisão com extinção ("cisão total"), a sucessão é universal, e a sucessora obriga-se por todo o passivo, limitado apenas ao patrimônio líquido transferido (§ 1º do art. 229 acima transcrito). Essa limitação não pode ser mitigada pelo Fisco.

Assim, o fato de haver transmissão de todos os ativos e passivos não importa reconhecer a imediata e ilimitada sujeição do patrimônio *particular* das sucessoras ao pagamento dos débitos da cindida. Isso não deve ocorrer, e compartilhar de nosso entendimento não implica afronta à garantia patrimonial dos credores, que não é diminuída com a cisão.

Ora, a responsabilidade da sucessora restringe-se ao valor correspondente ao patrimônio líquido transferido, devendo-se afastar o entendimento de que a responsabilidade das sociedades beneficiárias é integral até a liquidação do passivo da sociedade cindida.

Essa regra aplica-se também aos débitos fiscais. Ao Fisco é permitido executar o sucessor, desde que a ele tenha sido transferido o passivo fiscal (na cisão sem extinção). Se a cisão for com extinção, o patrimônio pertencente à sociedade sucessora, antes da cisão, não responderá pelo débito, responsabilidade essa que, por determinação legal, limita-se ao patrimônio líquido transferido.

Não pretendemos, com isso, construir entendimento que incentive a inadimplência, pois o direito positivo disciplina o procedimento a ser adotado pelo credor prejudicado, sem que para tanto seja necessário reconhecer a inaplicabilidade da regra veiculada no art. 229 da Lei 6.404/76.

Caso a sociedade cindida preveja, por exemplo, a transferência apenas dos ativos, sem que lhe restem bens suficientes para suportar o pagamento das dívidas, caberá ao credor prejudicado requerer a anulação do ato que afastou a transferência do passivo (e não requerer a decretação da nulidade da cisão), baseada na fraude contra credores ou à execução (ação pauliana).

Há de se considerar, ademais, que as regras da *solidariedade* aplicam-se em alguns casos também à cisão, na medida em que poderá haver, entre as sociedades que absorverem o patrimônio integral da companhia extinta, ou entre elas e a pessoa jurídica cindida que subsistir, responsabilidade solidária pelos débitos existentes anteriormente à cisão (art. 233 da Lei 6.404/76).

Na cisão com extinção, as sociedades sucessoras respondem solidariamente por todos os débitos contraídos pela sociedade extinta com terceiros, até o limite do patrimônio líquido vertido. Os credores poderão acionar todas ou apenas uma das beneficiárias.

Do exposto concluímos que:

1) a Lei das Sociedades por Ações disciplina a sucessão e a solidariedade existentes na cisão;

2) na cisão com extinção da sociedade cindida, as sociedades que absorverem parcelas do patrimônio da cindida sucederão a esta nos direitos e obrigações (sucessão universal). A sucessão, entretanto, será limitada ao patrimônio líquido transferido;

3) na cisão sem extinção, a sociedade que absorver parcela do patrimônio da companhia cindida sucederá a esta apenas nos direitos e obrigações relacionados no ato da cisão (sucessão a título singular). Se os ativos forem transferidos para a nova sociedade, e o credor da cindida restar prejudicado, poderá ele requerer a anulação do ato de cisão que contemplou a transferência dos ativos (e não da cisão propriamente dita) e

4) na cisão com extinção, as sociedades sucessoras respondem solidariamente por todos os débitos

contraídos pela sociedade extinta com terceiros, até o limite do patrimônio líquido vertido.

4.5 Art. 133 do CTN: sucessão na aquisição de estabelecimentos

O art. 133 e seus incisos estabelecem, *in verbis*:

> Art. 133. A pessoa natural ou jurídica de direito privado que adquirir de outra, por qualquer título, fundo de comércio ou estabelecimento comercial, industrial ou profissional, e continuar a respectiva exploração, sob a mesma ou outra razão social ou sob firma ou nome individual, responde pelos tributos, relativos ao fundo ou estabelecimento adquirido, devidos até a data do ato:
>
> I – integralmente, se o alienante cessar a exploração do comércio, indústria ou atividade;
>
> II – subsidiariamente com o alienante, se este prosseguir na exploração ou iniciar dentro de 6 (seis) meses, a contar da data da alienação, nova atividade no mesmo ou em outro ramo do comércio, indústria ou profissão.

O início do *caput* do art. 133 refere-se ao vocábulo *adquirir*, que significa obter, conseguir, alcançar, comprar, passar a ter.[43] Nesse sentido, se não houver aquisição, não haverá responsabilidade por sucessão.

A aquisição que importa a sub-rogação da obrigação tributária é *a aquisição da propriedade do estabelecimento*. Por isso, o fato de alguém arrendar máquinas, adquirir apenas parte dos ativos do estabelecimento, em vez de todo o patrimônio líquido; locar o prédio onde a devedora exerce suas atividades;[44]

---

[43]. Segundo o Parecer Normativo CST nº 2/72, "Adquirir, juridicamente, é o ato através do qual se incorpora completa e definitivamente ao patrimônio do seu sujeito os direitos inerentes ao seu objeto."

[44]. "Execução Fiscal – Fazenda Nacional - Embargos de Terceiro – Não tendo a embargante adquirido o estabelecimento comercial, nem o fundo do comércio da executada, mas tendo sido apenas locadora do imóvel onde funcionou a executada, utilizando-se de suas instalações, não é suficiente para estabelecer a responsabilidade tributária do locador, uma vez que uma simples relação locatícia não implica em *(sic)* participação no negócio a ser explorado no imóvel locado - Inaplicável, na hipótese, o

explorar a mesma atividade comercial no local onde antes estava instalada a pessoa jurídica devedora etc., *não se constituem em fatos suficientes para justificar a responsabilidade, por sucessão, pelo pagamento do crédito tributário.*

Fixada essa primeira conclusão, cumpre-nos estabelecer a exata dimensão dos termos "estabelecimento" e "fundo de comércio" (mencionado também no *caput* do artigo), já que a norma de responsabilidade por sucessão impõe não só a observância das regras pertinentes ao montante da dívida objeto de transferência, mas também quais os sujeitos, e em que condições, submetem-se a essa disciplina.

4.5.1 Conceito de estabelecimento e as consequências fiscais de sua alienação

O exercício contínuo da atividade empresarial exige do empresário, ordinariamente, a sua fixação em um determinado local, onde acomodará suas instalações, constituirá sua freguesia, armazenará seu estoque, enfim, onde se organizará e concentrará o instrumental necessário à consecução do objetivo social da sociedade.

Os bens envolvidos na atividade empresarial podem ser materiais (tangíveis) e imateriais (intangíveis). Na primeira categoria, encontramos mercadorias do estoque, mobiliário, equipamentos e maquinaria.[45] Já na segunda, encontramos patentes de invenção, marca registrada, nome empresarial,

---

previsto no art. 133 do C.T.N. II - Apelação provida - Reforma da sentença para julgar procedentes os embargos e, em consequência, declarar insubsistente a penhora, condenada a embargada nas custas e honorários advocatícios na base de 10% (dez por cento) sobre o valor da causa." (TRF 2ª Região - AC 92.0207300/RJ, 1ª Turma, Rel. Juiz Cléio Erthal, Rel. para o acórdão Juiz Frederico Gueiros - *DJ* de 31.05.1994, p. 27821).

45. Não se incluem no conceito de estabelecimento as dependências ou facilidades de terceiros, utilizadas pelo contratado em caráter comprovadamente transitório, para cumprir determinado contrato de prestação de serviços. Da mesma forma, o local onde se encontram mercadorias abandonadas, já que o estabelecimento é dinâmico e está necessariamente a serviço de uma atividade.

contratos de exclusividade e clientela.[46] Os intangíveis, na grande maioria das vezes, constituem os diferenciais de mercado, responsáveis pelo principal sobrepreço no valor negociável pelas sociedades.

A esse conjunto de bens materiais e imateriais dá-se o nome de *estabelecimento*, sendo o *fundo de comércio* um de seus componentes. Passaremos a seguir a estudá-los, a partir do conceito mais amplo de estabelecimento.

O art. 1.142 do Código Civil define estabelecimento da seguinte forma: "Considera-se estabelecimento todo complexo de bens organizado, para exercício da sociedade, por empresário, ou por sociedade empresária."

Nesse sentido, estabelecimento é o complexo de bens unidos pela finalidade comum de servir como instrumento da atividade empresarial.[47] Não pode ser sujeito de direito e nem tem personalidade jurídica, carecendo de capacidade processual ativa e passiva. Sujeito de direito é a sociedade empresária e o empresário, que concretizam o exercício das atividades sociais, e dão unidade ao complexo formador do estabelecimento.

O liame que une os bens integrantes do estabelecimento permite-nos tratá-los de forma unitária, distinguindo-o dos

---

46. Elemento importante do desenvolvimento da atividade econômica é o ponto, que pode ser definido como o local onde se concentra o estabelecimento empresarial. Para grande parte da doutrina e da jurisprudência, com a qual concordamos, o ponto não integra o estabelecimento, mas possui proteção legal em função da agregação de valor que propicia ao empreendimento, como, por exemplo, a prevista no art. 51 da Lei nº 8.245/91.

47. Cf. Paulo Caliendo V. da Silveira (*Do conceito de estabelecimentos permanentes e sua aplicação no direito tributário internacional*, p. 540-548), as regras para qualificação de um estabelecimento permanente são 5, a saber: existência da sociedade (necessidade da existência da pessoa jurídica); presença física (necessidade de uma sede fixa, caracterizada pela presença fixa em um lugar específico somada à permanência); período de permanência (necessidade de um período de tempo); poder de disposição (exige que a sede fixa de negócios esteja mais do que provisoriamente à disposição da sociedade) e exercício de negócios (a sociedade deve realizar, por meio do estabelecimento, uma atividade que sirva aos propósitos gerais da sociedade).

bens singulares que o compõem, e classificando-o como universalidade de fato.[48]

Mas essa não é a única definição do termo. A noção de estabelecimento como um segmento da pessoa jurídica – ou seja, cada local em que a pessoa atua – particulariza-se com os conceitos de matriz, filial, depósito, fábrica e outros, e não está afastada pelo Código de 2002, já que o § 1º do art. 75, ao tratar do domicílio das pessoas jurídicas em geral, refere-se à existência de "diversos estabelecimentos em lugares diferentes", cada um sendo considerado domicílio para os atos nele praticados.

Estabelecimento como segmento da pessoa jurídica compactua-se também com o art. 4º da Lei Complementar 116/2003, *in verbis*:

> [...] o local onde o contribuinte desenvolva a atividade de prestar serviços, de modo permanente ou temporário, e que configure unidade econômica ou profissional, sendo irrelevantes para caracterizá-lo as denominações de sede, filial, agência, posto de atendimento, sucursal, escritório de representação ou contato ou quaisquer outras que venham a ser utilizadas.

Por isso, estabelecimento é vocábulo ambíguo, podendo referir-se tanto à pessoa jurídica como um todo (complexo de bens heterogêneos, visto unitariamente pelo direito), quanto aos segmentos da sociedade. Para a primeira situação, temos os seguintes arts. do Código Civil: 164, 334, 532, 883, parágrafo único, 932, IV, 1.136, § 1º, 1.164, parágrafo único, 1.754, 1.757, 1.776, 1.777, 1.893, § 2º, 1.901, I, e 1.902. E, para a segunda, os seguintes arts.: 649, parágrafo único, 969, parágrafo único, 1.134, 1.178, 1.187, parágrafo único, III, e 1.467, I.

Já o CTN emprega o termo estabelecimento para se referir à segmentação da pessoa jurídica, conforme os arts. 46, II, 49, 51, parágrafo único e 127, inciso II. Como fica, então, o alcance da sucessão prevista no art. 133?

---

48. Universalidade de fato é o conjunto de coisas singulares, simples ou compostas, agrupadas pela vontade da pessoa, tendo destinação comum.

O conceito empregado pelo direito civil é mais abrangente do que o empregado pelo direito tributário. A correta interpretação, parece-nos, é a que considera os dois significados contemplados no Código Civil.

Esta noção compatibiliza-se com o disposto nos arts. 109, 110 e 133 do CTN, e significa que haverá responsabilidade tributária por sucessão tanto se ocorrer a aquisição total da pessoa jurídica, como se ocorrer a aquisição de apenas algum de seus segmentos. Ocorrendo esta última hipótese, *não será objeto de sucessão as dívidas do alienante não relacionadas ao estabelecimento adquirido*.

Retornemos aos bens que compõem o estabelecimento. Como vimos, eles podem ser tangíveis e intangíveis, e seu conjunto normalmente possui um sobrevalor em relação à soma dos valores individuais dos bens que o compõem, tendo em vista as consequências que o conjunto provoca.

Essa mais valia é o que ordinariamente se denomina de fundo de comércio (ou aviamento). Por isso, fundo de comércio é apenas um dos elementos que compõe o estabelecimento,[49] o sobrevalor que se agrega à expressão econômica primitiva dos bens, em razão do conjunto harmônico por eles formado durante o período em que permanecem associados para servirem à finalidade da sociedade.

Em função disso, o fundo de comércio não pode ser objeto de tratamento isolado, pois não tem existência independente do estabelecimento. E, se é assim, a interpretação do *caput* do art. 133 não deve nos levar a concluir que a mera aquisição do fundo de comércio é fato jurídico suficiente para ensejar a sucessão. Faltaria, certamente, possibilidade ontológica para sustentar tal conclusão.

---

49. Essa posição não é unânime. Grande parte da doutrina entende que o fundo de comércio não deve ser considerado um dos elementos do estabelecimento, mas apenas um sobrevalor. Outra parte entende que estabelecimento e fundo de comércio são sinônimos.

Igualmente, o aproveitamento do ponto comercial ou da clientela, em função de um contrato de locação anteriormente ocupado pela empresa executada, do mesmo ramo de atividade, não é suficiente, por si só, para demonstrar a sucessão empresarial, devendo ser sopesado o conjunto probatório. É nesse sentido o Acórdão nº 5006560-12.2015.4.04.7205, do Tribunal Regional Federal da 4ª Região.

Entretanto, não podemos descartar as hipóteses de simulação de contratos de locação, arrendamento e aquisição parcial de bens, que visam, em última análise, a evitar a incidência da norma de sucessão empresarial. Nessas situações, o contexto fático é fundamental para provar a existência de um liame fático entre as sociedades sucessora e sucedida, havendo aquisição de estabelecimento quando houver identidade de ponto comercial, nome fantasia, endereço, ramo de atividades, com ou sem relação de parentesco entre os sócios de ambas. Se a identidade ora descrita for parcial, a conclusão dependerá da força de cada um dos indícios presentes, tendo em vista que no caso poderá ou não ter havido sucessão de fato.

O aspecto formal da realização dos negócios, em ambos os contextos probatórios acima descritos, parece-nos de menor importância.

4.5.2 Incisos I e II do art. 133 do CTN

O inciso I do art. 133 do CTN prescreve que a responsabilidade será integral se o alienante cessar a exploração do comércio, indústria ou atividade.[50] Integral significa total, in-

---

50. "Tributário e Processual Civil. Execução fiscal. Legitimidade do sócio-gerente, citado em nome próprio, para opor embargos do devedor. Responsabilidade tributária do adquirente. CTN, Art. 133, I e II. [...] II – A responsabilidade tributária do adquirente de fundo de comércio só é integral quando o alienante cessa a exploração de comércio, indústria ou atividade (CTN, art. 133, I). Não comprovada tal hipótese, a Fazenda não pode se voltar diretamente contra o responsável tributário, em detrimento do disposto no art. 133, II, do CTN. III. Remessa oficial improvida." (Remessa *ex officio* 1997.01.00.030367-5, Relatora Juíza Vera Carla Cruz, 4ª Turma do TRF da 1ª Região, *DJU* de 23.11.2000).

teiro, global, ao passo que exclusivo é o que põe à margem, elimina. Portanto, integral *não é* sinônimo de exclusivo.

Queremos provar com isso que a sucessão prevista no inciso I não desonera o devedor originário, que se mantém subsidiariamente obrigado ao pagamento da dívida.

A razão que nos leva a fazer tal afirmação não decorre apenas da interpretação semântica desses signos. O principal motivo para entendermos dessa forma é que entender *integral* como *exclusivo* certamente levaria diversos sócios e acionistas de sociedades devedoras a vendê-las e a encerrar suas atividades, eventualmente voltando a exercê-las num prazo superior a seis meses, em inequívoco ato de lesão aos cofres públicos. O sistema jurídico, certamente, não pode proteger essa conduta.

Portanto, em que pesem as manifestações contrárias a esse posicionamento, parece-nos que o mais correto é considerar a responsabilidade como sendo subsidiária, mas em relação inversa à prevista no inciso II, ou seja, primeiro o adquirente é responsabilizado pelo passivo fiscal e, caso não tenha condições de quitar toda a dívida, o alienante deve ser executado para responder pelo débito.

Registre-se, ademais, que, nos termos da lei, a pessoa jurídica alienante não se extinguiu, apenas cessou a exploração de suas atividades (portanto, permanece sendo sujeito de direito e pode ser executada).

No que diz respeito ao inciso II do art. 133, a responsabilidade do adquirente será subsidiária se o alienante prosseguir na exploração ou iniciar, dentro de seis meses, a contar da data da alienação, nova atividade no mesmo ou em outro ramo de comércio, indústria ou profissão.

Assim, primeiro cobra-se a dívida do alienante e, se este não a pagar, o adquirente passará a ser o responsável pela quitação do crédito tributário.

4.6 Anulação do negócio jurídico de aquisição do estabelecimento e a controvérsia sobre a contabilização dos débitos fiscais

Não poderíamos deixar de analisar o art. 1.145 do Código Civil, que trata da possibilidade de anulação do negócio jurídico de alienação do estabelecimento caso o alienante não permaneça com bens suficientes para solver o passivo, ressalvadas as condições previstas no próprio artigo. Vejamos, *in verbis*:

> Art. 1.145. Se ao alienante não restarem bens suficientes para solver o seu passivo, a eficácia da alienação do estabelecimento depende do pagamento de todos os credores, ou do consentimento destes, de modo expresso ou tácito, em 30 (trinta) dias a partir de sua notificação.

Para que a alienação tenha eficácia *erga omnes*, não bastam o registro e a publicidade previstos no art. 1.144 do Código Civil. Visando a proteger os credores, a lei determina que, se o alienante ficar sem bens suficientes para solver o passivo do estabelecimento transferido, a alienação somente será oponível aos credores se (i) todas as dívidas forem quitadas; ou se (ii) unanimemente os credores consentirem com a efetivação da transferência.

O consentimento pode ser outorgado antes da celebração da avença ou no instante em que o respectivo instrumento contratual é firmado. Pode, também, ser expresso ou tácito. Será expresso se outorgado por escrito e com teor identificado; tácito, se resultar do silêncio do credor notificado para, em 30 (trinta) dias, manifestar-se sobre a concordância ou não com a alienação.

Por outro lado, se existirem bens no acervo patrimonial do alienante, suficientes à cobertura do passivo do estabelecimento, o negócio jurídico será eficaz também contra os credores a partir do momento em que cumpridas as formalidades do registro e da publicação.

Desatendida a prescrição veiculada no enunciado em análise, o negócio não terá eficácia contra os credores, que ficam autorizados a pleitear contra o empresário alienante, ou contra a sociedade devedora, o adimplemento da obrigação. Isso se dá porque juridicamente a situação pretérita não foi alterada, de forma que as mesmas responsabilidades (dos sócios e da pessoa jurídica, de acordo com as regras aplicáveis a cada caso) permanecem existindo.

Outro ponto importante a ser visto, neste momento, diz respeito ao art. 1.146 do Código Civil, *in verbis*:

> Art. 1.146. O adquirente do estabelecimento responde pelo pagamento dos débitos anteriores à transferência, desde que regularmente contabilizados, continuando o devedor primitivo solidariamente obrigado pelo prazo de 1 (um) ano, a partir, quanto aos créditos vencidos, da publicação, e, quanto aos outros, da data do vencimento.

Assim, quem adquire estabelecimento responde pelos débitos a ele relativos desde que devidamente contabilizados, continuando o alienante solidariamente obrigado por um ano, a contar da publicação do trespasse no caso de obrigações vencidas, ou a contar do vencimento no caso das dívidas vincendas.

Diante dessa afirmação, inevitável a pergunta: e se os débitos não estiverem contabilizados? Nessa hipótese, eles devem permanecer garantidos pelo patrimônio do antigo proprietário.

A aplicabilidade desse artigo, na esfera tributária, é apenas parcial, pois o art. 133 do CTN não faz qualquer menção quanto à necessidade de contabilização para que a sucessão ocorra. Certamente a ausência dessa condição é positiva, pois de certa forma evita alienações indiscriminadas e fraudulentas que objetivem a impossibilidade de cobrança do crédito tributário.

Portanto, os arts. 1.146 do Código Civil e 133 do CTN, ao tratar da sucessão de forma diversa, devem ser interpretados da seguinte forma:

1) A norma veiculada no CTN sobrepõe-se à do Código Civil, por ser específica e hierarquicamente superior. Nesse sentido, a necessidade de contabilização dos débitos fiscais, para a eficácia da sucessão tributária, é incabível; e

2) Naquilo que o Código Civil não conflitar com o CTN (solidariedade do devedor primitivo, por um ano), a norma deverá ser aplicada, conforme autoriza o art. 128 do CTN.

4.7 Possibilidade de transferência da multa na responsabilidade por sucessão

Nos termos dos arts. 132 e 133 do CTN, somente os *tributos* devidos até a data da sucessão são transferíveis ao sucessor. Como é sabido que tributo não é multa, e também não é gênero do qual a multa é espécie, a questão que se coloca é se realmente apenas o valor atualizado do tributo é objeto de sucessão, ou se também a multa. Neste último caso, necessário se faz construir uma interpretação adequada aos dispositivos legais, tendo em vista que, pela interpretação gramatical, somente a primeira hipótese seria correta.

Entendemos que a responsabilidade do sucessor *englobará não só o valor atualizado dos tributos então devidos pelo sucedido, como também as multas*, já que ambos integram o passivo fiscal. Tributo, na redação dos referidos artigos, equivale a "crédito tributário", que engloba tanto o principal quanto as cominações legais.

É inegável a contestação que poderia surgir: ora, se por vezes o CTN emprega o vocábulo tributo nos estritos termos de seu art. 3º (quantia em dinheiro decorrente de ato lícito) e, em outras situações, a acepção utilizada é a de crédito tributário (art. 165, que assegura a restituição total ou parcial do tributo pago indevidamente, englobando tanto a quantia devida em função da prática do fato jurídico tributário, quanto os juros e a penalidade pecuniária), por que optar pelo segundo entendimento, prejudicial ao contribuinte?

Ou ainda: poderíamos eleger uma das acepções como sendo a mais correta, se a redação legal aparentemente refere-se ao conteúdo contemplado no art. 3º do CTN, e que é a normalmente utilizada pelo Código? Não estaríamos pretendendo alterar o direito positivo, conferindo ao Fisco um direito que não lhe assiste?

Tomar uma posição com relação a essa questão certamente não é fácil, mas três são as razões pelas quais sustentamos que a acepção mais acertada, para o caso concreto, seja a de crédito tributário. Vejamos.

Primeira. Os arts. 132 e 133 do CTN encontram-se inseridos na Seção II do Capítulo V do Título II do Livro Segundo do Código, que trata da responsabilidade dos sucessores. Analisando-se o art. 129, que inaugura referida Seção, verificamos que as regras impostas aos sucessores estabelecem a responsabilidade pelo *crédito tributário*, e não somente pelos tributos, ao estabelecer: "O disposto nesta Seção aplica-se por igual aos créditos tributários definitivamente constituídos [...]."

Segunda. A responsabilidade pelo pagamento das multas deve ser transferida ao sucessor, pois, se assim não fosse, facilmente seriam criados artifícios para que o devedor se beneficiasse da "anistia fiscal", já que o débito transferido corresponderia apenas ao valor atualizado do tributo. Certamente seriam inúmeras as fusões, incorporações e transformações realizadas com esse fim, contrariando o princípio constitucional da indisponibilidade do interesse público.

Terceira. Nossa conclusão não fere o princípio da legalidade nem o da tipicidade, ao pretensamente estender a abrangência da responsabilidade por sucessão. É sabido que o direito positivo trabalha com diversos vocábulos ambíguos, devendo o intérprete procurar elucidá-los por meio de uma interpretação sistemática, que construa o melhor sentido para o termo. E a melhor, em nosso entendimento, é a que considera que o conteúdo semântico do vocábulo "tributo" não é somente o do art. 3º do CTN, e sim dessa quantia acrescida de juros e da multa.

Sacha Calmon Navarro Coêlho[51] possui entendimento parcialmente diverso do nosso. Para ele, o direito brasileiro não autoriza a transferência ao sucessor das multas aplicadas aos sucedidos, pois o CTN admite relativamente aos terceiros responsáveis a transferibilidade das multas moratórias, silenciando-se quanto aos sucessores.

Importante observar, no entanto, que o autor considera que na fusão, incorporação, cisão, aquisição, transformação e aquisição de fundo de comércio ou estabelecimento comercial, não há sucessão real (apenas legal) e, portanto, a multa não se transfere, simplesmente continua a integrar o passivo da sociedade. Isso, para nós, equivale admitir que a multa passa a ser devida pelo sucessor, efeito jurídico que se compatibiliza com o que defendemos.

Por fim, foi no sentido aqui exposto que o STJ se manifestou no REsp 923012/MG, julgado sob a sistemática dos recursos repetitivos (Tema 383):

> TRIBUTÁRIO. RECURSO ESPECIAL. RECURSO ESPECIAL REPRESENTATIVO DE CONTROVÉRSIA. ARTIGO 543-C DO CPC/73. RESPONSABILIDADE POR INFRAÇÃO. SUCESSÃO DE EMPRESAS. ICMS. BASE DE CÁLCULO. VALOR DA OPERAÇÃO MERCANTIL. INCLUSÃO DE MERCADORIAS DADAS EM BONIFICAÇÃO. DESCONTOS INCONDICIONAIS. IMPOSSIBILIDADE. LC N.º 87/96. MATÉRIA DECIDIDA PELA 1ª SEÇÃO, NO RESP 1111156/SP, SOB O REGIME DO ARTIGO 543-C DO CPC/73.
>
> 1. A responsabilidade tributária do sucessor abrange, além dos tributos devidos pelo sucedido, as multas moratórias ou punitivas, que, por representarem dívida de valor, acompanham o passivo do patrimônio adquirido pelo sucessor, desde que seu fato gerador tenha ocorrido até a data da sucessão. (Precedentes: REsp 1085071/SP, Rel. Ministro BENEDITO GONÇALVES,

---

51. *Curso*, cit., p. 608-609.

PRIMEIRA TURMA, julgado em 21.05.2009, *DJe* 08.06.2009; REsp 959.389/RS, Rel. Ministro CASTRO MEIRA, SEGUNDA TURMA, julgado em 07.05.2009, DJe 21.05.2009; AgRg no REsp 1056302/SC, Rel. Ministro MAURO CAMPBELL MARQUES, SEGUNDA TURMA, julgado em 23.04.2009, *DJe* 13/05/2009; REsp 3.097/RS, Rel. Ministro GARCIA VIEIRA, PRIMEIRA TURMA, julgado em 24.10.1990, *DJ* 19.11.1990).

4.8 Titularidade do direito à restituição do indébito na sucessão

Na sucessão, o direito à repetição do indébito assiste ao sucessor, que passa a ser o titular dos direitos do sucedido.

Capítulo V
RESPONSABILIDADE TRIBUTÁRIA DE TERCEIROS

5.1 Introdução

O patrimônio dos sócios e dos acionistas não se confunde com o patrimônio de suas respectivas sociedades. Não fosse assim, a atividade empresarial estaria fadada à estagnação, já que poucos se proporiam a comprometer parcela maior do que o patrimônio investido no negócio.

Mas nem por isso a separação patrimonial é absoluta. Tanto o Código Civil, quanto os dispositivos do CTN, que trataremos neste capítulo, regulamentam a responsabilidade dos sócios, no caso de liquidação de sociedade de pessoas, e dos administradores nas sociedades em geral. A finalidade dessas normas é zelar para que essas pessoas cumpram, com a devida responsabilidade, as obrigações e os deveres previstos no ordenamento jurídico e nos atos constitutivos de cada sociedade.

A responsabilidade pessoal dos sócios, acionistas e administradores – terceiros em relação à prática do fato jurídico, mas não à obrigação tributária – é exceção à regra da separação patrimonial, e só pode ser adotada em casos excepcionais, consistentes na prática de atos culposos ou dolosos devidamente tipificados, ou em sociedades que, por expressa disposição legal, preveja a responsabilidade pessoal e ilimitada.

Neste capítulo interessa-nos a primeira hipótese, em que a ilicitude da conduta do agente é condição necessária para a aplicação da responsabilidade. Deve haver claro nexo causal entre a conduta do sujeito (administrador com poderes de gestão ou representação da sociedade, por exemplo), e a consequência de arcar com o passivo fiscal. Essas pessoas, quando responsabilizadas, respondem *por ato próprio* (ilícito), e não por ato do contribuinte.

Analisaremos, pois, tanto as infrações típicas (antecedentes da norma sancionadora), quanto as sanções (consequentes normativos), deixando para o último capítulo a análise da responsabilidade baseada na espécie societária eleita, segundo as regras introduzidas pelo Código Civil de 2002.

5.2 Conceitos necessários ao estudo da responsabilidade de terceiros: ilícito, infração, sanção, culpa e dolo

É de suma importância diferenciar os atos de gestão empresarial praticados de forma lícita, daqueles praticados de forma ilícita. Os primeiros dizem respeito ao exercício regular da gestão da sociedade, visam a alcançar os objetivos sociais e obrigam somente a própria sociedade. Já os segundos são praticados pela pessoa física do administrador – sócio e acionista, ou não – e obrigam pessoalmente o indivíduo.

Mas nem sempre é simples caracterizar um ato de gestão como lícito ou ilícito. O § 2º do art. 154 da Lei das Sociedades por Ações, com o intuito de objetivar algumas dessas situações, proibiu aos administradores a prática de atos de liberalidade às custas da sociedade, entendidos como sendo aqueles que diminuem o patrimônio social sem que tragam qualquer benefício ou vantagem para a sociedade. Como exemplos, a distribuição disfarçada de lucros e a falsificação do registro eletrônico que atesta, nas guias de arrecadação de tributos, o pagamento pretensamente realizado.

Dada a dificuldade dessa caracterização, agravada nesse momento pela ausência de situações concretas e dos tipos legais previstos para a má-gestão, por ora iremos nos restringir a definir os conceitos de direito penal que serão amplamente utilizados no decorrer deste capítulo e dos seguintes.

Ilícito é ato jurídico voluntário, omissivo ou comissivo, contrário ao comportamento exigido na norma jurídica; é o antecedente de uma norma sancionadora, que corresponde ao descumprimento exigido pelo consequente de uma norma dispositiva. É sinônimo de infração, e classifica-se em penal (delito) e administrativo.

A voluntariedade necessária à tipificação do ato como ilícito foi investigada por Celso Antônio Bandeira de Mello que, ao tratar das infrações administrativas, entendeu:[52]

> Deveras, ninguém pode ser sancionado senão pela violação do direito que haja voluntariamente praticado ou concorrido voluntariamente para praticar. A proclamação desta obviedade não briga com o fato de que a caracterização de inúmeras infrações administrativas prescinde de dolo ou culpa do agente, visto que, para configurar-se sua incursão nelas e consequente exposição às pertinentes sanções, é indispensável que haja existido, pelo menos, a possibilidade do sujeito evadir-se conscientemente à conduta censurada.

E, adiante, concluiu: "[...] *mesmo as infrações puramente objetivas presumem a voluntariedade*, já que supõem uma livre e consciente eleição entre dois possíveis comportamentos."[53] (destaque do autor)

Já Pontes de Miranda apresenta uma interessante distinção entre fatos e atos ilícitos, que pode ser agregada a essa nossa exposição inicial. Segundo o autor, sempre que há ato contrário ao direito, e alguém é responsabilizado por este resultado lesivo, verifica-se a presença da ilicitude. Todavia,

---

52. *Ilícito tributário*, p. 24-25.
53. Op. cit., p. 25.

somente é possível falar em ato ilícito se uma conduta humana tiver sido a causadora da infração. É por esta razão que o doutrinador classificou os ilícitos em fatos ilícitos e atos-fatos ilícitos, asseverando que "sempre que alguém responde pela força maior, ou pelo caso fortuito, responde pelo fato ilícito; com ele, lesado foi direito absoluto (fato ilícito absoluto), ou direito relativo (fato ilícito relativo). Houve fato ilícito. Não houve ato humano."[54]

Passemos à seara tributária. Segundo Paulo de Barros Carvalho,[55] infração tributária é: "toda ação ou omissão que, direta ou indiretamente, represente o descumprimento dos deveres jurídicos estatuídos em leis fiscais."

O vocábulo infração abrange tanto o descumprimento da obrigação principal (que impõe o recolhimento do tributo), quanto do dever instrumental (que estabelece a prática de atos que visam a proporcionar o conhecimento e o controle dos fatos jurídicos tributários, dos fatos tipificados por regras de imunidade e isenção etc., tais como a emissão de notas fiscais e a escrituração de livros fiscais), pois ambos os fatos podem compor o antecedente da norma jurídica sancionadora.

Se a infração consistir num crime contra a ordem tributária (Lei 8.137/90), será a conduta omissiva ou comissiva que resulte na ocultação de algum fato jurídico relevante ao conhecimento das autoridades fiscais e que, na maior parte das vezes, implica a falta de pagamento de tributo (suprimir ou reduzir tributo, mediante omissão de informações, declarações falsas, fraude à fiscalização, falsificação de documentos fiscais etc.). As consequências legais advindas dessa espécie de infração são disciplinadas pelo direito penal, cumulativamente com os arts. 135 e 137 do CTN.

Se a infração for meramente administrativa, o ilícito também terá ocorrido, mas não segundo os tipos penais previstos.

---

54. *Tratado de direito privado: parte geral*, t. II, p. 193.
55. *Curso*, cit., p. 501

RESPONSABILIDADE TRIBUTÁRIA

Ao tratarmos da responsabilidade de terceiros, o ato ilícito contemplado no antecedente da norma sancionadora não descreve apenas a falta de pagamento de tributo ou o descumprimento de deveres instrumentais, e sim as condutas típicas e antijurídicas qualificadas nos termos dos arts. 134 e 135 do CTN. Na primeira hipótese, infração administrativa; na segunda, administrativa ou penal, conforme o caso.

Estabelecidos os conceitos de ilícito e infração, e demonstrado que esses fatos localizam-se nos antecedentes das normas sancionadoras, cumpre-nos analisar o consequente dessas mesmas normas. Cabe-nos, em outras palavras, definir a sanção.

Sanção é o consequente de uma norma jurídica sancionadora.[56] É a relação jurídica restritiva de direitos, de caráter repressivo, fruto de uma relação de implicação existente a partir da constatação da prática de um comportamento proibido, omissivo ou comissivo, nela previsto (infração).

Sua função é ora desestimular a prática de condutas juridicamente reprováveis, ora minimizar as consequências nocivas advindas do indesejado desatendimento das prescrições normativas.[57] Nesse sentido, dado o fato de o administrador ter agido com excesso de poderes, e esse fato provocar o nascimento da obrigação tributária, *deve-ser* a responsabilidade pessoal do administrador pelo pagamento da dívida.

---

56. O vocábulo sanção é dotado de polissemia, contemplando dessa forma diversas acepções. Segundo Eurico Marcos Diniz de Santi (*Lançamento tributário*, p. 38-9), sanção pode ser entendida como: "(i) a relação jurídica consistente na conduta substitutiva reparadora, decorrente do descumprimento de um pressuposto obrigacional (de fazer, de omitir, de dar – genericamente prestações do sujeito passivo Sp); (ii) relação jurídica que habilita o sujeito ativo Sa a exercitar seu direito subjetivo de ação (processual) para exigir perante o Estado-juiz Sj a efetivação do dever constituído na mora primária e (iii) a relação jurídica, consequência processual deste "direito de ação" preceituada na sentença condenatória, decorrente de processo judicial. Esta última, expressão da vontade jurisdicional do Estado condiciona a "coação", assim entendida como o poder do órgão do Estado de fazer cumprir por meio do uso da força (direito subjetivo público monopolizado pelo Estado-juiz) a sanção expressa na condenatoriedade de seu ato (sentença)."

57. Cf. Norberto Bobbio, *Teoría general del derecho*, p. 106.

Por fim, outra questão de extrema relevância a ser considerada é que a autoria, nas condutas que envolvam culpa ou dolo, não necessita ser sempre do agente (em nosso caso, do administrador), para que ele se responsabilize.

Infrator é aquele que tem o dever legal de adotar determinada conduta mas a descumpre, sujeitando-se à sanção legalmente prevista. Não é apenas o executor material do ilícito, mas também aquele que com o fato se envolva.

E qual o grau de envolvimento previsto em lei, para responsabilizar um sujeito por ato executado por outro?

Entende-se que o infrator deverá ser partícipe ou mandante da conduta ilícita. Partícipe é o agente que auxilia na realização do crime. Não pratica os atos executórios da infração, mas, de alguma forma, concorre para sua realização (Código Penal, art. 29). Já o mandante é a pessoa que ordena ou autoriza a prática de um crime ou contravenção. É o agente intelectual.

Nesse sentido, o sócio e o administrador poderão ser pessoalmente responsabilizados, nos termos dos arts. 134 e 135 do CTN, se forem os (i) autores da infração, (ii) partícipes ou (iii) mandantes. A responsabilidade, nessas situações, é subjetiva.

5.2.1 Culpa

O art. 927 do Código Civil determina: "aquele que, por ato ilícito (arts. 186 e 187), causar dano a outrem, fica obrigado a repará-lo." Já o art. 18, inciso II, do Código Penal estabelece que o crime é: "culposo, quando o agente deu causa ao resultado por imprudência, negligência ou imperícia."

Para sua caracterização, não se leva em conta a finalidade da conduta do agente, mas a inobservância de algum dever omissivo ou comissivo que lhe competia, responsável pelo resultado, e que foi praticado por imperícia, negligência ou imprudência.

Imperícia é a falta de habilidade ou inaptidão para praticar certo ato. Já negligência é a inobservância de normas que ordenam a prática de atos com atenção, capacidade, solicitude e discernimento, agindo quando não deveria agir, ou omitindo-se quando deveria exercer conduta positiva. Finalmente, imprudência é precipitação ou o ato de proceder sem cautela.

Temos, além disso, duas espécies de culpa: *in vigilando* e *in eligendo*. A *in vigilando* é aquela em que, apesar de o agente não ter causado diretamente o resultado lesivo, a ilicitude está indiretamente ligada ao ato ou à omissão por ele praticado.

Expliquemos. Um ato contrário ao direito é realizado por uma pessoa, no entanto, o agente que se torna responsável pela infração não é o executor material do ilícito, mas sim aquele que deveria ter fiscalizado a conduta do infrator. Nesses termos, é culpado por não ter fiscalizado suficientemente o comportamento dessa pessoa, conduta que por força de lei lhe competia.

No que tange à culpa *in eligendo*, também nesta modalidade a responsabilidade decorre de ato praticado por terceiro que, em princípio, teria capacidade para responder por seu comportamento. Diferencia-se da *in vigilando* porque, na situação ora em análise, a culpa surge em razão de uma escolha errada feita pelo responsável e relacionada à pessoa do executor material do ilícito.

Nesse sentido, o sujeito será responsabilizado por não ter empregado a diligência e o cuidado necessários quando da contratação ou da eleição de determinada pessoa, para realizar função ou ocupar algum cargo.

Há que estar presente, evidentemente, alguma falha no momento da escolha, por exemplo, conhecida inidoneidade moral ou incapacidade técnica para a execução das tarefas que o cargo demanda. Nessas situações, o sócio poderá ser responsável pelos atos do administrador, incapaz tecnicamente para exercer a sua função, desde que a conduta por este último praticada não tipifique hipótese de responsabilidade pessoal advinda do dolo.

Por outro lado, se aparentemente o administrador possuía todos os requisitos para o exercício de sua função e, ademais, não tinha o sócio condições de identificar a deficiência posteriormente demonstrada durante a gestão do cargo, então não haverá como responsabilizar o sócio pelos danos causados.

Finalmente, existem duas grandes correntes para a interpretação da necessidade ou não da culpa: a teoria subjetiva e a objetiva.

A primeira consiste na regra geral contemplada no Código Civil: não deve haver responsabilidade sem culpa (quem causa o dano fica obrigado a repará-lo). O dever de indenizar nasce somente quando o agente causa dano a outrem, intencionalmente ou por negligência, imprudência ou imperícia. Sua responsabilidade é individual, e classifica-se em direta ou indireta.

Será direta quando o agente responder por ato próprio, e indireta nas situações previstas em lei, nas quais se admite a culpa presumida com referência a ato de terceiro em relação ao qual o responsável tenha vínculo de responsabilidade (culpa in vigilando ou in eligendo), por exemplo, ocorre com os pais, tutores, curadores ou ainda por fato de animal ou de coisas inanimadas sob a guarda da pessoa. O lesado será obrigado a provar o nexo causal entre o dano e a culpa do lesante.

Já para a teoria objetiva, a responsabilidade é fundada no risco e não no dolo ou na culpa. Como quem se beneficia de uma situação deve responder pelo risco ou pelas desvantagens dela resultantes, a obrigação, nesses casos, nasce do nexo causal existente entre o dano (fato-consequência) e a ação que o produziu (fato-causa). É hipótese de responsabilidade sem culpa, resultante de situações previstas em lei, e não do comportamento do agente.

5.2.2 Dolo

Passemos ao dolo. Os arts. 145 a 150 do Código Civil tratam da anulabilidade dos atos praticados com dolo, sem conceituá-lo. Já o art. 18, I, do Código Penal, define-o a partir da afirmação de que o crime será: "doloso, quando o agente quis o resultado ou assumiu o risco de produzi-lo."

Entende-se por dolo a *vontade consciente* de praticar a conduta típica e, com isso, obter determinado resultado, ou seja, de realizar os elementos constantes do tipo legal (*in casu*, fraude ou sonegação) ou assumir o risco de produzi-lo (previsibilidade do resultado). É a prática de ilícito por agente que possuía o *animus*, a intenção de realizá-lo, não obstante soubesse que o ordenamento jurídico rechaçava tal comportamento.

A doutrina classifica o dolo em várias espécies, dentre as quais:[58] (i) *dolo eventual* – é o ato ilícito praticado quando o agente sabe que a conduta é suscetível de produzir um dano, embora não o deseje produzir. Ocorre quando o agente, em que pese não almejar produzir o resultado lesivo, estava ciente de que seu ato poderia ocasionar a infração posteriormente verificada. O risco foi por ele assumido; (ii) *dolo genérico* – é a vontade de praticar a conduta típica sem qualquer finalidade específica; e (iii) *dolo específico* – além da vontade de praticar a conduta típica, existe uma finalidade especial do agente.

Em direito tributário, interessa-nos principalmente o dolo específico. Em que pese o resultado nem sempre ser necessário ao aperfeiçoamento do tipo, a intenção de atingir determinada finalidade, e a consciência de ser aquele um ato

---

58. Além dessas hipóteses de dolo, a doutrina também aponta as seguintes (Cf. Fernando Capez, *Curso de direito penal*, p. 185-189; e Guilherme de Souza Nucci, *Código Penal comentado*, p. 138-139): (i) *dolo natural* – é o elemento psicológico desprovido de qualquer juízo de valor. O fato suficiente é o desejo de praticar determinada conduta, sendo irrelevante se o objeto da vontade é lícito ou ilícito, se é correto ou incorreto; (ii) *dolo normativo* – é o que exige não só que o agente queira realizar a conduta, mas que tenha consciência de que ela é ilícita. Dessa forma, há a necessidade do denominado elemento normativo do dolo. Diferencia-se do dolo natural por não bastar um simples querer, mas um querer algo ilícito; (iii) *dolo direto ou determinado* – é a conduta praticada quando o agente quer um certo resultado; (iv) *dolo indireto ou indeterminado* – é a conduta em que, embora o agente não deseje diretamente o resultado, aceita a possibilidade de o produzir; (v) *dolo alternativo* - é a conduta em que o agente deseja qualquer um dos possíveis resultados que seu ato possa vir a provocar; (vi) *dolo de dano* – é a vontade de produzir uma lesão efetiva a um bem jurídico; (vii) *dolo de perigo* – é a vontade de expor o bem a um perigo de lesão.

ilegal, são indispensáveis. Deixar de entregar declarações fiscais, para não pagar tributo, é agir com dolo específico.

É somente a partir da identificação do dolo que algumas condutas podem ser tipificadas como criminosas (arts. 1º e 2º da Lei 8.137/90), que administradores devem ser responsabilizados pelos tributos devidos em decorrência de fatos jurídicos tributários praticados pelas pessoas jurídicas (art. 135 do CTN), que o prazo decadencial é diferenciado (parte final do § 4º do art. 150 do CTN) e que multas qualificadas são aplicadas (art. 44, § 1º, da Lei 9.430/96). Portanto, o sistema do direito positivo *requer* que o aplicador da norma decida pela existência ou não do dolo.

Nem todos os acontecimentos podem ser traduzidos em palavras. Exemplo típico é a intenção não exteriorizada de querer determinado resultado ou assumir o risco de produzi-lo. Como identificar, em situações não extremas, se houve dolo ou culpa? Se o sujeito quis lesar o Fisco e aproveitar-se do produto do ilícito, ou se lesou como consequência de um mero erro?

Duas considerações são importantes. A primeira é que somente o empírico pode ser provado, porque diz respeito ao campo da experiência. Se a premissa é verdadeira, o dolo, por não se subsumir a tal condição (a *intenção* do agente na prática do ilícito pertence a sua consciência), não se sujeita à prova. A segunda é que, mesmo sem ser passível de prova, por imposição legal o julgador precisa decidir com base na existência ou não do dolo.

Diante do exposto, nossa conclusão, é que, embora não devesse ser desta forma, o sistema assim requer e assim há de ser feito: decisão apesar da comprovação da intenção. Entendemos que o limite da "insegurança" reside apenas na convicção pessoal do emissor da norma, não no conteúdo normativo. O direito não convive com decisões incertas.

Diante do exposto, a solução que propomos é a de que, nos casos em que o dolo precisar ser comprovado, *a prova não recaia sobre a intenção do agente propriamente dita* – inatingível, por ser motivação intrassubjetiva e passada –, *mas sobre os fatos adjacentes à fraude*, tais como frequência, voluntariedade, complexidade e consequências, bem como sobre *as características do agente que o praticou*. Chamemos esse conjunto de "dinâmica da fraude".

Com isso, a prova do dolo não recairá nem sobre a pretensa intenção do sujeito, nem sobre o fato típico ocultado. Terá por objeto a sucessão de atos que resultaram na fraude e a maneira pela qual eles foram executados, tal como ocorre na constituição de empresa por interposta pessoa. Dependendo do resultado de toda essa avaliação será possível concluir, com o mínimo grau de segurança que o direito requer, se o sujeito agiu com dolo.

Por fim, a prática dolosa impõe o reconhecimento de que a pessoa tinha opção entre praticar ou não a infração. Se a opção de evitar inexistia, ela não poderá ser considerada responsável, pois lhe faltava o *animus*, em que pese o resultado de seu ato. A única exceção é se a pessoa provocou intencionalmente a impossibilidade da opção, a fim de, em última análise, beneficiar-se do ilícito e, ao mesmo tempo, afastar a sua responsabilidade pessoal.

5.3 Art. 134 do CTN

Estabelece o art. 134 do CTN, *in verbis*:

> Art. 134. Nos casos de impossibilidade de exigência do cumprimento da obrigação principal pelo contribuinte, respondem solidariamente com este nos atos em que intervierem ou pelas omissões de que forem responsáveis:
>
> I - os pais, pelos tributos devidos por seus filhos menores;
>
> II – os tutores e curadores, pelos tributos devidos por seus tutelados e curatelados;
>
> III – os administradores de bens de terceiros, pelos tributos devidos por estes;
>
> IV – o inventariante, pelos tributos devidos pelo espólio;

V – o síndico e o comissário, pelos tributos devidos pela massa falida ou pelo concordatário;

VI – os tabeliães, escrivães e demais serventuários de ofício, pelos tributos devidos sobre os atos praticados por eles, ou perante eles, em razão do seu ofício;

VII – os sócios, no caso de liquidação de sociedade de pessoas.

Parágrafo único. O disposto neste artigo só se aplica, em matéria de penalidades, às de caráter moratório.

De acordo com o enunciado, o nascimento de uma nova relação jurídica, estabelecida entre o responsável tributário e o Fisco, condiciona-se à (i) constatação da intervenção ou da omissão do agente a um dever legal que deveria ter sido observado; e (ii) impossibilidade de ser exigido do contribuinte o tributo, a penalidade pecuniária ou ambos.

Assim, o terceiro necessariamente deverá ter *concorrido para o descumprimento da obrigação tributária* (item "i" supra). Para a correta aplicação da regra, compete ao Fisco apresentar provas de que a intervenção ou a omissão ocorreu, não havendo responsabilidade do sócio se o contribuinte não reunia condições econômicas de quitar a dívida, e nem se o Fisco restringiu-se a apresentar ficha de breve relato fornecida pela Junta Comercial, indicando os nomes dos sócios, mas deixando de indicar ao menos algum indício de responsabilidade.

Já o segundo item (impossibilidade de se exigir do contribuinte o pagamento do crédito) requer que analisemos as características da responsabilidade. Seria ela solidária, já que o artigo determina que: "respondem solidariamente com este"? Ou subsidiária, tendo em vista a afirmação de que: "Na impossibilidade de exigência do cumprimento da obrigação principal pelo contribuinte"? Ou ambas?

Não temos dúvida em afirmar que o art. 134 do CTN contempla apenas a subsidiariedade. Também esse é o entendimento de José Eduardo Soares de Melo.[59]

---

59. *Curso de direito tributário*, p. 205: "A responsabilidade contida neste tópico não

RESPONSABILIDADE TRIBUTÁRIA

A responsabilidade é subsidiária na medida em que a lei não permite que o terceiro responsabilize-se pela dívida sem que o credor certifique-se de que o cumprimento da obrigação, pelo contribuinte, é impossível.

Primeiro, faz-se necessário exigir do contribuinte o cumprimento do objeto da prestação para, somente depois, se comprovada a impossibilidade da satisfação do crédito por esse sujeito – vale dizer, se efetivamente tiverem sido utilizados os meios disponíveis para a cobrança, que ainda assim restou infrutífera – cobrar do responsável tributário o valor em aberto.

Com isso, o nascimento da relação jurídica de responsabilidade não advém do fato jurídico tributário, mas do reconhecimento jurídico de que o contribuinte não pôde cumprir com sua obrigação. Some-se a esse fato a intervenção ou omissão do responsável.

E por que a responsabilidade não poderia ser considerada também solidária, como faz crer a redação legal? Para responder a essa questão, trabalhemos com a hipótese da responsabilidade dos sócios no caso de liquidação de sociedade de pessoas, cujos fundamentos aplicam-se a todos os demais incisos do art. 134.

Em que pesem na maior parte das vezes as sociedades só se extinguirem após o encerramento do processo de liquidação, a norma indica a impossibilidade de cobrança do crédito como um dos elementos necessários à configuração válida da responsabilidade de terceiros. Perfazendo-se tal fato, inexistirá possibilidade ontológico-semântica de se manter a obrigação, fadando-a à extinção.

Expliquemos. Se a responsabilidade surge com a impossibilidade de cobrança do contribuinte (além dos demais

---

decorre tranquilamente de mera solidariedade, como se poderia supor da leitura do preceito, uma vez que a própria expressão 'nos casos de impossibilidade de exigência do cumprimento da obrigação principal' não conduz a esse raciocínio. *A contraria sensu*, sendo possível exigir o tributo do contribuinte, não haverá que se cogitar da figura do responsável."

requisitos legais), é inadmissível a permanência da primeira relação: houvesse possibilidade material da satisfação do crédito, a responsabilidade não teria nascimento.

Haverá, certamente, hipótese de extinção do crédito tributário, fundada não em alguns dos incisos do art. 156 , mas no próprio art. 134, ambos os enunciados da lei complementar (CTN) competente para dispor sobre essa matéria.

E não há que se imputar a essa conclusão a consequência de que: "sempre que comprovada a impossibilidade de quitação do débito fiscal, a obrigação extingue-se", bastando a comprovada incapacidade econômica do contribuinte para que suas obrigações fiscais sejam extintas. A diferença entre nosso entendimento e a colocação ora exposta é que, no primeiro caso, o próprio direito positivo regulamentou essa hipótese, positivando-a no início do *caput* do art. 134 do CTN.

5.4 Estrutura lógica da norma de responsabilidade (art. 134 do CTN)

A norma de responsabilidade de terceiros, fundada no art. 134 do CTN, pode ser formalizada da seguinte maneira:

D {[(S' R^1 S") . – (S R S')] . F → (S R S")}, em que:

- D = functor deôntico não modalizado (dever-ser);
- (S' R^1 S") = antecedente da norma de responsabilidade de terceiro, que veicula relação não tributária estabelecida entre os sujeitos;
- S' = contribuinte (sociedade);
- S" = responsável (sócio);
- R^1 = objeto da relação jurídica não tributária existente entre os dois sujeitos (vínculo societário);
- "." = operador conjuntivo aditivo;

- "–" = negação;

- – (S R S') = negação da relação jurídica existente entre o Fisco e o contribuinte, fundada na impossibilidade de cobrança do crédito;

- S = sujeito ativo (credor);

- R = relação jurídica tributária que tem por objeto o pagamento de tributo;

- F = fato correspondente à conduta culposa (ação ou omissão) praticada por S´´;

- → = operador implicacional;

- (S R S") = relação jurídica tributária estabelecida entre o Fisco e responsável.

5.5 Responsabilidade dos sócios no caso de liquidação de sociedade de pessoas

Como vimos, o art. 134, VII, dispõe que, nos casos de impossibilidade de exigência do cumprimento da obrigação pela sociedade de pessoas em liquidação, respondem os sócios pelos atos em que intervierem ou pelas omissões de que forem responsáveis. Cumpre-nos estabelecer, portanto, o alcance da expressão "liquidação de sociedade de pessoas".

Liquidação é o conjunto de atos sucessivos e predeterminados a que fica vinculado o liquidante, com o fim de realizar o ativo, de forma a cancelar o passivo e distribuir o remanescente entre os acionistas. Em outras palavras, o ativo da companhia é vertido em dinheiro para distribuição entre os sócios, depois de pagas todas as dívidas da sociedade. Somente com o encerramento da liquidação tem-se a extinção da sociedade.

A liquidação pode ser amigável, judicial e administrativa. Como o CTN não fez qualquer distinção, o inciso VII ora analisado aplica-se a qualquer uma de suas formas.

Em lugar das demonstrações financeiras, deverá o liquidante promover, durante o período de liquidação, balanço do estado de liquidação, mediante a adoção de critérios inteiramente diversos daqueles próprios do balanço patrimonial, e que pressupõem a descontinuidade de empreendimento societário.[60]

O descumprimento dessas regras implica a dissolução de fato da sociedade, forma irregular para a extinção das pessoas jurídicas. Excepcione-se apenas as situações em que o processo de liquidação não é fase preliminar à extinção, tal como ocorre com a fusão, a incorporação e a cisão com versão de todo o patrimônio em outras sociedades.

Mas, ao iniciar a análise desse subitem, referimo-nos não só à liquidação, e sim à liquidação de *sociedade de pessoas*. Falta, portanto, estabelecer o conteúdo desse predicado.

As sociedades de pessoas são aquelas em que o elemento humano é a principal característica, pois os indivíduos não se associariam a quem não possuísse os requisitos necessários ao bom êxito do empreendimento. A participação ativa dos sócios mostra-se fundamental tanto para a constituição da sociedade, como para o seu funcionamento.

Os acionistas, administradores e diretores de sociedades anônimas estão excluídos da responsabilidade fundada no art. 134 do CTN, já que tais sociedades nem possuem a figura do sócio, uma vez que se caracterizam pelo anonimato dos seus componentes e pelo *intuitu pecuniae*.

E os sócios da sociedade limitada? Para alguns, trata-se de sociedade de pessoas; para outros, sociedade de capitais; e para outros, ainda, a forma é híbrida (*intuitu pecuniae* e *intuitu personae*).

A definição da natureza jurídica das sociedades limitadas, longe de se constituir em discussão meramente acadêmica, revela-se extremamente importante, já que, a partir da

---

60. Cf. Modesto Carvalhosa, *Comentários à lei de sociedades anônimas*, p. 90.

conclusão obtida, teremos ou não a subsunção dessa espécie societária ao inciso VII do art. 134 do CTN.

Fran Martins entende que as sociedades limitadas são espécies da de pessoas, ao afirmar:

> As sociedades de pessoas são aquelas em que a pessoa do sócio tem papel preponderante, não apenas na constituição como durante a vida da pessoa jurídica. Como sociedade de pessoas temos, no direito brasileiro, as sociedades em nome coletivo, em comandita simples, as de capital e indústria e as por quotas de responsabilidade limitada.[61]

Já Aliomar Baleeiro discorda desse posicionamento, afirmando que o CTN, ao fazer referência às sociedades de pessoas, "se reporta às sociedades em nome coletivo e outras que não se enquadram nas categorias de sociedades anônimas ou por quotas de responsabilidade limitada."[62]

A jurisprudência, por sua vez, decidiu, *in verbis*:

> SOCIEDADE POR QUOTAS DE RESPONSABILIDADE LIMITADA. EXECUÇÃO FISCAL. FIGURAS DO DEVEDOR E DO RESPONSÁVEL TRIBUTÁRIO.
>
> [...] *Não se aplica à sociedade por quotas de responsabilidade limitada o art. 134 do Código Tributário Nacional*; incide sobre elas o art. 135, itens I e III, do mencionado diploma legal, se o crédito tributário resulta de ato emanado de diretor, ou gerente ou outro sócio, praticado com excesso de poder ou infração da lei, do contrato social ou do estatuto. (RE 96.607-RJ, 1ª Turma, Rel. Min. Soares Muñoz, RTJ, 103/1274) – destacamos.
>
> [...] Tranquila se tornou a jurisprudência do Supremo Tribunal Federal no sentido de que, não sendo as sociedades por quotas sociedades simplesmente de pessoas, porém sociedades mistas, de pessoas e capitais, os bens particulares dos sócios, uma vez integralizado o capital, não podem ser penhorados em razão de dívida fiscal da sociedade, salvo na hipótese de ter praticado o sócio ato com excesso de poderes ou em infração à lei, contrato social ou estatutos. Não se tendo configurado, segundo se colhe

---

61. *Curso de direito comercial*, p. 219.
62. *Direito tributário brasileiro*, p. 491.

do acórdão recorrido, nenhuma dessas ressalvas, não se substancia, na espécie, contrariedade aos arts. 134 e 135 do Código Tributário Nacional. (RTJ, 85/947-8)

Entendemos que as sociedades de responsabilidade limitada são sociedades mistas, tendo em vista a ausência de caráter predominantemente pessoal, somada à existência do intuito pecuniário. Atualmente, as sociedades passíveis de serem classificadas como de pessoas são aquelas em nome coletivo, a comandita simples e as cooperativas.

Diante do exposto, o art. 134 do CTN não se aplica aos sócios de sociedade limitada e aos de sociedade anônima.

5.5.1 O administrador não sócio sujeita-se à disciplina do inciso VII do art. 134 do CTN?

O inciso VII do art. 134 refere-se expressamente apenas à responsabilidade dos sócios, não mencionando os administradores. Não obstante, seria defensável a inclusão de tais pessoas nesse tipo legal?

Entendemos que não. As consequências jurídicas advindas da responsabilidade fundada no art. 134 do CTN aplicam-se exclusivamente aos sócios, porque o tipo tributário é fechado e porque o art. 137 do CTN menciona essas categorias de indivíduos de forma separada. Tivesse o Código as equiparado para os fins da responsabilidade tributária, não haveria por que existir a distinção mencionada no art. 137.

Sobre esse assunto, Renato Lopes Becho[63] desenvolve interessante raciocínio, ao sustentar que o art. 137, III, do mesmo diploma, ao cuidar da responsabilidade por infrações que decorrem de dolo específico, estabelece a responsabilidade pessoal, nos casos ali tratados, das "pessoas referidas no art. 134" (alínea "a") e, em dispositivos separados, faz referência aos "mandatários, prepostos ou empregados" (alínea "b") e

---

63. *Sujeição*, cit., p. 242.

aos "diretores, gerentes ou representantes de pessoas jurídicas de direito privado" (alínea "c"). Assim, fosse o caso de tais pessoas já estarem incluídas no art. 134, seria dispensável referir-lhes de forma segregada no mencionado art. 137.

5.5.2 Conclusões parciais

Considerando o exposto, podemos concluir que a responsabilidade do sócio, fundada no art. 134, inciso VII, do CTN, é cabível quando:

1) A sociedade liquidada for de pessoas, afastando-se assim os sócios das sociedades anônimas e das limitadas, dentre outras;

2) Comprovadamente o sócio tiver tido poderes de gerência e, durante seu exercício, tiver intervindo ou se omitido, com culpa, para o inadimplemento da obrigação tributária; e

3) Houver a constatação do descumprimento da obrigação principal e a impossibilidade de se exigir do contribuinte a satisfação do crédito (responsabilidade subsidiária).

5.6 Art. 135 do CTN

O art. 135 do CTN determina, *in verbis*:

> Art. 135. São pessoalmente responsáveis pelos créditos correspondentes a obrigações tributárias resultantes de atos praticados com excesso de poderes ou infração de lei, contrato social ou estatutos:
>
> I – as pessoas referidas no artigo anterior;
>
> II – os mandatários, prepostos e empregados;
>
> III – os diretores, gerentes ou representantes de pessoas jurídicas de direito privado.

Inicialmente, analisaremos as características da responsabilidade a partir da afirmação de que os indivíduos são "pessoalmente responsáveis" pelo crédito tributário.

Ser pessoalmente responsável significa que a responsabilidade é pessoal, solidária ou subsidiária? Sempre defendemos que a responsabilidade é pessoal, não por adotarmos uma interpretação meramente gramatical, e sim porque o enunciado traz um limite semântico que, em nossa visão, deveria ser respeitado. Defendemos, igualmente, que caso fosse provada a simulação da responsabilidade pessoal do responsável, o Fisco teria o direito de, conforme o caso, incluir ou de solicitar a inclusão da sociedade no polo passivo da relação jurídica. Considerar a responsabilidade como sendo pessoal não implicaria, de forma alguma, defender uma interpretação que estivesse em desacordo com o interesse público, a igualdade e a legalidade e que, finalmente, incentivasse o ilícito.

Entretanto, a jurisprudência dos Tribunais já se consolidou no sentido de que a responsabilidade do administrador, prevista no art. 135 do CTN, é *solidária*, respondendo pelo passivo fiscal tanto o administrador que praticou o ilícito, quanto a pessoa jurídica que praticou o fato gerador. É nesse sentido a decisão proferida nos Embargos de Divergência em Recurso Especial nº 174.532/PR ("Os diretores não respondem pessoalmente pelas obrigações contraídas em nome da sociedade, mas respondem para com esta e para com terceiros solidária e ilimitadamente pelo excesso de mandato e pelos atos praticados com violação do estatuto ou lei.").

Outro ponto que merece nossa atenção diz respeito à interpretação do que venha a ser a obrigação "resultante" à que alude o *caput* do art. 135 do CTN (créditos correspondentes a obrigações tributárias *resultantes* dos atos ilícitos lá previstos).

A infração não diz respeito ao fato jurídico tributário, que é sempre lícito, *mas à decisão de sua prática*, contrária aos objetivos sociais contemplados no contrato social ou no estatuto, à competência pessoal para a tomada de decisões, e, ainda, aos limites fixados em lei. Some-se a isso a necessidade de dolo.

A jurisprudência consolidou-se no sentido de que o ilícito não precisa implicar o fato jurídico tributário, tal como ocorreu com os precedentes da Súmula 435 do STJ (na dissolução irregular os sócios respondem solidariamente pelo passivo fiscal, com base no art. 135 do CTN)[64] e com as inúmeras decisões em que ilícitos de toda e qualquer natureza são praticados (tomada de crédito dolosa e indevida para redução de base de cálculo, interposição fraudulenta, simulação etc.). Nesses casos, muitas vezes o ilícito ocorre posteriormente ao fato gerador, mas, mesmo assim, é considerado espécie de infração de lei qualificada segundo o art. 135 do CTN.

É de se notar, entretanto, que como até hoje o STJ não enfrentou de forma direta a temporalidade e a relação de implicação do ilícito, não podemos considerar que a discussão esteja superada. Para nós, o art. 135 do CTN traz um limite semântico que precisa ser respeitado, de forma que o ilícito deve implicar a obrigação tributária.

5.7 Estrutura lógica da norma de responsabilidade (art. 135 do CTN)

A estrutura lógica da norma de responsabilidade fundada no art. 135 do CTN é a seguinte:

$$D \{F \to [(S\ R\ S") . - (S\ R\ S')]\}$$, em que:

- D = functor deôntico não modalizado (dever-ser);

- F = antecedente da norma de responsabilidade, que corresponde a uma conduta dolosa praticada por S", com excesso de poderes ou infração de lei, contrato social ou estatutos, e que resultou no fato que gerou a obrigação tributária;

---

64. "Presume-se dissolvida irregularmente a empresa que deixar de funcionar no seu domicílio fiscal, sem comunicação aos órgãos competentes, legitimando o redirecionamento da execução fiscal para o sócio-gerente."

- (S R S") = relação jurídica de responsabilidade tributária, mantida entre o Fisco e administrador;

- S = credor (sujeito ativo da relação jurídica tributária);

- S' = contribuinte;

- S" = responsável;

- R = objeto da relação jurídica tributária;

- → = operador implicacional;

- "." = conectivo lógico aditivo;

- – (S R S') = negação da relação entre o Fisco e o contribuinte, de forma que este sujeito não integrará o polo passivo da relação jurídica tributária.

5.8 Da imprescindibilidade do dolo para a aplicação do art. 135 do CTN

A existência de uma infração é condição necessária ao desencadeamento da responsabilidade do administrador, mas insuficiente. Para que reconheçamos a recepção do art. 135 pela ordem constitucional de 1988, é indispensável a aplicação de seu preceito em fiel harmonia com a necessidade de uma conduta dolosa, de modo que a responsabilidade pessoal não atinja aqueles que praticaram o ilícito apenas com culpa.

É nessa linha o entendimento da Receita Federal do Brasil, que reconhece que o dolo é necessário para a atribuição da solidariedade tributária, ao afirmar, no Parecer Normativo COSIT/RFB nº 04/2018,[65] que "não é qualquer ilícito que pode ensejar a responsabilidade solidária. Ela deve conter um elemento doloso a fim de manipular o fato vinculado ao fato jurídico tributário". (vide item 13.1 do Parecer Normativo).

---

65. Item 26 do PN COSIT/RFB nº 04/2018.

O elemento subjetivo, aqui, significa que a responsabilidade nasce somente se o administrador agir intencionalmente com o *animus* de praticar a conduta típica, mesmo sabendo que o ordenamento jurídico proíbe tal comportamento.

Ainda que a norma não disponha expressamente sobre a necessidade do dolo, a culpa não é elemento suficiente para a caracterização do tipo, pois a separação das personalidades e a necessidade de gerir sociedades economicamente estáveis e instáveis, somadas ao direito constitucional à propriedade e ao princípio da não utilização do tributo com efeitos confiscatórios, vedam que um administrador seja responsável por ato não doloso. A intenção de fraudar, de agir de má-fé e de prejudicar terceiros é fundamental.

É a partir desse prisma que a responsabilidade prevista no art. 135 deve ser interpretada. Caso contrário, a intervenção no patrimônio particular e na liberdade do administrador será injurídica e totalmente incompatível com as garantias que a Constituição defere a todos, a título de direitos fundamentais.

5.9 O art. 135 do CTN não é hipótese de desconsideração da personalidade jurídica

Muito embora tanto na desconsideração da personalidade jurídica, quanto na responsabilidade tributária, o terceiro que não praticou o fato gerador seja compelido a responder pelo passivo fiscal, no primeiro caso estamos diante de hipótese de responsabilidade *patrimonial*, fundada no art. 50 do Código Civil, ao passo que, no segundo, de sujeição passiva tributária (art. 121, II, do CTN), devendo o terceiro ser chamado para participar do processo na qualidade de *parte* (autor ou réu), com todas as consequências daí advindas.

As normas não se equivalem e nem são similares. Trazem consequências jurídicas de natureza material e processual profundamente diferentes, coincidindo apenas no que diz respeito à responsabilidade pelo pagamento. Destacamos abaixo alguns pontos importantes, que serão detidamente analisados no Capítulo VIII:

1) O art. 135 do CTN é hipótese de responsabilidade de terceiros, constante da Seção III do Capítulo V do Título II do CTN, que trata de obrigação tributária e sujeição passiva. A pessoa física corresponsabilizada é parte no lançamento e no processo judicial.

2) Já a desconsideração diz respeito unicamente à *responsabilidade patrimonial*, já que o art. 50 do Código Civil é incisivo ao afirmar *que pode o juiz decidir "que* **os efeitos** *de certas e determinadas relações de obrigações* **sejam estendidos aos bens particulares** *dos administradores ou sócios da pessoa jurídica beneficiados direta ou indiretamente pelo abuso"*.

3) O art. 50 do Código Civil, contrariamente ao art. 135 do CTN, é norma geral incidente de forma *subsidiária* a todos os subsistemas do direito (tributário, comercial, cível, trabalhista etc.), devendo ser aplicado somente quando não houver norma específica para regular determinado caso, tendo em vista o princípio da especificidade.

4) A responsabilidade patrimonial não autoriza que o sujeito seja equiparado ao sujeito passivo tributário, devendo ostentar a qualidade de *terceiro*, que se submeterá aos efeitos oriundos da sentença a ser proferida no processo. Para tanto, é parte da relação jurídica processual (autor ou réu).

5) À responsabilidade patrimonial não se aplica a decadência pela não inclusão do terceiro no polo passivo do lançamento tributário.

6) Por não ostentar a característica de sujeito passivo, o nome desse terceiro não deve ser inscrito em dívida ativa e no CADIN.

7) À desconsideração aplicam-se os arts. 133 a 137 do CPC, que disciplina o incidente de desconsideração da personalidade jurídica, e que confere ao terceiro a possibilidade de apresentar defesa prévia.

Portanto, atribuir responsabilidade tributária a um administrador, com base no art. 135 do CTN, não é desconsiderar a personalidade jurídica da sociedade.

5.10 Elementos da responsabilidade tributária do administrador

A seguir, analisaremos os dois elementos necessários à caracterização da responsabilidade prevista no art. 135 do CTN:

1) *Elemento pessoal* – refere-se ao sujeito responsável pelo crédito tributário: executor material, partícipe ou mandante da infração. É o administrador da sociedade, podendo ser sócio, acionista, mandatário, preposto, empregado, diretor, gerente ou representante. Não deverão ser incluídas nesse conjunto pessoas sem poderes para decidir sobre a realização de fatos jurídicos, ou, se com poderes, que no caso concreto não tiveram qualquer participação no ilícito;

2) *Elemento fático* – refere-se às condutas reveladoras de infração que exija dolo: excesso de poderes ou infração de lei, contrato social ou estatuto e dissolução irregular.

5.10.1 Elemento pessoal: indivíduos sujeitos à responsabilidade

O elemento pessoal refere-se ao sujeito responsável pelo crédito tributário, ou seja, o executor material, o partícipe ou o mandante da infração que resultou na prática do fato jurídico tributário.

Não deverão ser incluídas no rol das pessoas passíveis de serem responsabilizadas aquelas que não tinham poderes para decidir sobre a realização dos fatos jurídicos, e nem aquelas que, embora com poderes, no caso concreto não tiveram qualquer participação.

O art. 135 contempla não somente os sócios (em virtude da remissão do seu inciso I às pessoas referidas no art. anterior), mas também os mandatários, prepostos e empregados (inciso II) e os diretores, gerentes ou representantes de pessoas jurídicas de direito privado (inciso III).

Sócio é a pessoa que participa da sociedade, que é seu membro integrante. Deve contribuir para a formação do capital social, bem como participar dos resultados positivos e negativos do ente social, submetendo-se a um regime jurídico que lhe é próprio, composto por um conjunto de obrigações e direitos que a lei e o contrato social lhe reservam. O sócio referido no art. 135, I, é apenas o das sociedades de pessoas, por força do que estabelece o art. 134, VII.

O sócio possui, também, diversos outros direitos e obrigações previstos em lei e no contrato social, relativos à própria sociedade (contribuir para a formação do capital social), aos demais sócios (contribuição recíproca) e a terceiros (cumprir com as obrigações assumidas em nome da sociedade).

Não possui, pela simples qualidade de ser sócio, poder de gerência. Para tanto deverá, além de sócio, ser administrador.

A responsabilidade, ademais, pode ser limitada ou ilimitada, variando em função da espécie societária adotada e, também, em função da prática de algum ato ilícito que a legislação preveja como suficiente à responsabilização pessoal.

E o sócio que ingressar em sociedade titular de dívidas, por elas se responsabiliza? Entendemos que nos limites da responsabilidade característica de cada tipo societário, sim, já que, se o novo sócio beneficia-se de todas as vantagens acumuladas antes de seu ingresso, também deve responsabilizar-se pelas dívidas oriundas de compromissos firmados no passado. Excluem-se desse entendimento somente os casos em que a responsabilidade origina-se de atos ilícitos, situação em que ela será pessoal do administrador autor do ato.

Ademais, a saída da sociedade não isentará o sócio das responsabilidades pelas obrigações que foram contraídas durante o período em que estava ligado à pessoa jurídica devedora. Seja subsidiária, solidária, limitada ou ilimitadamente, o descumprimento das obrigações pela sociedade gerará a responsabilização do sócio mesmo após a sua retirada, desde que assumidas anteriormente à data em que a saída for concretizada (mediante protocolo da alteração contratual, ou qualquer outro meio subsidiário que o direito reconheça como apto a provar a saída. A mera apresentação de alteração do contrato social não registrada, sem qualquer outra prova, é insuficiente).

Já *mandatário* é aquele que recebe poderes de um mandante, para atuar e negociar em seu nome. O mandatário age como se mandante fosse, dentro dos limites e poderes que lhe foram conferidos. Em função dos poderes que lhe são outorgados, contrai obrigações e adquire direitos.

Preposto é a pessoa que dirige negócio mercantil, por incumbência de outrem, que é o preponente; é empregado ou profissional contratado que representa, em juízo, o empregador por ter conhecimento de todos os fatos discutidos no processo; é o mandatário com encargos permanentes; é aquele que, no contrato de preposição, obriga-se a cumprir uma obrigação ou a prestar serviço, sob as ordens do preponente, que remunera os seus serviços.

O preposto pode ser empregado sob o regime da CLT, representante, autônomo ou terceirizado vinculado à prestação de serviços. Para efeitos dos direitos e das obrigações, esses trabalhadores, independentemente da natureza do vínculo contratual mantido com o empresário, obrigam o empresário preponente.

Considera-se *empregado*, por sua vez, toda pessoa física que prestar serviços de natureza não eventual a empregador, sob a dependência deste, subordinação e mediante salário (art. 3º da CLT). O empregado não tem condições de ser responsabilizado pelos tributos devidos pela pessoa jurídica empregadora, simplesmente em função do vínculo empregatício. O empregado responsável é somente aquele possuidor de mandato e de poderes de gestão, ou ainda o que participa de conluio para prejudicar o Fisco.

Diretor é definido pelo direito comercial (art. 144 da Lei nº 6.404/76) como sendo o sócio ou administrador de um estabelecimento mercantil ou empresarial, representando-o em juízo ou fora dele, e praticando todos os atos jurídicos necessários. Age como mandatário da sociedade, praticando os atos necessários para o seu regular funcionamento.

Gerente é o empregado com funções de chefia, encarregado da organização do trabalho num certo estabelecimento. É o preposto permanente na sede da sociedade, em sucursal, filial ou agência, autorizado, quando a lei não exigir poderes especiais, a praticar todos os atos necessários ao exercício dos poderes que lhe foram outorgados (art. 1.172 e seguintes do Código Civil).

Representante é a pessoa física ou jurídica que, em função de um contrato mercantil, obriga-se a obter pedidos de compra e venda de mercadorias fabricadas ou comercializadas pelo representado, não tendo poderes para concluir a negociação em nome do representado. Não possui vínculo empregatício, e sua subordinação tem caráter empresarial, cingindo-se à organização do exercício da atividade econômica.

Na representação comercial, o representante desempenha, em caráter não eventual, por conta de uma ou mais pessoas, a intermediação para a realização de negócios mercantis, agenciando propostas ou pedidos para transmiti-los aos representados, praticando ou não atos relacionados com a execução dos negócios.

Finalmente, *pessoas jurídicas de direito privado* são entidades às que a lei confere personalidade, direitos e obrigações, e que detêm personalidade diversa dos indivíduos que as compõem. O ato de constituição deve ser levado a registro para que comece, então, a existência legal da pessoa jurídica (art. 45 do Código Civil). Seus representantes poderão, em função do inciso III do art. 135 do CTN, ser pessoalmente responsabilizados por débitos fiscais.

As pessoas acima definidas serão tratadas simplesmente de *administradores* - ou seja, a pessoa física que, segundo os poderes que lhe são outorgados pela pessoa jurídica, pratica atos de gestão – já que independentemente de suas qualificações (mandatários, empregados, diretores), deverão estar gerindo a sociedade de forma permanente ou ocasional, para que possam ser responsabilizadas.

São os administradores que contratam pessoal, fornecedores e prestadores de serviços, cuidam das contas a pagar e a receber, representam a empresa junto à Administração Pública, alienam bens, tomam decisões, enfim, praticam todos os atos necessários ao exercício dos poderes que lhe foram outorgados.

Com o Código Civil de 2002, deixaram de existir as figuras de sócio-gerente e gerente-delegado. A partir de então, temos administradores sócios que, além de administrar, participam do capital da sociedade, e administradores não sócios, que são os nomeados tão somente para gerir os negócios sociais, sem que possuam quotas da sociedade.

Nas sociedades anônimas, o administrador poderá tanto ser o membro participante da Diretoria, como do Conselho de Administração. Dentre os requisitos para o exercício do cargo, temos a obrigatoriedade de que o membro seja pessoa natural e residente no Brasil. No que diz respeito às comanditas por ações, o administrador deverá ser necessariamente um dos acionistas, eleito pelos demais que representem no mínimo 2/3 do capital.

Por fim, ao tratar da administração das sociedades simples, o art. 1.011, *caput*, do Código Civil determinou que "O administrador da sociedade deverá ter, no exercício de suas funções, o cuidado e a diligência que todo homem ativo e probo costuma empregar na administração de seus próprios negócios." Essa disposição é aplicável a todos os demais tipos de sociedade.

O conceito de homem probo é altamente subjetivo, da mesma forma que o cuidado e a diligência que cada pessoa costuma empregar na condução de seus próprios negócios são relativos. Alguns provavelmente serão mais cuidadosos, conservadores e diligentes do que outros, variando de acordo com a formação e os valores de cada indivíduo. Como seria possível, então, estabelecer um critério apto a fixar o mínimo de cautela e diligência necessário ao exercício da administração?

O ordenamento jurídico prevê alguns parâmetros, sem que devamos nos esquecer de que a avaliação da conduta do administrador deva também ser realizada diante de cada caso concreto. Em que pesem algumas dessas obrigações referirem-se a sociedades específicas, consideramos que, sempre que possível, elas devem ser tomadas como referência para todas.

Trazemos abaixo as principais obrigações pertinentes ao cargo de administrador, previstas no Código Civil:

1) Prestação de contas e informações aos sócios sempre que solicitado e, anualmente, em reunião especialmente convocada para esse fim, apresentação das demonstrações financeiras (balanço patrimonial e resultado econômico), e outros documentos que, de acordo com o contrato social, requeiram aprovação dos sócios (arts. 1.020, 1.021 e 1.078, I);

2) Convocação da reunião de sócios para que eles possam deliberar sobre assuntos de interesse relevante para a sociedade, principalmente sobre as seguintes matérias: modificação do contrato social (capital social, entrada e saída de sócios, remuneração dos administradores, cessão de quotas, destinação de lucros e reservas etc.), incorporação, fusão, dissolução ou interrupção do estado de liquidação, aprovação de contas, nomeação, destituição de administradores, análise e julgamento das contas do liquidante (art. 1.072);

3) Execução das decisões dos sócios com o cuidado e a diligência que seriam empregados se o negócio fosse do próprio administrador, tendo esta obrigação o condão de garantir que o administrador atuará com cautela na condução de suas atividades e nas contratações realizadas em nome da sociedade (art. 1.011);

4) Não aplicação, sem o consentimento por escrito dos sócios, de créditos e bens da sociedade em proveito próprio ou de terceiros, mas única e exclusivamente em proveito da sociedade (art. 1.017);

5) Submissão aos sócios de eventuais divergências existentes entre os membros da administração, que tenham por objeto operação a ser realizada pela sociedade, cabendo aos sócios, por maioria de votos, decidir o rumo a ser adotado (art. 1.013, parágrafo 1º);

6) Representação e prática de todos os atos pertinentes à gestão da sociedade, se o contrato social não previr os limites de suas atribuições (art. 1.015, primeira parte); e

7) Atuação de acordo com a maioria, bem como em estrita observância ao objeto social da sociedade (art. 1.013, § 2º).

5.10.2 Elemento fático: condutas que geram a responsabilidade pessoal

Passemos à análise das condutas típicas previstas no art. 135 do CTN.

5.10.2.1 Excesso de poderes

O administrador deve sempre agir com cuidado, diligência e probidade, qualidades que se espera de qualquer ser humano, em todas as suas atividades. Deve zelar pelos interesses e pela finalidade da sociedade, ao mesmo tempo em que preserva o bem público e a função social.

A finalidade da sociedade é alcançada mediante o cumprimento de seu objetivo social, definido no estatuto ou no contrato social. Quando o administrador pratica qualquer ato dentro dos limites estabelecidos, pratica ato da pessoa jurídica, e não seu.

Por outro lado, quando o administrador, investido dos poderes de gestão da sociedade, vier a praticar algum ato, ainda que em nome dessa mesma sociedade, mas extrapolando os limites contidos nos contratos sociais, terá cometido ato com excesso de poderes.

No caso, não existe um dispositivo expresso determinando qual é a conduta a ser praticada, mas o sujeito tem conhecimento de que não está autorizado a fazê-la da forma pretendida, como, por exemplo, o sócio de sociedade exclusivamente comercial que decide passar a prestar serviços, e o diretor de recursos humanos que decide fechar negócios não autorizados pelo contrato social. Em ambos os casos, faz-se necessário que o fato seja doloso, e não meramente culposo.

Observe-se que o fato deverá tipificar-se como "além do autorizado", e não contrário a alguma disposição expressa, conduta que, não obstante também seja ilícita, caracteriza-se como infração de lei ou do contrato social/estatuto.

Ademais, o excesso de poderes de que trata a lei não se confunde com a impossibilidade de o administrador praticar todo e qualquer ato não expressamente permitido. Prova disso é que o art. 1.015 do Código Civil autoriza que sejam praticados todos os atos pertinentes à gestão da sociedade, sempre que o contrato da sociedade silenciar.

O excesso restará configurado, então, se for alheio aos fins da sociedade. Some-se a isso, a necessidade desse ato provocar consequências fiscais típicas (nascimento de relações jurídicas tributárias).

5.10.2.2 Infração do contrato social ou do estatuto

A infração do contrato social ou do estatuto constituiu-se no desrespeito a uma disposição expressa constante desses instrumentos societários, e que tem por consequência o nascimento da relação jurídica tributária.

É o que ocorre no caso da alienação desautorizada de ativo fixo da sociedade, ou eventualmente na modificação do contrato social sem o consentimento de todos os sócios, e que tenham por objeto alguma das matérias indicadas no art. 997 do Código Civil como passíveis de gerar consequências fiscais (objeto da sociedade, participação de cada sócio nos lucros e nas perdas etc.).

O autor do ilícito, nessas situações, conhece o seu dever, mas deixa de cumpri-lo em que pese ser evitável essa situação.

5.10.2.3 Infração de lei

Infração de lei, numa primeira interpretação, é qualquer conduta contrária à norma, já que as leis existem para serem cumpridas. Assim, responderiam os administradores por todo e qualquer ato contrário à legislação.[66]

Essa interpretação não nos parece a mais adequada, pois se incompatibiliza com a separação da personalidade jurídica e da personalidade das pessoas físicas que lhe são sócias.

Se qualquer infração à lei gerasse a responsabilidade pessoal do administrador, os sócios seriam sempre responsáveis pelas dívidas da sociedade, oriundas tanto de relações de direito público, como de direito privado. Teríamos, então, o fim da separação e da autonomia da personalidade jurídica, desprezando-se o fato de que a sociedade há de se responsabilizar pelos seus atos.

Mas, então, qual lei não poderia ser violada, para os fins do art. 135 do CTN? Entendemos ser *toda proposição prescritiva vinculada ao exercício da administração*, cujo desrespeito implique a ocorrência dos fatos jurídicos tributários.

---

66. Helena Marques Junqueira (*A responsabilidade tributária dos sócios e administradores da pessoa jurídica*, p. 126) entendeu, por exemplo: "A lei que não deve ser infringida é qualquer lei.", acrescentando, na página seguinte, que referida afirmação é limitada aos atos e fatos que envolvam a obrigação tributária, que estejam relacionados com a ocorrência do fato jurídico tributário.

125

Nesse sentido, é a lei que rege as ações da pessoa jurídica e que, de alguma forma, interaja com o ilícito praticado. Poderá ser a lei comercial, civil, financeira, desde que se relacione a uma conduta passível de ser praticada pelo administrador, conduta essa que, por sua vez, há de se relacionar com o fato que implicará a obrigação tributária.

Exemplificando, temos a importação de mercadoria com classificação fiscal errada e mais vantajosa financeiramente, a prestação de serviços sem prévia autorização de funcionamento pelo órgão regulamentador e a prática fraudulenta de atos do comércio em geral.

Seja qual for a infração, o ilícito foi tipificado a partir do descumprimento de lei que obrigatoriamente gerou efeitos fiscais típicos, já que estamos tratando de responsabilidade do administrador pelo adimplemento de obrigações tributárias, e não por obrigações de outras naturezas.

5.10.2.3.a Falta de pagamento de tributo: infração de lei, para os fins do art. 135 do CTN?

Uma das questões que mais se discutiu no passado é se a falta de pagamento de tributo constituía-se em "infração de lei" para os fins do art. 135 do CTN. Com o advento da Súmula 430 do STJ, segundo a qual "O inadimplemento da obrigação tributária pela sociedade não gera, por si só, a responsabilidade solidária do sócio-gerente.", a questão encontra-se superada.

De fato, a inadimplência não gera a responsabilidade pessoal do administrador sempre que a infração for restrita *ao inadimplemento*, e não a este fato somado ao excesso de poderes ou infração de lei, contrato social ou estatuto. Vejamos os motivos que fundamentam nossa posição.

Primeiro motivo: a falta de pagamento de tributo não foi tipificada pela legislação como fato jurídico suficiente ao desencadeamento da relação jurídica sancionadora, que prevê o administrador como responsável tributário. Tanto o art. 135

do CTN, quanto a legislação ordinária, não prescrevem que a ausência do pagamento gera a responsabilidade.

O princípio da estrita legalidade não autoriza a interpretação de que os sócios devam ser acionados para responder pela dívida fiscal sempre que houver inadimplência por parte da pessoa jurídica. O direito à propriedade e à liberdade não podem ser excepcionados de forma que aquele que não praticou o fato jurídico, e nem um fato ilícito passível de repreensão, deva pagar tributos por conta de fatos-signos presuntivos de riqueza praticados por outrem. A cobrança é confiscatória.

Segundo motivo: a redação legal é clara no sentido de que o administrador será responsável pelo pagamento do tributo toda vez que o crédito tributário corresponder a obrigações *resultantes* de atos praticados com excesso de poderes, infração à lei, contrato social ou estatuto. Por isso, a infração de lei *não se refere* ao inadimplemento da obrigação, e *sim à prática de atos jurídicos ilícitos prévios*.

Assim, a infração deve ser identificada em momento anterior ao inadimplemento da obrigação, pois se refere às circunstâncias relacionadas à prática do evento descrito no fato jurídico, e não à satisfação do crédito.

Essa diferença é primordial, e afasta por completo a responsabilidade pessoal do administrador quando a sociedade estiver inadimplente e as demais condições previstas no art. 135 do CTN não tiverem sido preenchidas.

Terceiro motivo: é basilar que a obrigação de entregar dinheiro aos cofres públicos, a título de tributo, é da sociedade, que foi quem praticou o fato jurídico tributário. A inadimplência, independente de algum outro ato capaz de, por si só, gerar a responsabilidade, provoca apenas a obrigação do contribuinte de pagar o tributo, acrescido das penalidades moratórias, mas não a responsabilidade tributária.

Portanto, constatada a ausência do pagamento, dar-se-á o nascimento da relação jurídica sancionadora, estabelecida entre o contribuinte e o Fisco, e que tem por objeto a cobrança de tributo somado aos juros legais e à multa moratória ou de ofício, conforme o caso.

Assim, por todas essas razões, entendemos que a falta de pagamento de tributo não é "infração de lei" para os fins do art. 135 do CTN.

5.10.2.4 Dissolução irregular da sociedade empresária

Segundo decidido pela Primeira Seção do STJ nos Embargos de Divergência em REsp nº 716.412/PR, a dissolução irregular é hipótese de infração à lei, prevista no art. 135 do CTN. E nos termos da Súmula 435 deste mesmo Tribunal, "Presume-se dissolvida irregularmente a empresa que deixar de funcionar no seu domicílio fiscal, sem comunicação aos órgãos competentes, legitimando o redirecionamento da execução fiscal para o sócio-gerente."

Trata-se de presunção relativa de dissolução, o que significa que ela pode ser desconstituída mediante a indicação do correto endereço do devedor.

A rigor, a responsabilidade do administrador fundada na dissolução irregular deveria buscar fundamento de validade no art. 137 do CTN, hipótese em que o dolo ocorre *posteriormente* à prática do fato jurídico tributário, e com ele não se relaciona. É assim que dispõe o *caput* do art. 135 do CTN, ao prescrever que o ilícito resulta na obrigação tributária.

Entretanto, com o julgamento do recurso acima referido, foi decidido que o art. 135 do CTN autoriza o redirecionamento da execução fiscal na hipótese de dissolução, sem que o "resulta" tenha sido enfrentado. O Tribunal não enfrentou a questão temporal e nem o nexo de causalidade entre o ilícito e o fato gerador da infração (relação de implicação), para após essa análise declarar a irrelevância do "resulta" e concluir que a dissolução irregular enquadra-se na violação de lei prevista no art. 135. Portanto, a menos que no futuro o Tribunal reabra a discussão com essa perspectiva, a questão encontra-se superada.

Já no que diz respeito às provas da dissolução, o STJ entende que a certidão do oficial de justiça é apta a atestar a não localização de empresa executada em endereço cadastrado junto à Autoridade Fiscal (REsp 800.039/SP), embora essa prova não seja exclusiva, conforme explicitado no AgRg no REsp 1527224/SC, relatado pela Ministra Assusete Magalhaes:

> III. A jurisprudência deste STJ não vincula, necessariamente, a prova indiciária da dissolução irregular da sociedade à existência de certidão, lavrada pelo Oficial de Justiça, atestando a cessação de funcionamento da empresa no endereço constante de seus registros fiscais ou comerciais. Deveras, a correta compreensão da orientação adotada neste STJ é de que, uma vez presente a certidão do Oficial de Justiça, a atestar o encerramento das atividades da sociedade, tem-se por provada, ao menos num primeiro momento, a dissolução irregular da empresa. A inversão do silogismo não se segue. Vale dizer, acaso inexistente a referida certidão, não decorre, necessariamente, a ausência de prova do encerramento irregular da empresa.

Finalmente, é necessário definir qual pessoa seria a responsável no caso da dissolução: o sócio da época do fato gerador (infração vinculada ao não pagamento do tributo), ou o da dissolução propriamente dita.

Não temos dúvidas em afirmar ser tão somente o responsável pela dissolução irregular, já que foi *este ilícito* que autorizou o redirecionamento (deixar de funcionar no seu domicílio fiscal, sem comunicação aos órgãos competentes). E se esse foi o ilícito, e a responsabilidade não pode ultrapassar a pessoa do infrator (art. 5º, XLV, da CF), não há como validamente sustentar que o sócio/administrador que se relacionar tão somente com a inadimplência possa ser corresponsabilizado pela dissolução irregular.

Em que pese o exposto, não há consenso sobre o tema, sendo inúmeros os casos questionados na Justiça. Oportunamente a Primeira Seção do STJ decidirá, sob o rito dos recursos repetitivos, de que forma pode ser redirecionada a execução fiscal (REsp 1645333 - Tema 981). Confira-se:

À luz do art. 135, III, do Código Tributário Nacional (CTN), o pedido de redirecionamento da execução fiscal, quando fundado na hipótese de dissolução irregular da sociedade empresária executada ou de presunção de sua ocorrência (Súmula 435/STJ), pode ser autorizado contra: (i) o sócio com poderes de administração da sociedade na data em que configurada a sua dissolução irregular ou a presunção de sua ocorrência (Súmula 435/STJ), e que, concomitantemente, tenha exercido poderes de gerência na data em que ocorrido o fato gerador da obrigação tributária não adimplida; ou (ii) o sócio com poderes de administração da sociedade na data em que configurada a sua dissolução irregular ou a presunção de sua ocorrência (Súmula 435/STJ), ainda que não tenha exercido poderes de gerência na data em que ocorrido o fato gerador do tributo não adimplido.

Considerando a premissa acima exposta – de que a pessoa responsável deve ser aquela que se vincula ao ilícito que autoriza o redirecionamento – parece-nos que a decisão correta aponta para o item "ii" acima destacado, ou seja, o redirecionamento pode ser autorizado somente contra *o sócio com poderes de administração da sociedade na data em que configurada a sua dissolução irregular ou a presunção de sua ocorrência*.

E nesse sentido, se o sócio se retirar em data anterior ao encerramento irregular da sociedade, não poderá suportar as dívidas fiscais assumidas sem dolo do administrador, ainda que contraídas no período em que participava da administração da empresa. A única possibilidade de corresponsabilizá-lo seria provando que a saída não ocorreu de fato, e teria sido simulada visando justamente a impedir a incidência da norma de responsabilidade tributária.

5.11 A importância das provas para o reconhecimento da responsabilidade pessoal do administrador

A prática de pelo menos uma das condutas tipificadas segundo os termos do art. 135 do CTN (como também do 134) é pressuposto à responsabilidade do terceiro. Por isso, a prova da infração, e do *nexo causal* da participação do administrador, omissiva ou comissiva, mas consciente, na configuração do ato ilícito, parece-nos fundamental para legitimar a cobrança.

É nessa linha, inclusive, o entendimento da Receita Federal do Brasil, manifestado no Parecer Normativo COSIT/RFB nº 04/2018,[67] e que embora tenha por objeto a solidariedade de grupos econômicos, toma como premissa a imprescindibilidade da prova e a necessidade de se demonstrar de maneira detalhada a conduta de cada participante.

A prova manifesta-se sempre por meio da linguagem. Se é assim, e se admitirmos como verdadeira a premissa de que a linguagem é um objeto cultural, criada pelo homem e, por isso, necessariamente impregnada de valor, não poderíamos deixar de reconhecer a influência dos valores na teoria das provas.

As regras de experiência são instrumentos de que o conhecimento humano dispõe para a valoração das coisas, atos e sujeitos. O valor está no ser, e não nos objetos, razão pela qual a valoração das provas varia muito de acordo com a experiência do intérprete, que constrói a significação do fato segundo suas referências. Isso explica a razão pela qual, para um mesmo fato, possa existir mais de um juízo válido, sem que isso afete a validade da prova.

O sistema de valoração de provas adotado pelo nosso sistema é o do *livre convencimento motivado*, não admitindo arbitrariedade na produção da prova e na sua apreciação. Pressupõe, também, razoabilidade entre o conteúdo das provas e a conclusão obtida a partir delas.

O Fisco tem de provar, primeiramente, a autoria da infração, a partir da premissa de que o infrator não é apenas aquele que praticou materialmente o fato, mas também os que com ele colaboraram (partícipes) e os que determinaram a execução da conduta (mandantes).

---

67. "Não é qualquer ilícito que pode ensejar a responsabilidade solidária. Ela deve conter um elemento doloso [...], uma vez que o interesse comum na situação que constitua o fato gerador surge exatamente na participação ativa e consciente de ilícito com esse objetivo."

Assim, não basta indicar o nome de todos os sócios constantes do contrato social, imperioso que se *individualize* o autor do ato infracional, demonstrando ao menos qual sócio geria a sociedade, e decidia pela prática dos negócios empresariais tipificados como fatos jurídicos tributários (ou que, de alguma forma, pudessem resultar em obrigações tributárias).

Deverá demonstrar, ademais, que nenhuma outra pessoa possuía os mesmos poderes. Se a responsabilidade for compartilhada, a fiscalização deverá indicar quem foi o agente, e apenas na hipótese dessa demonstração não ser possível é que todas as pessoas autorizadas a gerir a sociedade deverão ser solidariamente envolvidas, apurando-se posteriormente a autoria.

Toda essa linguagem é fundamental, pois a responsabilidade pessoal não pode ultrapassar a pessoa do infrator. Insistimos no raciocínio que vimos desenvolvendo: a pessoa física não pode ser responsabilizada nos termos do art. 135 do CTN simplesmente porque é sócia ou administradora, deverá ser plenamente comprovada sua autoria na prática do ato que lhe está sendo imputado, ou ao menos sua decisão pela prática do ato.

5.11.1 A utilização das provas diretas e das presunções legais para a caracterização da responsabilidade de terceiros

Admite-se, para a comprovação da prática do fato culposo ou doloso, tanto as provas diretas como as indiretas.

Quando tratamos de presunções, referimo-nos à prova indiciária, espécie de prova indireta que visa a demonstrar, a partir da comprovação da ocorrência de fatos secundários, indiciários, a existência ou a inexistência do fato principal. Para que ela exista, faz-se necessária a presença de indícios, a combinação deles, a realização de inferências indiciárias e, finalmente, a conclusão dessas inferências.

Indício é todo vestígio, indicação, sinal, circunstância e fato conhecido apto a nos levar, por meio do raciocínio indutivo, ao conhecimento de outro fato, não conhecido diretamente. É, segundo Pontes de Miranda,[68] "o fato ou parte do fato certo, que se liga a outro fato que se tem de provar, ou a fato que, provado, dá ao indício valor relevante na convicção do juiz, como homem."

É a comprovação indireta que distingue a presunção dos demais meios de prova, e não o conhecimento ou não do evento. Com isso, não se trata de considerar que a prova direta veicula um fato conhecido, ao passo que a presunção veicula um fato meramente presumido. Conhecido o fato sempre é, pois detém referência objetiva de tempo e de espaço; conhecido juridicamente, também, é o evento nele descrito. Por outro lado, da perspectiva fática, o evento, em que pese ser provável, é sempre presumido.

Com base nessas premissas, entendemos que as presunções nada "presumem" juridicamente, mas prescrevem o reconhecimento jurídico de um fato provado de forma indireta. Faticamente, tanto elas quanto as provas diretas (perícias, documentos, depoimentos pessoais etc.) apenas "presumem".

Só a manifestação do evento é atingida pelo direito e, portanto, o real não há como ser alcançado de forma objetiva: independentemente da prova ser direta ou indireta, o fato que se quer provar será ao máximo juridicamente certo e fenomenicamente provável. É a realidade impondo limites ao conhecimento jurídico.

Considerando todo o exposto, a utilização das presunções é constitucional para os fins de estabelecer a responsabilidade pessoal do administrador?

Tratando-se de responsabilidade de terceiros, somos do entendimento de que a regra que contém uma presunção legal relativa será constitucional e legal se (i) o ilícito for tipificado segundo os termos do art. 135 do CTN; (ii) inexistirem provas em sentido contrário e (iii) todas as condições para admissibilidade das presunções tiverem sido cumpridas (observância

---

68. *Comentários ao Código de Processo Civil*, p. 421.

dos princípios da segurança jurídica, legalidade, tipicidade, igualdade, razoabilidade, e ampla defesa, bem como a subsidiariedade na aplicação da regra e que os indícios da prática do ilícito sejam graves, precisos e concordantes).

5.12 Possibilidade de exigência das multas moratória e punitiva

No que diz respeito às multas, o art. 135 do CTN autoriza a cobrança de todos os acréscimos legais, de forma que o administrador deverá arcar, inclusive, com as multas punitivas. Tal conclusão apoia-se no próprio *caput* do enunciado em análise, que faz referência à responsabilidade pelos "créditos tributários", sem qualquer delimitação expressa às multas moratórias.

5.13 Responsabilidade de terceiros e legitimidade ativa na restituição do indébito

Considerando que, na responsabilidade tributária do administrador, o sujeito que pratica o evento descrito no fato jurídico não integra a relação jurídica tributária, a pergunta que ora se coloca é a seguinte: caso tenha havido pagamento indevido (a maior, com base em lei inconstitucional etc.), a quem assiste o direito subjetivo de pleitear a restituição? Ao responsável, que efetuou o pagamento, ou ao realizador do evento?

Se o sujeito ativo da devolução é a pessoa que realizou o evento do pagamento indevido, não temos dúvida em afirmar que caberá ao administrador requerer a devolução.[69] No entanto, se o realizador do fato jurídico for acionado para pagar e o fizer, somente à sociedade caberá pleitear a devolução.

---

69. Por isso é que Marcelo Forte de Cerqueira (*Repetição*, cit., p. 376) concluiu: "a titularidade do direito à devolução não está, necessariamente, vinculada à realização do evento imponível."

Capítulo VI
RESPONSABILIDADE POR INFRAÇÕES

6.1 Introdução

Responsável, no que tange os arts. 136 e 137 do CTN, é qualquer pessoa que, por ter praticado uma infração, deve submeter-se às consequências sancionatórias previstas em lei.

Pode ser o contribuinte, o responsável, um terceiro a ele relacionado, o sujeito obrigado apenas a cumprir com um dever instrumental, enfim, qualquer pessoa que pratique o fato tipificado segundo esses dispositivos legais, não sendo necessária a condição prévia de administrador (sócio ou acionista, ou não).

Ademais, entendemos que os artigos que compõem a responsabilidade por infrações aplicam-se tanto ao crédito tributário quanto às multas decorrentes do descumprimento das obrigações e deveres fiscais, conclusão que nos leva a afastar o entendimento de que o art. 135 do CTN trata de tributos, enquanto os arts. 136 e 137, das sanções tributárias.

6.2 Art. 136 do CTN

O art. 136 estabelece, *in verbis*:

> Art. 136. Salvo disposição de lei em contrário, a responsabilidade por infrações da legislação tributária independe da intenção do

agente ou do responsável e da efetividade, natureza e extensão dos efeitos do ato.

Nos termos desse artigo, a regra geral é de que a responsabilidade por infrações tributárias *independe* da intenção do agente (executor material da infração) ou do responsável, bem como do dano provocado pela conduta.

Por isso, a infração fiscal é objetiva, configurando-se pelo mero descumprimento dos deveres tributários de fazer e não fazer e da obrigação de dar, todos previstos na legislação. O dolo e a culpa, certamente, são prescindíveis.

Pretende-se com isso evitar que o acusado alegue que não tinha condições financeiras para adimplir a obrigação, ignorava a lei ou desconhecia a qualificação jurídica dos fatos, tendo praticado a infração sem qualquer intenção de lesar o Fisco.

Primeiro, temos que a tributação incide sobre fatos jurídicos reveladores de riqueza. A capacidade econômica do realizador do fato, para quitar a dívida, é tida por irrelevante para fins fiscais. Não fosse assim, bastasse a comprovação da dificuldade financeira para que as regras de remissão e anistia devessem ser aplicadas.

Ademais, para que os imperativos legais efetivamente sejam dotados de força coercitiva, obrigando, proibindo ou permitindo a realização ou a omissão de certas condutas, os sujeitos não poderiam alegar o desconhecimento da lei. Por isso, a tutela de um interesse público altamente relevante — a preservação do sistema jurídico — requer que o direito prescreva como realidade jurídica o conhecimento das leis por todos os cidadãos.

Entendemos que tal dispositivo legal é regra de ficção jurídica. As leis não são conhecidas por todos, pois, diante da complexidade do ordenamento jurídico (decorrente do elevado número de veículos introdutores de normas publicados regularmente no Brasil, da interpretação sistemática que o ordenamento requer, e da incapacidade de grande parte da população em compreender o significado das leis), sabe-se que, ordinariamente, as pessoas ignoram muitas das normas existentes. Essa ficção, entretanto, não nos parece inconstitucional, pois preserva a estabilidade do sistema e não tem o condão de criar obrigações tributárias.

Portanto, a ausência de intenção do agente não gera a sua impunibilidade.

Ocorre que, nem por isso, a responsabilidade fiscal é objetiva, pois *somente o animus é prescindível*, não um comportamento que revele ao menos imperícia, negligência ou imprudência. Infração objetiva, responsabilidade subjetiva.

Como vimos no capítulo anterior, é inerente à responsabilidade tributária a noção de culpa ou dolo, pois ainda que o indivíduo não atue com consciência e vontade de um específico resultado, a infração decorre pelo menos da culpa (art. 134 do CTN), incluindo-se nessa regra as espécies *in vigilando* e *in eligendo*.

Não há que se entender, ademais, que as infrações referidas no art. 136 são apenas as de natureza penal. O enunciado não define as infrações por ele regulamentadas, nem apresenta qualquer tipo de restrição quanto à sua aplicabilidade, razão pela qual consideramos que ele se refere a toda e qualquer infração tributária, seja de cunho administrativo-tributário, seja eminentemente penal.

Ademais, a regra geral é também a de que a responsabilidade independe da efetividade, natureza ou efeito do ato ilícito. Assim, tendo havido contraposição à ordem jurídica vigente, o sujeito há de ser responsabilizado.

Considere-se, nesse ponto, que a efetividade mencionada no enunciado não significa a existência do ato – que deverá ter existido, pois o direito tributário não tipifica a mera tentativa – mas sim o resultado danoso.

Por fim, o enunciado prevê a possibilidade de exceção à regra geral nele veiculada. Isso significa que, nas situações em que a lei expressamente dispuser em sentido contrário, a intenção, a efetividade, a natureza e a extensão deverão ser consideradas para tipificar o fato, agravar a penalidade ou afastar tratamento benéfico porventura aplicável. Como

exemplos, citamos os seguintes arts. do CTN: 106, II, *b;* 150, §
4º, parte final e 180, I e II.

6.3 Art. 137 do CTN

A responsabilidade por infrações fundada no art. 137 do
CTN exige a constatação da conduta dolosa por parte do infrator. Vejamos a prescrição legal, *in verbis*:

> Art. 137. A responsabilidade é pessoal do agente:
>
> I – quanto às infrações conceituadas por lei como crimes ou contravenções, salvo quando praticadas no exercício regular de administração, mandato, função, cargo ou emprego, ou no cumprimento de ordem expressa emitida por quem de direito;
>
> II – quanto às infrações em cuja definição o dolo específico do agente seja elementar;
>
> III – quanto às infrações que decorram direta e exclusivamente de dolo específico:
>
> a) das pessoas referidas no art. 134, contra aquelas por quem respondem;
>
> b) dos mandatários, prepostos ou empregados, contra seus mandantes, preponentes ou empregadores;
>
> c) dos diretores, gerentes ou representantes de pessoas jurídicas de direito privado, contra estas.

A responsabilidade prevista no enunciado acima aplica-se tanto para o crédito tributário, quanto para as infrações a ele vinculadas, como por exemplo as indicadas na Lei 8.137/90, que prevê penas pecuniárias e de detenção e reclusão do agente.

É possível afirmar que são raros os casos de aplicação do art. 137 do CTN, sem que exista um motivo aparente para tanto. E apesar de entendermos que essa norma é o adequado fundamento de validade para autorizar a responsabilidade do sócio nos casos em que a obrigação tributária não decorre do ilícito – como na dissolução irregular – em função da decisão do STJ nos Embargos de Divergência em REsp 716.412/PR, deixamos de defender esse enquadramento. Para a jurisprudência, trata-se de hipótese de infração de lei, contemplada no art. 135 do CTN.

6.3.1 Art. 137, I, do CTN

A autoria das infrações descritas no art. 137 é do agente, entendido tanto como o executor material de uma infração, quanto como qualquer outra pessoa que tiver concorrido para a prática do delito, como partícipe ou mandante.

O inciso I faz referência à responsabilidade no caso de infrações conceituadas como crimes ou contravenções. São as infrações penais.

Crime é fato jurídico que viola um bem protegido penalmente, e que tem por sanção a imposição de pena. Somente o ato humano positivo (ação) ou negativo (omissão) pode ser crime.

Para que uma conduta seja considerada criminosa, é necessário que constitua um fato típico e antijurídico. Será fato típico quando a conduta estiver definida por lei como crime, segundo o princípio da reserva legal (Código Penal, art. 1º). E antijurídico quando o comportamento for contrário à ordem jurídica como um todo, pois, além das causas de exclusão expressas no Código Penal, há outras implícitas (denominadas de supralegais, que excluem a antijuridicidade ou a ilicitude).

Como exemplos de crimes tributários podemos citar o contrabando, a apropriação indébita e a sonegação fiscal.

A contravenção, por sua vez, também constitui fato jurídico violador de um bem protegido penalmente, e que contém, como sanção, a imposição de pena. Como a legislação penal não a diferencia do crime, a doutrina e a jurisprudência entendem que o marco diferenciador é a maior ou menor gravidade com que a lei trata tais condutas, denominando-se contravenções as mais leves, e crimes, as mais graves.[70]

Para a tipificação das condutas previstas no inciso I do art. 137 do CTN, exige-se apenas a presença do dolo genérico,

---

70. A diferença entre as penas não deve ser utilizada como critério suficiente, pois há crimes que podem ser punidos somente com pena de multa. A diferença relevante, assim, é da gravidade da conduta.

tendo em vista que a lei não disciplinou a necessidade do específico.

Nesse sentido, é irrelevante para o tipo penal o *animus* do agente em obter um determinado fim, pois o dado relevante é apenas o resultado produzido (teoria finalista). Podemos citar, como exemplo de dolo genérico, o inciso IV do art. 2º da Lei 8.137/90 ("deixar de aplicar, ou aplicar em desacordo com o estatuído, incentivo fiscal ou parcelas de imposto liberadas por órgão ou entidade de desenvolvimento; [...]").

O inciso I, ademais, excepciona as situações em que a infração, embora de natureza delituosa, tiver sido praticada no exercício regular de administração, mandato, função, cargo ou emprego, ou no cumprimento de ordem expressa emitida por quem de direito.

Deve-se levar em conta, na apreciação do caso, o elemento subjetivo e a consciência da antijuridicidade do ato. A consciência é elemento fundamental, já que, se o agente estiver apenas cumprindo a ordem, sem conhecimento de que seu ato seria manifestamente ilegal, não haverá de ser considerado culpado. É o que prescreve tanto o inciso em referência, como o art. 22 do Código Penal. Nesse caso, a responsabilidade deverá recair sobre o autor da coação ou da ordem.

Luciano da Silva Amaro[71] exemplifica o inciso I da seguinte forma. Alguém que tenha por atribuição emitir notas fiscais de venda, e que seja solicitado a fazê-lo em relação à determinada mercadoria, quando, na verdade, outra é a que está sendo vendida, não pode ser criminalmente responsabilizado (com base em lei que preveja como delito a emissão de nota com indicação de mercadoria diversa da que realmente esteja sendo fornecida), se não tiver conhecimento da divergência.

Se o agente ignora que a nota fiscal contém dados falsos, não se caracteriza o elemento subjetivo necessário à sanção penal, ou seja, embora ele queira o resultado material (emissão da nota), não tem consciência de que aquele ato é contrário

---

71. *Direito tributário*, cit., p. 422-423.

ao direito. A ilicitude do ato não está, portanto, conectada com o seu executor material, mas com a pessoa que, ciente do fato real, solicitou a emissão da nota com dados falsos.

Contrariamente, se o emitente da nota praticou o ato com conhecimento da ilicitude, a ressalva fica descaracterizada, pois não se poderá dizer que agiu no exercício regular de suas atribuições.

6.3.2 Incisos II e III do art. 137 do CTN: tipos penais ou administrativos-tributários?

Os incisos II e III tratam de *infrações* em que o *dolo específico* for elementar ou que decorram direta e exclusivamente dele.

Dolo específico, conforme já visto, é a prática de ilícito por agente que possuía a vontade de executar o ato, e de produzir um determinado resultado (ou ao menos assumia o risco de produzi-lo). Por isso, deve necessariamente existir uma finalidade especial do agente.

Sustenta-se que, nas situações contempladas nos incisos II e III do art. 137, não estaríamos tratando de crimes ou contravenções, mas sim de infrações administrativas, pois não fosse assim o CTN não teria se referido, no inciso I, às "infrações conceituadas por lei como crimes e contravenções", e nos demais incisos somente às "infrações".

Discordamos desse posicionamento por não vislumbrarmos a possibilidade de existência de dolo específico para condutas não tipificadas como crime ou contravenção.

Não há dúvida de que a interpretação literal do dispositivo induz a entendimentos equivocados, mas o erro não há de persistir. Infração, na doutrina contemporânea, é definida como gênero, em que o dolo é apenas uma de suas possíveis manifestações. Infração não significa ilícito não penal.

Portanto, as condutas típicas referidas nos incisos II e III do art. 137 também constituem crimes ou contravenções. Diferem-se do inciso I somente porque, neste último caso, o dolo exigido é o genérico.

6.3.3 Art. 137, II, do CTN

No inciso II, o dolo específico do agente é *elementar*. Isso significa que o dolo específico deve constar da norma geral e abstrata que prevê o tipo penal. O sujeito, nessa situação, não só pratica o crime, mas o pratica para um fim específico, sendo justamente essa finalidade que caracteriza a espécie de dolo ora tratada.

Como exemplo, temos o *caput* art. 2º e o inciso I, da Lei 8.137/90, que expressamente dispõem: "Constituiu crime da mesma natureza: I – fazer declaração falsa ou omitir declaração sobre rendas, bens ou fatos, ou empregar outra fraude, *para eximir-se, total ou parcialmente, de pagamento de tributo*; [...]". Note-se que a declaração falsa referida neste último exemplo não é fato jurídico suficiente para tipificar o tipo penal: para que haja a subsunção, o fato terá também que se caracterizar em função do fim previsto no enunciado, que é o de se eximir do pagamento do tributo.

Nesse sentido, se o sujeito tivesse omitido intencionalmente uma informação que estava obrigado a prestar ao Fisco, mas ainda assim sua omissão não houvesse gerado falta de pagamento de tributo, não haveria que se falar em crime contra a ordem tributária.

É por isso, por exemplo, que antes de a fiscalização lavrar auto de infração constituindo créditos de IRPJ e CSLL, ela deve atentar-se ao fato de o contribuinte ter incorrido ou não em prejuízo na época dos fatos jurídicos, pois, em hipótese positiva, a cobrança desses dois tributos, e o enquadramento penal, serão inválidos. Apenas no que diz respeito à Cofins e ao PIS, se exigíveis no caso, é que poderia ser alegado crime.

6.3.4 Art. 137, III, do CTN

O conteúdo do inciso III é controverso. A redação legal leva-nos a procurar uma distinção entre "infrações em cuja definição o dolo específico do agente seja elementar" (inciso

II), e "infrações que decorram direta e exclusivamente de dolo específico" (inciso III).

O que é *decorrer* de dolo específico? E qual o traço diferenciador entre essa conduta e a definida como dolo específico? Não sabemos. Nem nós e nem toda a doutrina e a jurisprudência pesquisadas. Parece-nos, pois, mais uma imprecisão legislativa, como outras constantes do CTN.[72]

Primeiramente, afastamos o entendimento de que, no inciso II, o dolo específico encontra-se previsto no tipo penal, ao passo que, no III, apenas o dolo genérico, mas que, ao analisar o fato ilícito (antecedente da norma individual e concreta), constatar-se-ia que a intenção do agente era a de obter um resultado determinado (portanto, dolo específico). O ato de aplicação da norma teria o condão de transformar o tipo penal.

Esse entendimento não se sustenta. Os tipos penais são fechados, e transformar um dolo genérico em específico viola, flagrantemente, a legalidade e a tipicidade (art. 5º, XXXIX, da Constituição), princípios informadores também do Direito Penal (para não dizer *sobretudo* do Direito Penal).

A única interpretação que nos parece viável é a de que *o tipo penal descrito nesse inciso é exatamente o mesmo do inciso anterior* (dolo específico), com a diferença que, no inciso III, é também *obrigatório tratar-se de crime próprio*, ou seja, aquele em que o agente deverá ter qualidades específicas para que a conduta possa ser exercida.

Assim, o pai que age intencionalmente contra o interesse do filho, o administrador que age contra o interesse da sociedade, o empregado que age contra o empregador, o representante de pessoa jurídica de direito privado que age contra ela etc.

Nesse sentido, as alíneas "a", "b" e "c" elencam duas classes de pessoas: o agente infrator e o terceiro que, além do Fisco, também foi vítima da infração.

---

72. Por exemplo, o art. 124 do CTN que, numa apressada análise, pode dar a entender que a necessidade de lei é apenas para o inciso II.

Portanto, para a tipificação da conduta no inciso III não é suficiente que se lese o Fisco mediante ato criminoso ou contravenção: imperioso que tal resultado seja atingido mediante a prática de um ato contrário ao interesse de um dos terceiros mencionados nas referidas alíneas desse inciso. Estando presente essa característica adicional, a tipificação da conduta deverá ser a do inciso III, e não a do inciso II.

6.4 O art. 137 do CTN e a mera ausência de pagamento de tributo: responsabilidade do administrador?

Ao analisarmos o art. 135 do CTN, concluímos que a responsabilidade pelo pagamento do crédito tributário é do administrador tão somente se este cometer infração na prática de um fato que resulte na obrigação tributária. Excluímos, naquela oportunidade, a inadimplência como fato jurídico suficiente à caracterização do ilícito descrito em lei, conclusão esta já solidificada na jurisprudência (Súmula 430 do STJ).

E quanto ao art. 137? Também entendemos que a mera ausência de pagamento de tributo *não é* fato típico suficiente para ensejar a responsabilidade pessoal do agente, já que a legislação não a descreveu, e nem poderia, como crime ou contravenção praticada mediante dolo genérico ou específico.

Expliquemos. O art. 137 não determinou quais os elementos característicos dos tipos penais lá descritos, restringindo-se a prescrever a necessidade de crime ou contravenção, e de dolo genérico ou específico. Por isso, a princípio qualquer conduta que obedeça a esses pressupostos é passível de constituir crime contra a ordem tributária.

Essa afirmação pode nos levar a concluir que, então, a mera inadimplência preencherá esses requisitos, se o legislador ordinário assim prever. Mas não é dessa forma que deve ser.

Não podemos nos esquecer de que, embora o parágrafo único do art. 18 do Código Penal determine que, salvo exceções legais, ninguém pode ser punido por fato previsto como crime, *senão quando o pratica dolosamente*, a exclusão à regra geral a que se refere a lei é excepcionalíssima, e não pode ser deliberadamente empregada, sob pena de violar direitos fundamentais da mais alta relevância, dentre eles o direito à honra (dignidade da pessoa, respeito, reputação) e à propriedade privada.

E então o que significa ter agido com dolo, para os fins do art. 137? Significa que o agente (i) tinha intenção em praticar a conduta típica e antijurídica; (ii) tinha poderes de decisão acerca do pagamento; (iii) poderia ter agido de forma diversa da que fez, já que existia numerário suficiente para tanto[73]; (iv) tinha poderes para evitar que os ilícitos envolvendo o cumprimento de deveres instrumentais fossem praticados; e (v) tinha ou não intenção de obter um fim específico com a prática do ilícito. Se o fim estiver previsto em lei, o dolo será específico, caso contrário, genérico.

Desprezar todos esses elementos, para considerar que a mera inadimplência é crime, viola o limite ontológico-semântico imposto pelo CTN. Se é necessário crime ou contravenção, então o dolo genérico ou o específico hão de estar presentes. Entendimento diverso infringe a estrita legalidade e a tipicidade.

É por isso que não temos críticas à Lei 8.137/90 que, em seus arts. 1º e 2º, descreve quais são as condutas que um agente deverá ter praticado para que o direito as considere criminosas, e, com isso, ocorra a responsabilidade pessoal pelo crédito tributário, nos termos do art. 137.

Dentre as inúmeras condutas descritas em lei, não há uma única sequer que considere a mera inadimplência como fato jurídico suficiente para a tipificação da conduta do agente. Todas pressupõem uma conduta dolosa, de forma que o sujeito intencionalmente pratica um fato ou se omite, para os fins de ocultar o fato jurídico ou somente o pagamento do tributo.

Como exemplos, podemos citar: omitir informação ou prestar declaração falsa à autoridade fazendária; fraudar a fiscalização tributária, inserindo elementos inexatos, ou

---

[73]. Pois, se não existisse, a conduta poderia ser tipificada como atípica, não configurando crime.

omitindo operação de qualquer natureza, em documento ou livro exigido pela lei fiscal; falsificar ou alterar nota fiscal, fatura, duplicata, nota de venda, ou qualquer outro documento relativo à operação tributável etc.

Verifica-se, também, que, salvo na hipótese dos incisos IV e V do art. 2º, o tipo penal é composto pela adição de dois elementos: o descumprimento de um dever instrumental, e a falta de pagamento do tributo.

Assim, para quase todas as hipóteses contempladas na Lei 8.137/90, o nascimento de uma relação jurídica sancionadora, que inclua o administrador no polo passivo, condiciona-se à comprovação da conduta dolosa que resulte na supressão ou redução do tributo devido. Nesse sentido, Misabel Derzi:[74]

> Quem quer que leia a Lei 8.137, de 1990, que define os crimes contra a ordem tributária, tem de se fazer – para conhecer os elementos, as características do conceito desse crime – duas perguntas fundamentais: primeiro, existe tributo a pagar ou tributo devido que é suprimido ou reduzido pelo contribuinte? Segunda pergunta necessária: o contribuinte usou de um meio fraudulento, de ludíbrio, de engodo, de documento falso, de escrituração falsa, de omissão, como meio necessário para obter esse resultado? E apenas se a resposta for positiva a essas duas indagações é que nós estaremos diante da possibilidade de um delito. Isto é fundamental, isto é prévio.

Do exposto, concluímos que o art. 137 do CTN não autoriza a tipificação da mera inadimplência como fato jurídico suficiente a promover de forma válida a responsabilidade pessoal do agente.

6.5 Resumo das similaridades e das diferenças entre os arts. 135 e 137 do CTN

Para finalizar, resumimos as similaridades e as diferenças entre os arts. 135 e 137 do CTN.

---

74. Cf. transcrição da mesa de debates ocorrida no IX Congresso Brasileiro do IDEPE, *Revista de Direito Tributário* nº 67, p. 185.

Dado o elevado número de similaridades apresentadas entre esses dois enunciados, diversas das características analisadas no Capítulo anterior aplicam-se também ao art. 137, inclusive a estrutura lógica da norma. E, para evitar a desnecessária repetição, optamos por apenas indicá-las abaixo, reportando-nos às razões já desenvolvidas anteriormente.

- *Similaridades entre os arts. 135 e 137 do CTN*

    1) Constituem-se em proposição prescritiva que prevê a responsabilidade pessoal do agente;

    2) Poderão ser responsabilizados o agente, o partícipe e o mandante;

    3) Desnecessidade de existência prévia da relação jurídica estabelecida entre o Fisco e o realizador do fato jurídico tributário;

    4) Requerem que aquele que alega a prática do ato ilícito prove sua alegação;

    5) Pressupõem o dolo;

    6) Tanto as provas diretas como as indiretas (presunções) são admitidas para a comprovação da conduta ilícita;

    7) A autoria do ato ilícito poderá ser desconstituída caso se prove a dissimulação desse fato;

    8) A mera falta de pagamento é fato insuficiente para gerar a responsabilidade;

    9) O responsável é obrigado a arcar com todo o crédito tributário, inclusive a multa;

    10) O responsável responsabiliza-se perante o Fisco mesmo quando o ilícito beneficiar a sociedade; e

    11) O responsável detém legitimidade ativa na restituição do indébito tributário.

- Diferenças existentes entre os arts. 135 e 137 do CTN

Art. 135 do CTN	Art. 137 do CTN
A infração *resulta* na obrigação tributária.	A infração não resulta na obrigação tributária, e pode ser anterior ou posterior a ela.
Aplica-se apenas às pessoas descritas nos incisos I a III do art. (sócios de sociedade em liquidação, mandatários, diretores de pessoas jurídicas de direito privado etc.)	Aplica-se a qualquer pessoa, sem que a lei tenha apontado de forma exaustiva os responsáveis. Engloba, portanto, os contribuintes, os responsáveis e outros terceiros que pratiquem as condutas descritas na lei.
Aplica-se tanto para as condutas tipificadas como crimes e contravenções, como para as que constituem ilícito administrativo-tributário.	Aplica-se exclusivamente para condutas tipificadas como crime e contravenções.
O ato ilícito do administrador não precisa ser prejudicial aos interesses da sociedade.	O ato ilícito do administrador precisa ser prejudicial aos interesses da sociedade no caso do inciso III, alínea c.

Capítulo VII
RESPONSABILIDADE TRIBUTÁRIA DOS ADMINISTRADORES: OUTRAS QUESTÕES RELEVANTES

7.1 Execução fiscal: o administrador como sujeito passivo e a necessidade da inclusão de seu nome na certidão de dívida ativa

Respeitadas as condições legais, o administrador pode ser material e processualmente responsabilizado pela dívida fiscal. Material, se for provada sua autoria na conduta praticada com dolo, segundo um dos tipos previstos no CTN, ou se o sujeito for sócio de sociedade de responsabilidade ilimitada, situação esta que será analisada no último capítulo deste trabalho. Processualmente, na medida em que o responsável poderá ser sujeito passivo de uma execução fiscal, conforme prevê o art. 779, inciso VI, do CPC, bem como o art. 4º da Lei 6.830/80 – LEF.

O que não se admite, por outro lado, é que exclusivamente pelo fato de ser sócio, acionista ou administrador de sociedade de responsabilidade limitada, a pessoa torne-se responsável pelo débito, sem qualquer prova de autoria da prática do ato ilícito.

Mas o que nos interessa, neste momento, é a sujeição passiva e o correto desenvolvimento da execução, ou seja, a aptidão do responsável tributário (administrador) de figurar validamente no polo passivo de um processo de execução fiscal. Interessa-nos, também, determinar se o nome do administrador deverá obrigatoriamente constar do título executivo extrajudicial que embasa a execução, para que o processo não seja, ao final, anulado.

Com base no disposto no art. 202 do CTN,[75] bem como no § 5º do art. 2º da Lei das Execuções Fiscais[76], o nome do *administrador deverá constar da certidão de dívida ativa, originalmente ou após o redirecionamento da execução fiscal*, pois um dos requisitos da CDA é a indicação precisa do devedor e dos corresponsáveis, sob pena, nos termos do art. 203 do CTN,[77] de nulidade da inscrição e da ação de cobrança dela decorrente.

Entretanto, a jurisprudência consolidou entendimento de que *não é* necessária a indicação do nome do responsável na CDA para que o mesmo responda pessoalmente pelo débito, uma vez que o redirecionamento da execução fiscal é possível nos casos em que ficar demonstrada a prática de ato eivado de excesso de poderes ou infração à lei, contrato social ou estatuto, ou de dissolução irregular da pessoa jurídica (REsp. 1.371.128/RS, julgado sob o regime dos recursos repetitivos), independentemente de o nome constar da CDA. A correta interpretação, parece-nos, é a de seu nome deve constar do título, ainda que não do originário.

---

75. "Art. 202. O termo de inscrição da dívida ativa, autenticado pela autoridade competente, indicará obrigatoriamente: I – o nome do devedor e, sendo caso, o dos corresponsáveis, bem como, sempre que possível, o domicílio ou a residência de um e de outros;"

76. "§ 5º O Termo de Inscrição de Dívida Ativa deverá conter: I – o nome do devedor, dos corresponsáveis e, sempre que conhecido, o domicílio ou residência de um ou de outros."

77. "Art. 203. A omissão de quaisquer dos requisitos previstos no artigo anterior ou o erro a eles relativo são causas de nulidade da inscrição e do processo de cobrança dela decorrente, mas a nulidade poderá ser sanada até a decisão de primeira instância, mediante substituição da certidão nula, devolvido ao sujeito passivo, acusado ou interessado, o prazo para defesa, que somente poderá versar sobre a parte modificada."

Ora, a legitimidade material passiva do administrador tem natureza jurídica diversa de sua condição de sujeito passivo na execução fiscal. A primeira requer, quando a responsabilidade não for por lei ilimitada em função da espécie de sociedade da qual o administrador é sócio, algum procedimento investigatório por parte do Fisco, a fim de apurar a autoria (ou indícios da autoria) do ato doloso caracterizado segundo um dos tipos previstos no art. 135 do CTN.

Já a sujeição passiva pressupõe apenas a citação do administrador para integrar a relação processual. Será ele, assim, parte passiva na execução fiscal ainda que ilegitimamente chamado para responder pela dívida. Legítimo processualmente, em que pese legítimo ou ilegítimo materialmente.

Tal entendimento não implica abandonar a premissa de que a legitimidade e a sujeição passiva devam coincidir, pois é recomendável que as posições de autor e de réu no processo sejam correlatas à relação jurídica de direito material a ser decidida pelo juiz. No entanto, o reconhecimento da condição de parte é alcançado sem que, necessariamente, reconheça-se a legitimidade material. Isso tanto é verdade que a falta dessa condição da ação só se constata se e quando o sujeito, tido por ilegítimo, figurar na relação jurídica processual.

Vale lembrar, além disso, que as alegações das partes só se comprovarão no decorrer no processo, com a submissão dos fatos à refutação e à apresentação de provas, a fim de que as alegações "inverídicas factualmente" não sejam recebidas pelo direito como verdadeiras. Se apenas durante o curso do processo é que o ordenamento jurídico permite a produção de provas constitutivas de direitos, é necessário reconhecer-se a capacidade processual para que as partes possam pleitear o que consideram legítimo, bem como possam apresentar defesa em contraposição a um interesse antagônico.

A circunstância de alguma das partes ser excluída da lide – o que é previsto em nosso sistema – reforça a ideia de que a legitimidade material e a sujeição passiva deveriam corresponder, mas não necessariamente o fazem.

Nosso entendimento não implica, além disso, concluir que o CTN trata somente da legitimidade, ao passo que o CPC e a LEF disciplinam apenas regras acerca de capacidade passiva, e por isso seria um erro utilizar a legislação processual para fundamentar a inconstitucionalidade da exigência do tributo em nome do responsável, quando seu nome não constar da CDA.

Realmente a legislação processual não é fundamento de validade da tipificação das condutas constantes do art. 135 do CTN, e não se presta a refutar o mérito da responsabilidade pessoal do administrador. Mas nem por isso o nome do responsável não necessita constar da CDA para que o processo de execução desenvolva-se validamente, e ao final obrigue o administrador a se sujeitar aos efeitos da coisa julgada. É a forma que a legislação prevê para a fruição de direitos e para a sujeição dos indivíduos às obrigações previstas em lei.

Diante do exposto, sintetizamos nossos argumentos da seguinte forma:

1) A certidão de dívida ativa é título executivo extrajudicial e, como tal, constituiu-se em condição ao exercício de ação, servindo para autorizá-la, para definir o fim a ser alcançado no processo executivo e para fixar seus limites;

2) Embora a maior parte dos dispositivos do CTN trate de direito material, o art. 202 disciplina os requisitos da certidão de dívida ativa, matéria, sem dúvida alguma, de cunho processual. Também o § 5º do art. 2º da LEF estabelece quais os dados que deverão constar da CDA, dentre eles a indicação do devedor e dos corresponsáveis;

3) O CTN e a LEF disciplinam os requisitos obrigatórios da certidão, ao passo que o art. 779 do CPC elenca os sujeitos que poderão figurar no polo passivo da execução;

4) A sujeição passiva é adquirida no momento da citação,[78] e independe da legitimidade material;

5) Os requisitos da CDA e a sujeição passiva são matérias diversas, mas nem por isso a opção do intérprete pelo CPC bastaria para resolver a questão objeto de nossa reflexão. Se a interpretação sistemática requer a análise de todos os enunciados que compõem o direito positivo para os fins de solucionar o conflito existente; se o CPC indica quem poderá ser sujeito passivo na execução; e se o CTN e a LEF prescrevem a necessidade da correta indicação na CDA dos devedores e responsáveis, conclui-se que, com base no CPC, o responsável poderá ser sujeito passivo independente de seu nome constar da CDA, mas, para que o mesmo submeta-se de forma legal aos efeitos da coisa julgada, deverão ser obedecidos os requisitos do CTN e da LEF;

6) A indicação do responsável na CDA não significa que ele seja definitivamente devedor, conclusão à que só será possível chegar ao final do processo. Nesse sentido, somente por meio dos embargos à execução fiscal é que a ilegitimidade material, ou a inexistência da própria dívida, poderão ser provadas. Portanto, há direito de ação sem direito material, que só será confirmado no curso do processo – ou seja, quando já se reconheceu a legitimidade processual; e

7) O art. 203 do CTN, que também trata de direito processual, impõe a nulidade da inscrição e do processo de cobrança se qualquer dos requisitos do art. 202 – no caso, a indicação do devedor e dos corresponsáveis

---

78. Não é admissível, no sistema constitucional brasileiro, a constrição de bens do responsável, se este não for citado para a execução (em que pese isso poder ocorrer – daí a necessidade dos embargos de terceiros). A citação é ato pelo qual se chama a juízo o réu ou o interessado a fim de se defender (art. 213 do CPC). Sem ela, o administrador estará arbitrariamente sendo envolvido na lide. Nesse sentido, vide AgI. 95.01.04380-0-BA, 3ª Turma do TRF da 1ª Região, Rel. Des. Cândido Ribeiro, *DJU* de 27.11.1998.

– não estiver presente, e a certidão não for substituída até decisão de primeira instância (neste caso, devolvendo-se ao executado o prazo para defesa da parte modificada).

Assim, o responsável tributário é sujeito passivo a partir da citação, independentemente de seu nome constar na certidão de dívida ativa. Entretanto, para que o processo desenvolva-se validamente, e não seja no futuro anulado, a CDA deverá obrigatoriamente indicar o nome do administrador (desde a distribuição da execução ou quando de sua substituição por outra que indique o nome do responsável).

A inobservância desse procedimento implica reconhecer a ilegalidade de todo o processo – por violação ao art. 202 do CTN e ao art. 2º, § 5º, da LEF, bem como sua inconstitucionalidade em face da violação ao devido processo legal.

A Primeira Seção do STJ firmou entendimento, em sede de recurso especial representativo de controvérsia (REsp. 1.104.900), no sentido de que a Administração *não precisa provar* que o agente cometeu algum dos fatos típicos previstos no art. 135 do CTN, caso seu nome conste da CDA. O título extrajudicial, por deter presunção de validade (art. 204 do CTN), dispensaria a produção de provas por parte do credor, invertendo o ônus para o executado.

Nada mais equivocado. Compete sempre a quem alega provar. A responsabilidade do administrador, oriunda de atos de má gestão empresarial, não excepciona essa regra, porque pode ser provada no curso de uma fiscalização. Da mesma forma que o auditor intima o contribuinte para esclarecer lançamentos contábeis, tempo e forma de integralização de capital, localização de bens do ativo circulante, depósitos bancários não contabilizados etc., poderá, igualmente, intimá-lo para identificar a autoria de um ato de má gestão empresarial. Se o fiscalizado não apresentar os esclarecimentos, a fiscalização estará autorizada a presumir que é o responsável pelo departamento fiscal, o administrador, o sócio etc., a depender de cada caso concreto.

Por outro lado, é absolutamente reprovável dispensar a produção probatória por parte do Fisco, quando o nome do administrador constar da CDA, se a prática do ilícito é condição de validade da aplicação da norma de responsabilidade pessoal ou por infrações. O ilícito deve existir, mas "não precisa ser provado". Em última instância, é o mesmo que afirmar que a jurisprudência considera irrelevante sua ocorrência fenomênica, já que a única condição necessária para sua validade é a mera alegação.

7.2 Inclusão do administrador na lide após a oposição dos embargos à execução fiscal: limites para a preservação da constitucionalidade e da legalidade desse procedimento

Os princípios constitucionais da ampla defesa e do contraditório restariam descumpridos se o administrador ingressasse na lide após diversos atos processuais já terem sido praticados, tornando-se precluso, para ele, a apresentação da defesa e a produção de provas que buscassem anular a dívida objeto da execução. Some-se a isso o fato de recair, sobre a dívida agora devida pelo administrador, todas as alegações até aquele momento feitas pela pessoa jurídica.

Segundo o art. 5º, LIV, da Constituição, ninguém será privado de seus bens sem o devido processo legal. Isso significa que a condenação só será válida se o processo que a antecede observar as garantias materiais e processuais previstas na legislação processual e fiscal.

O princípio da ampla defesa pode ser desmembrado na anterioridade da defesa em relação ao ato decisório, no direito de interpor recurso administrativo como decorrência do direito de petição, no direito de solicitar a produção de provas e de vê-las realizadas e consideradas, no direito ao contraditório, com a notificação do início do processo, da cientificação dos fatos e fundamentos legais que o motivam, das medidas ou atos referentes à produção das provas e da juntada de documentos, do acesso aos elementos do expediente (vista, cópia ou certidão) e não ser processado mediante provas obtidas mediante meios ilícitos.[79]

Já o contraditório é o princípio que confere ao sujeito contra quem a acusação está sendo feita o direito de ser intimado para se defender da imputação, já que, caso não prove a improcedência do débito ou da prática do fato ilícito que gerou sua responsabilidade pessoal, terá que cumprir com todas as consequências decorrentes da decisão judicial que o declarar devedor. Confere ao sujeito, também, o direito de ter sua defesa efetivamente analisada pelo julgador, mediante manifestação expressa acerca dos pontos questionados.

Diante do exposto, pergunta-se: a inclusão do responsável na lide, após o início do processo judicial, fere o devido processo legal, a ampla defesa e o contraditório, quando essa inclusão se der em momento posterior à oposição dos embargos à execução fiscal, e os atos processuais já praticados encontrarem-se para ele preclusos? E a constitucionalidade da substituição do executado condiciona-se apenas à comprovação da autoria da prática do ato ilícito, independentemente do estágio processual em que o processo de execução se encontre? E finalmente: se o Fisco apenas teve condições de descobrir a autoria do ilícito após a produção de provas nos embargos – afastando-se, assim, qualquer alegação de desídia por parte das autoridades fazendárias – eventual nulidade estaria sanada?

A resposta é negativa para todas essas indagações. A inclusão do administrador é admitida por nosso ordenamento, mas encontra limites nos três princípios constitucionais acima referidos (devido processo legal, ampla defesa e contraditório) e no art. 203 do CTN.

A inclusão será constitucional e legal sempre que, com a substituição da CDA, houver *reabertura de prazo para a defesa*, assegurando-se ao sujeito passivo a produção de todas as provas admitidas, a impugnação dos fatos, a alegação de

---

79. Cf. Odete Medauar, *A processualidade no direito administrativo*, p. 101.

outros que desconstituam a presunção de certeza e liquidez que goza a dívida inscrita etc.

O que há de ser sempre observado, portanto, é que o administrador não poderá ingressar no processo no estado em que ele se encontra, sem que lhe seja garantida a prática de todos os atos processuais, pois, aí, a execução fiscal padecerá de inconstitucionalidade e ilegalidade.

7.3 Decadência e inclusão do nome do administrador na Certidão de Dívida Ativa

O CTN determina que a constituição do crédito tributário deva ocorrer em até cinco anos contados do evento, ou do primeiro dia do ano seguinte à sua ocorrência. Essa é a regra geral, excepcionada em algumas circunstâncias (notificação de medida preparatória – art. 173, parágrafo único, do CTN; dolo, fraude ou simulação nos lançamentos por homologação – art. 150, § 4º, do CTN; anulação de lançamento anterior por vício formal – art. 173, II, do CTN). Nestes dois últimos exemplos, o prazo decadencial é reiniciado.

Crédito tributário é conceito relacional. Constituir o crédito não significa apenas apurar o *quantum* devido, mas indicar os sujeitos credor e devedor da relação jurídica. Alterando-se qualquer um dos polos dessa relação – em que pese o valor da dívida permanecer o mesmo – teremos outro crédito.

É por isso que a decadência é norma jurídica que, ao impedir a constituição do crédito após decorridos cinco anos do termo inicial da contagem, proíbe também que novos sujeitos sejam incluídos na relação. Não há que se considerar, nessa afirmação, a hipótese de sucessão, cujo tratamento é diferenciado e já foi objeto de nossa análise.

Ora, se o art. 142 do CTN obriga que todos os devedores sejam identificados no lançamento, e se o Fisco detinha as informações necessárias para lançar em face da pessoa física mas não o fez, a Administração foi inerte, e sua inércia traz consequência jurídica em relação à qual agora não se pode furtar: decadência do direito de o Fisco constituir crédito em face do sujeito não incluído no auto de infração.

Nesse contexto, não procede o argumento de que o STJ já pacificou o entendimento de que se a Procuradoria pode redirecionar a execução fiscal contra sujeito passivo não incluído na CDA, não há que se falar em decadência da responsabilidade solidária do administrador pelo fato de não lhe ter sido franqueada a defesa administrativa em face da acusação de que ele teria praticado ilícitos tipificados segundo o art. 135, III, do CTN.

Devemos considerar que o STJ somente aceita o redirecionamento da execução fiscal quando as condições processuais e materiais encontrarem-se presentes. Se o fato ilícito tributário ocorrer após o lançamento, por certo a Fazenda não pode ser prejudicada pela decadência porque não houve inércia qualificada: o fato autorizador do redirecionamento ocorreu após a constituição do crédito, esse, à época, realizado regularmente.

Ademais, poder-se-ia entender que o art. 203 do CTN, ao permitir a substituição da CDA até decisão judicial de primeira instância, estaria configurando novo prazo decadencial para as situações em que o responsável não estivesse indicado na certidão. Não compartilhamos desse entendimento, por uma singela razão: o prazo final para a constituição do crédito tornar-se-ia indeterminado.

A substituição permite apenas a *troca* do título, a fim de *incluir dados não decaídos*. Por isso, se o processo investigatório de determinação da responsabilidade for concluído após o prazo decadencial, o administrador não mais poderá ser considerado responsável tributário por aquela dívida.

7.4 Quem é o contribuinte na hipótese de interposição de pessoas?

Uma vez que a identificação de todos os sujeitos passivos é obrigatória para a Administração Pública, cumpre-nos identificar quem são essas pessoas, especificamente nas situações de interposição de pessoas.

Os incisos I e II do parágrafo único do art. 121 do CTN elegem duas espécies de sujeitos passivos para a relação jurídica tributária: o *contribuinte*, identificado como sendo a pessoa que tem relação direta e pessoal com o fato jurídico, e o *responsável*, como sendo a pessoa que, embora não tendo relação direta e pessoal com o fato, é eleita pela lei para satisfazer a obrigação tributária.

Na hipótese de interposição de pessoas, o contribuinte é o sujeito que oculta, o ocultado é o responsável e, todos eles, solidários entre si. Expliquemos.

Por *interposta pessoa* deve-se entender a pessoa física ou jurídica que oculta, esconde, encobre o verdadeiro interessado no negócio. É aquela que se envolve em determinado ato jurídico em nome próprio, mas no interesse de outrem, substituindo-o e encobrindo-o: a interposta pessoa age em lugar do verdadeiro interessado que, por razões normalmente ilícitas, deseja ocultar sua participação no ato negocial. É assim denominada por "interpor-se" entre o sujeito ativo e um terceiro, com o objetivo central de evitar que este último integre a relação jurídica tributária.

Somos do entendimento de que a interposta pessoa deve obrigatoriamente integrar a lide, na condição de contribuinte, pois as acusações que lhe são feitas só poderão prevalecer após o contraditório, de forma que a simulação dos atos, apenas formalmente praticados, precisa ser reconhecida por meio de decisão credenciada pelo sistema. Até o término da análise da acusação, da defesa e das provas, o direito reconhece como detentor da relação pessoal e direta com o fato gerador somente a interposta pessoa, uma vez que foi ela quem formalmente praticou os atos questionados.

Já após decisão administrativa terminativa, teremos:

1) Se confirmada a acusação de simulação, a pessoa ocultada, inicialmente indicada como responsável solidária no auto de infração, deverá responder pessoalmente pelo débito, como devedora principal (contribuinte),

tendo em vista a comprovação de que foi ela a verdadeira realizadora do fato jurídico tributário; e

2) Se não confirmada a acusação, esse terceiro deverá ser excluído do polo passivo do lançamento e a cobrança prosseguir somente em face do contribuinte (ou seja, contra quem pairou a acusação inicial de interposição).

Esse ponto é fundamental para a manutenção do lançamento. Por mais que existam provas consistentes a favor da interposição, no lançamento a acusação é realizada *unilateralmente* pelo credor. Nunca se deve assumir que o conjunto indiciário é irrefutável, não passível de desconstrução, quando a experiência nos mostra que, às vezes, é a defesa do contribuinte que prevalece (nas acusações de interposição fraudulenta, simulação, dolo, arbitramento etc.).

Assim, se a pessoa interposta não figurar como contribuinte, e a interposição não se confirmar, o auto será nulo por incorreta indicação do sujeito passivo.

Está prescrito no art. 142 do CTN que o lançamento, além de vinculado, é obrigatório. Também por força desse enunciado não é permitido ao Fisco exercer um juízo de conveniência ou oportunidade a respeito do momento da sua realização, tampouco da forma que irá realizá-lo. Pelo contrário, está obrigado a constituir o crédito tributário atendendo a todos os critérios que o tipo legal encerra, sempre que tiver conhecimento da ocorrência do seu pressuposto fático. Em outras palavras, o Auditor Fiscal não está autorizado a decidir quem será o devedor do tributo. Essa competência foi reservada com exclusividade ao legislador.

7.5 Desnecessidade de propositura de ação de conhecimento para comprovação do ilícito praticado pelo administrador

É dever de ofício do Fisco comprovar a autoria da prática do ato doloso antes de responsabilizar pessoalmente qualquer um dos administradores da pessoa jurídica.

Entretanto, não é necessário demonstrar, em processo de conhecimento autônomo, a autoria do ilícito, se no procedimento e no processo administrativos tributários, bem como nos embargos à execução fiscal, o ato ilícito poderá ser provado.

O processo é mero instrumento de realização do direito material, e rege-se pelos princípios da economia e da celeridade processual. Por isso, se já existem ações específicas em que o ilícito poderá ser provado, não se deve exigir do sujeito ativo a propositura de ação de conhecimento para o mesmo fim. Isso só resultaria em desnecessário esforço por parte da Fazenda, e agravamento do acúmulo de processos no Judiciário, fatos que certamente devem ser considerados.

Já a medida cautelar de produção antecipada de provas terá cabimento se a urgência identificada no caso concreto justificar a antecipação da produção probatória. Mas, se não for impossível ou muito difícil a verificação dos fatos no curso da ação competente, há de ser negado o pedido de produção antecipada.

7.6 Prescrição intercorrente para o redirecionamento da execução fiscal

Entende-se por *redirecionamento da execução fiscal* a inclusão do administrador da pessoa jurídica no polo passivo da ação, passando ele a responder solidariamente pelos débitos tributários imputados pela Fazenda ao devedor contribuinte. Faz-se possível nos casos em que ficar demonstrada a prática de ato eivado de excesso de poderes ou infração à lei, contrato social ou estatuto, ou de dissolução irregular da pessoa jurídica, conforme já assentado pelo STJ, em sede de recurso repetitivo (RESP 1.371.128/RS).

Pode também ocorrer na inclusão de pessoas jurídicas na hipótese de sucessão tributária ou na formação de grupo econômico, hipótese última que, rigorosamente, trata somente de desconsideração da personalidade jurídica, tendo em vista a responsabilidade exclusivamente patrimonial do grupo, que não se confunde com sujeição passiva.

Neste momento, trataremos do prazo para que o credor requeira o redirecionamento em face das pessoas físicas, tendo em vista que com relação às pessoas jurídicas iremos analisar no Capítulo pertinente aos grupos econômicos.

O art. 174, parágrafo único, inciso I, do CTN, com a redação dada pela Lei Complementar 118/2005, trata da interrupção da prescrição ordinária (aplicável aos sujeitos passivos indicados na CDA), que se dá com o despacho do juiz que ordenar a citação. Referido despacho, por sua vez, retroagirá à data da distribuição da ação, nos termos já firmados pela jurisprudência do STJ (REsp nº 1.120.295/SP, submetido ao rito do art. 543-C do CPC/73),[80] exclusivamente para os fins de interrupção da prescrição ordinária.

Além disso, como para o STJ a responsabilidade do administrador é solidária, a ela aplica-se o disposto no art. 125, III, do CTN, por força do qual a interrupção da prescrição a favor ou contra um dos obrigados favorece ou prejudica os demais.

Portanto, a prescrição quinquenal, quando interrompida em desfavor da pessoa jurídica, também será interrompida em relação aos administradores com poderes de gerência, responsáveis pelo débito fiscal em razão dos atos ilícitos alegadamente praticados, e cujos nomes constam da CDA.

Ocorre que como ainda é incomum que o nome do administrador conste das CDAs,[81] sobretudo na hipótese de créditos estaduais e municipais, a inclusão do responsável no polo passivo da execução acaba se efetivando mediante pedido

---

80. Nota do editorial: o art. 543-C do CPC/73 encontra correspondência no art. 1.036 do CPC/2015.

81. REsp 1096444/SP, Rel. Ministro Teori Zavascki, *DJe* 30.03.2009:
"[...] 2. Sob o aspecto processual, mesmo não constando o nome do responsável tributário na certidão de dívida ativa, é possível, mesmo assim, sua indicação como legitimado passivo na execução (CPC, art. 568, V), cabendo à Fazenda exequente, ao promover a ação ou ao requerer o seu redirecionamento, indicar a causa do pedido, que há de ser uma das hipóteses da responsabilidade subsidiária previstas no direito material."

formulado pelo credor, e deferido pelo juiz. Trata-se de típica hipótese de redirecionamento da execução fiscal.

E é neste contexto que a prescrição intercorrente se insere: até quando o redirecionamento é possível, tendo em vista que, salvo as exceções constitucionais não aplicáveis ao caso (art. 5º, incisos XLII e XLIV e art. 37, § 5º), nenhuma pessoa pode permanecer indefinidamente sujeita a uma obrigação?

São duas as possibilidades. A primeira diz respeito àquelas situações *conhecidas antes da distribuição da execução fiscal* (como é o caso de uma pessoa física que tenha integrado o lançamento por alegadamente violar o art. 135 do CTN, e cujo nome não conste da CDA). Nessa situação, a Fazenda possui cinco anos, a contar do despacho que determina a citação da pessoa jurídica, para requerer o redirecionamento.

Este é o marco inicial da prescrição intercorrente, posto que o ilícito foi praticado *antes* da causa interruptiva (despacho que ordenou a citação), sujeitando-se a hipótese ao critério fixado no citado art. 125, III, do CTN, já que a pessoa física, embora não conste da CDA, é coobrigada por ter integrado o lançamento na qualidade de sujeito passivo.

Entendemos que não pode haver outro prazo, pois o fato autorizador da responsabilidade foi um só: prática de infrações tipificadas segundo o art. 135 do CTN, e devidamente descritas e provadas no lançamento tributário. Ou seja, encontram-se presentes tanto a demonstração do ilícito quanto a possibilidade de se requerer o redirecionamento.

Entretanto, pode ocorrer de o ilícito se dar em momento (i) anterior à distribuição da execução fiscal, mas posterior ao lançamento, ou (ii) posterior à distribuição da execução fiscal. Para essas situações, duas correntes tratam dos limites temporais.

Primeira corrente – A citação do sócio deverá ser realizada em até cinco anos a contar do despacho que determinar a citação da empresa executada, sendo inaplicável o disposto no art. 40 da Lei 6.830/1980, que, além de se referir ao devedor e não ao responsável tributário (REsp 205.887), deve harmonizar-se com o disposto no art. 174 do CTN, de modo a não tornar imprescritível a pretensão de cobrança da dívida fiscal. Esse é o entendimento construído no REsp 1.090.958/SP, REsp 751.508/RS, REsp 769.152/RS, dentre outros.

Não concordamos com essa linha, pois contrariamente à primeira possibilidade acima tratada (conhecimento do ilícito previamente à distribuição da execução fiscal/lançamento em face também da pessoa física), o despacho do juiz é fato desvinculado da inércia do credor, e, para que haja prescrição, faz-se imperiosa a presença de dois elementos, quais sejam, transcurso de prazo e inércia.

Assim, se somente podemos falar em prescrição se houver inércia do titular do direito, como poderemos iniciar a contagem de um prazo prescricional se a situação jurídica que enseja o redirecionamento do feito executivo sequer pode ter ocorrido e, portanto, ainda não assistia ao credor o direito de redirecionar? Onde está a inércia?

Esse é um critério objetivo suscetível de violar o direito da Fazenda Pública, razão pela qual deve ser afastado.

Segunda corrente – Trata-se da Teoria da *Actio Nata*. De acordo com ela, a prescrição inicia-se quando o titular do direito violado toma conhecimento do fato relevante e da extensão de suas consequências. Como a norma foi concebida para sancionar a inércia do titular da pretensão, que não a exerceu no tempo devido, seu início deve-se dar quando o titular adquire o direito de reivindicar.

Foi nesse sentido a decisão proferida em maio de 2019, no REsp nº 1.201.993, afetado à sistemática dos recursos repetitivos, e não publicada até a conclusão deste trabalho. Nela, a Primeira Seção do STJ definiu o marco inicial do prazo de cinco anos para redirecionamento da execução fiscal de acordo com a Teoria da *Actio Nata*, fixando três teses sobre o tema:

1ª) "O prazo de redirecionamento da execução fiscal, fixado em cinco anos, contados da citação da pessoa jurídica, é aplicável quando o referido ato ilícito, previsto no art. 135, III, do CTN, for precedente a esse ato processual."

2ª) "A citação positiva do sujeito passivo devedor original da obrigação tributária, por si só, não provoca o início do prazo prescricional quando o ato de dissolução irregular for a ela posterior, uma vez que, em tal hipótese, inexistirá, na aludida data (da citação), pretensão contra os sócios-gerentes, o mero inadimplemento da exação não configura ilícito atribuível aos sujeitos de direito descritos no art. 135 do CTN. O termo inicial do prazo prescricional para a cobrança do crédito dos sócios-gerentes infratores, nessa hipótese, é a data da prática de ato inequívoco indicador do intuito de inviabilizar a satisfação do crédito tributário já em curso de cobrança executiva promovida contra a empresa contribuinte, a ser demonstrado pelo Fisco, nos termos do art. 593 do CPC/73 (atual art. 792 do novo CPC – fraude à execução), combinado com o art. 185 do CTN (presunção de fraude contra a Fazenda Pública)."

3ª) "Em qualquer hipótese, a decretação da prescrição para o redirecionamento impõe que seja demonstrada a existência de inércia da Fazenda Pública, no lustro que se seguiu à citação da empresa originalmente devedora (REsp 1.222.444/RS) ou ao ato inequívoco mencionado no item anterior (respectivamente, nos casos de dissolução irregular precedente ou superveniente à citação da empresa), cabendo às instâncias ordinárias o exame dos fatos e provas atinentes à demonstração da prática de atos concretos no sentido da cobrança do crédito tributário no decurso do prazo prescricional (Súmula nº 7/STJ)."

A par das dúvidas originadas nas teses acima, e que devem ser esclarecidas no acórdão –por exemplo, o fato de a fraude à execução precisar existir e ser provada, o que pode tanto inviabilizar o direito do Fisco, quanto alargar o prazo prescricional em prejuízo do contribuinte – para a contagem do prazo prescricional deve ser aplicada a Teoria da *Actio Nata*. E permanece sujeito à análise do caso concreto, e em várias situações ao subjetivismo do intérprete, a indicação de qual a data em que a 'inércia da Fazenda", a respeito do 'ato inequívoco' indicador do intuito de inviabilizar a satisfação do crédito tributário, se deu. É sobre isso que passaremos a expor.

- **Critérios objetivos para a definição do termo *a quo* na Teoria da *Actio Nata***

Como vimos, o cômputo inicial da prescrição intercorrente tem que coincidir com o momento em que o fato autorizador da responsabilidade torna-se passível de conhecimento, tendo em vista que somente a partir deste instante surge o direito de o Fisco exigir do responsável o crédito tributário, e a inércia pode ser atribuída ao credor.

Esse entendimento *não implica* defender que, em última análise, o início da contagem do prazo prescricional estaria a critério do Fisco, quando este decidisse carrear aos autos provas da responsabilidade do terceiro. De forma alguma.

É certo que cabe ao Fisco produzir a prova e levá-la ao conhecimento do juiz, mas este seu direito não é ilimitado no tempo. O início da contagem do prazo prescricional, para fins de redirecionamento, não é determinado de acordo com a vontade do sujeito ativo. À Fazenda não assiste o direito de "tomar conhecimento dos fatos relevantes" quando melhor lhe aprouver, resultando no controle do termo *a quo* da prescrição intercorrente.

É a *disponibilização da informação relevante* a circunstância que interessa para fins de identificação do marco zero da prescrição intercorrente, e não o momento em que o credor leva aos autos tal informação. Defender o contrário do ora exposto seria advogar a imprescritibilidade do redirecionamento em diversas situações.

Nesse contexto, a principal dificuldade que se coloca é a identificação de *quando* a informação da ocorrência do fato autorizador do redirecionamento estaria disponível. A força dos exemplos é inconteste, e na tabela abaixo elencamos alguns:

Fato relevante	Momento da disponibilidade da informação (publicidade dos atos)
Dissolução irregular	- Certidão do oficial de justiça atestando a não localização do devedor. - Devolução de AR pelo Correio, somada a outras diligências que demonstrem a não localização da empresa devedora. - Termo de Constatação Fiscal, em que o auditor atesta que a sociedade executada encontra-se desaparecida. - Mandado judicial de constatação de atividade empresarial. - Reconhecimento da dissolução irregular em outro processo da mesma jurisdição.
Inaptidão do CNPJ	- Publicação de despacho que declara a inaptidão.
Art. 135 do CTN	- Termo de Verificação Fiscal que descreva as condutas ilícitas. - Ofício da Justiça do Trabalho, Cível ou Criminal. - Prova emprestada de processo judicial ou administrativo, de natureza tributária ou não, relacionada especificamente ao fato que repercute no segundo processo. - Ofício do Banco Central, CVM, COAF. - Troca de informações fiscais entre outras Administrações Tributárias, nacionais ou estrangeiras.

7.7 Exceção de pré-executividade como forma de exclusão do nome do responsável do polo passivo da execução fiscal

De acordo com a Súmula 393 do STJ, "A exceção de pré-executividade é admissível na execução fiscal relativamente às matérias conhecíveis de ofício que não demandem dilação probatória". Como exemplo, as atinentes à liquidez do título executivo, aos pressupostos processuais e às condições da ação executiva, desde que não demandem dilação probatória (REsp 1.110.925/SP). Insere-se, nesse rol, a arguição de prescrição e de ilegitimidade passiva do executado.

O primeiro pressuposto para o cabimento da exceção é que a matéria alegada refira-se à admissibilidade da execução, passível de ser conhecida de ofício e a qualquer tempo.

O § 3º e o *caput* do art. 485 do CPC determinam que os pressupostos processuais e as condições da ação sejam conhecidos *ex officio* pelo juiz, em qualquer tempo ou grau de jurisdição, e a ausência de qualquer um desses requisitos deverá ocasionar a extinção do processo de execução, sem resolução do mérito. De acordo com a doutrina processual civilista, são os seguintes os requisitos:

1) *Pressupostos processuais de existência*: existência de petição inicial, jurisdição, citação e capacidade postulatória;

2) *Pressupostos processuais de validade*: petição inicial apta, competência do órgão jurisdicional, capacidade de ser parte e de estar em juízo;

3) *Pressupostos processuais negativos*: litispendência, coisa julgada, impedimento de repropositura da ação e convenção de arbitragem; e

4) *Condições da ação*: legitimidade das partes, interesse processual e possibilidade jurídica do pedido.

Já a alegação de que o devedor não foi regularmente citado constituiu causa de nulidade da execução (art. 803, II, do CPC), e deve ser trazida pela parte.

Todos os vícios acima mencionados podem ser arguidos mediante petição apresentada nos autos da própria execução fundada em título extrajudicial. Essa petição recebe o nome de exceção de pré-executividade (ou objeção de pré-executividade, para alguns). Trata-se de incidente processual que tem por objeto matéria que pode e deve ser analisada e decidida de ofício pelo juiz da causa, evitando-se com isso a desnecessária constrição de bens do executado e o desenrolar de todo o processo, fatos que certamente não atendem ao interesse público.

Já o segundo pressuposto diz respeito à produção probatória. A exceção não será cabível sempre que a presença do vício alegado pelo executado demandar a produção posterior de provas, ou sempre que, embora apresentadas na própria petição, requererem uma complexa análise.

No caso do administrador que é citado para responder pela dívida oriunda de fato jurídico praticado pela sociedade, sem que restem caracterizados os pressupostos do art. 135 do CTN, temos a ilegitimidade passiva. O administrador não integra a relação jurídica material que originou o débito, e como a ilegitimidade viola uma das condições da ação, o processo deve ser extinto sem resolução de mérito.

A dificuldade de sua exclusão do polo passivo da execução fiscal, já em sede de exceção, reside especificamente na questão probatória. Muitas vezes contra ele é alegado um vasto rol de ilícitos, que demandam cuidadosa análise das provas de acusação e defesa. Nessa hipótese, a exceção não é cabível. Por outro lado, existem situações que não demandam complexa análise – tais como quando a acusação for feita sem provas que lhe dê suporte ou sem o necessário nexo causal para todos os envolvidos – e outras em que a defesa do acusado é simples.

Essas situações precisam ser tratadas de forma distinta, como bem decidiu o STJ ao julgar o REsp 1725713/BA, dentre outros:

> As controvérsias em execução fiscal envolvendo responsabilidade tributária, cujas soluções demandem a ampliação das vias probatórias, devem ser veiculadas e dirimidas na sede própria dos embargos à execução ou, quando desnecessária a dilação probatória, mediante exceção de pré-executividade.

Outra questão que merece nossa atenção diz respeito ao cabimento da exceção de pré-executividade quando o nome do administrador constar da CDA. Sobre isso, o STJ já firmou posicionamento, ao julgar o REsp 1110925/SP sob a sistemática dos recursos repetitivos, e firmar a tese de que "Não cabe exceção de pré-executividade em execução fiscal promovida contra sócio que figura como responsável na Certidão de Dívida Ativa - CDA."

No entendimento do Tribunal, a presunção de legitimidade assegurada à CDA impõe ao executado que figura no título executivo o ônus de demonstrar a inexistência de sua responsabilidade tributária, demonstração essa que, por demandar prova, deve ser promovida no âmbito dos embargos à execução.

Em que pese a presunção de legitimidade do título, não temos dúvidas em afirmar que, em diversas situações, a defesa do administrador cujo nome conste da CDA não demanda complexa análise probatória. Além disso, a execução forçada traz consequências muito graves ao patrimônio do devedor, razão pela qual o Judiciário deve preocupar-se em impedir abusos.

A dificuldade que se coloca nessa situação é a de que aferir a necessidade ou não de dilação probatória, inviabilizadora da utilização da exceção de pré-executividade, demanda o reexame do conteúdo fático probatório dos autos, dificultando o cabimento da exceção, e certamente inviabilizando eventual apreciação de recurso especial, ante a incidência da Súmula 7do STJ.

Por fim, ao classificarmos a exceção de pré-executividade como um incidente processual, a ela se aplica o art. 503 do CPC, que outorga, à decisão que a apreciar definitivamente, o manto da coisa julgada.

7.8 Meio processual adequado para a defesa do administrador quando a exceção de pré-executividade não tiver cabimento: embargos de terceiro ou embargos à execução fiscal?

Nas situações em que a exceção de pré-executividade não for cabível – necessidade de produção probatória ou análise complexa das provas apresentadas de plano – o administrador deve ter o direito de dispor de um outro meio de defesa. Se for citado para responder como parte – integrando, pois, a relação jurídica processual – a ação cabível será os embargos à execução fiscal, conforme preceitua o art. 16 da LEF.

Nesse sentido decidiu a 2ª Turma do STJ, no REsp 20.997-7-BA, Rel. Min. Antônio de Pádua Ribeiro,[82] bem como a Súmula 184 do TFR, que determina: "Em execução movida contra sociedade por cotas, o sócio-gerente, citado em nome próprio, não tem legitimidade para opor embargos de terceiro, visando (sic) livrar da constrição judicial seus bens particulares."

E qual a consequência jurídica de se optar pelo oferecimento dos embargos de terceiro, em vez de embargos à execução?

Admite-se, em virtude da instrumentalidade do processo, que os embargos de terceiro sejam conhecidos e processados como embargos à execução, se manifesto o equívoco do embargante em denominá-los, e se o primeiro foi oposto dentro do prazo legal, já que os últimos devem ser protocolados em até 30 dias contados da garantia, ao passo que os primeiros podem ser a qualquer tempo, até o trânsito em julgado da execução. Se intempestivos, não haverá como defender a instrumentalidade das ações, pois o prazo legal para a oposição da ação adequada teria transcorrido.[83]

Por outro lado, se o nome do administrador não figurar no polo passivo da execução, mas ainda assim tiver seus bens constritos, caberá a oposição de embargos de terceiro, que terá por objeto a exclusão de seu patrimônio por pretenso débito da pessoa jurídica.

A improcedência do débito poderá também ser alegada se a sociedade não tiver apresentado defesa ou, em tendo, se tiver

---

82. Também o STF, ao julgar o responsável por substituição: "O responsável por substituição está abrangido na figura do sujeito passivo da obrigação principal (art. 121, par. único, do CTN), razão porque não é ele terceiro para efeito de ser parte legítima para utilização de embargos de terceiro." (RE 85.764).

83. REsp 31.347-1-SP.

sido formulada de forma inadequada (se no prazo compatível ao dos embargos à execução fiscal). Alegações acerca do mérito da dívida, embora mais pertinentes aos embargos à execução, devem ser apreciadas em que pesem os embargos de terceiro, tendo em vista que, se o patrimônio do administrador está penhorado em uma execução, que poderá ao final ser julgada procedente, ao sujeito deve ser assegurada a mais ampla defesa.

7.9 Considerações fundamentais sobre o processo falimentar, consequências legais decorrentes da quebra e algumas questões processuais relevantes envolvendo débitos fiscais

A falência da sociedade empresária é da pessoa jurídica, e não de seus sócios. Não obstante, os sócios submetem-se às consequências legais decorrentes da quebra da sociedade, variáveis segundo a função por eles exercida, e a constatação ou não da prática de atos ilícitos durante a gestão.

Os sócios que gerem a sociedade, e os demais administradores, têm responsabilidade penal pelos atos praticados, e devem cumprir as obrigações processuais prescritas em lei (a colaboração com o processo de falência, por exemplo). Os demais sócios sofrem apenas consequências de natureza civil, aplicáveis de forma idêntica a todos os sócios.

Quando se tratar de sociedade anônima, a responsabilidade do acionista, nos termos do art. 1º da Lei das Sociedades por Ações, "será limitada ao preço de emissão das ações subscritas ou adquiridas". Dessa forma, cada acionista é responsável pelo montante correspondente ao valor pago pelas ações.

Já na sociedade limitada, se o capital social estiver totalmente integralizado, o sócio não tem responsabilidade pelas obrigações sociais (art. 1.052 do Código Civil). Essa é a regra geral, que comporta as duas exceções a seguir, a última também aplicável à sociedade anônima.

Se o capital social da falida não estiver integralizado em sua totalidade, caberá ao síndico promover a ação judicial de integralização. Após o devido processo legal, se o sócio não provar o pagamento da contribuição com que se obrigara para a formação do capital da sociedade, o juiz proferirá decisão condenando-o ao cumprimento desse dever. Transitada em julgado, seguir-se-á a execução de sentença, com a penhora de bens do patrimônio do sócio.

Quando, no entanto, tratar-se de sociedade de outros tipos societários, é necessário distinguir a situação jurídica do sócio com responsabilidade ilimitada daqueles que respondem limitadamente.

Na falência, os bens dos sócios de responsabilidade ilimitada são arrecadados pelo síndico juntamente com os da sociedade, estando sujeitos às mesmas constrições judiciais do patrimônio da falida. Como a responsabilidade é subsidiária, no momento da liquidação deverão ser vendidos, em primeiro lugar, os bens da sociedade e, no caso de o produto da venda ser insuficiente para o pagamento dos credores, promover-se-á a venda de tantos bens dos sócios quantos sejam necessários ao pagamento do saldo.

A segunda exceção é a de que o sócio e o acionista respondem civilmente pelos prejuízos que causarem, sempre que agirem com dolo em atos que impliquem desvio de finalidade ou confusão patrimonial. Nessas situações, os administradores perdem o direito à limitação da responsabilidade, com o compartilhamento das responsabilidades sociais. É hipótese de desconsideração da personalidade jurídica, prevista no art. 50 do Código Civil.

É importante considerar, ademais, os arts. 81 e 82, e parágrafos, da Lei nº 11.101/2005, que disciplinam alguns aspectos da responsabilidade dos sócios, controladores e administradores da sociedade falida, prevendo a falência concomitante dos sócios e dos ex-sócios que se retiraram da sociedade há menos de 2 anos (para os casos de sócio com responsabilidade "ilimitada"), e a apuração da responsabilidade no próprio juízo da falência, independentemente da realização do ativo e da prova da insuficiência para cobrir o passivo (para os sócios de responsabilidade limitada).

Vejamos, agora, algumas questões processuais relevantes, envolvendo a falência da pessoa jurídica e a execução dos créditos tributários. Não consideraremos, nas situações a seguir, a responsabilidade pessoal do administrador, tópico que será tratado a seguir.

O juízo universal da falência pertence à jurisdição civil, ao passo que os créditos tributários federais, estaduais, municipais e distritais, não são passíveis de habilitação em falência, e detêm, nos termos do art. 109, I, e § 3º da Constituição, e do art. 5º da Lei 6.830/80, jurisdição própria, seja federal, seja em varas especializadas na Fazenda Pública, competindo à jurisdição civil estadual julgar execuções fiscais tão somente nas Comarcas em que não houver vara especializada.

A competência jurisdicional para processar a falência e para executar o crédito tributário da massa falida são, portanto, diversas. E, como competência é matéria de ordem pública, ela não pode ser alterada em função da vontade ou da convenção dos interessados. Em razão disso, consideramos ineficaz a discussão jurisprudencial de que a Fazenda Pública poderia renunciar ao privilégio do foro especial, habilitando-se no concurso falencial.

O que muitos admitem é que a Fazenda Pública, por ofício dirigido ao juízo da falência, advirta o síndico da existência e do montante da dívida fiscal a cargo do falido, sem que, no entanto, renuncie ao foro especial e dê andamento na execução fiscal.

Tal procedimento, parece-nos, é de legalidade e garantia insustentáveis, seja porque o juízo da falência não é o competente para julgar a procedência da exigência fiscal, seja porque, caso o débito não seja executado no decorrer do prazo prescricional, a Fazenda perderia seu direito de exigir o adimplemento da obrigação, tendo em vista que o ofício acima referido não interrompe a prescrição. O correto, portanto, é que a Fazenda execute o devedor por meio de execução fiscal.

Outra questão relevante é como assegurar o pagamento prioritário dos créditos trabalhistas (e, a partir da vigência da Lei 11.101/2005, também dos créditos com garantia real até o limite do valor do bem agravado), se estes serão habilitados no processo de falência, enquanto os tributários não. Acreditamos que o procedimento mais acertado seja o juízo da falência deprecar o juízo das execuções fiscais, solicitando que, do produto da venda dos bens penhorados, seja remetido ao juízo da falência o necessário para o pagamento do crédito trabalhista.

Mas as questões não terminam aqui. Outra que merece nossa atenção é se a Fazenda Pública tem direito de, na execução fiscal, penhorar bens arrecadados pelo síndico no processo de falência. A resposta a essa indagação encontra-se no julgamento do Ag. 28.735, do TRF da 3ª Região. Vejamos, *in verbis*:

> Quando executivo fiscal preexiste à decretação da falência do devedor, os bens, antes penhorados ou sequestrados no procedimento executivo, não se arrecadam no juízo falencial. A este somente irá o saldo do produto da arrematação dos bens, após satisfeitos o débito fiscal e acréscimos oriundos do processo executivo. Se, entretanto, o executivo fiscal é ajuizado após a decretação da falência e arrecadação dos bens do devedor, no juízo falimentar, não é possível se efetive penhora em bem determinado e certo já constrito no juízo da falência. Cumprirá, então, dar-se a penhora no rosto dos autos do processo falencial.

Por fim, a última questão por ora relevante é se o crédito tributário deve constar da classificação no quadro geral dos credores. Entendemos que sim, pois esse documento é tido como a síntese final do processo de acertamento total do passivo da sociedade falida. Sobre ele, o síndico prestará suas contas, e os credores e os terceiros interessados tomam conhecimento do volume real do passivo. Isso somente ocorrerá se todos os créditos, inclusive aqueles não sujeitos à habilitação, encontrarem-se previstos no quadro geral de credores.

7.9.1 Responsabilidade tributária do administrador de sociedade falida

Normalmente, as sociedades falidas têm passivo fiscal tributário. O Fisco, de acordo com o art. 4º, V, da Lei de Execuções Fiscais, deve promover a execução fiscal contra a massa, a fim de ver respeitado seu direito ao crédito, observando-se a ordem de preferência legalmente estabelecida.

Ao Fisco, na qualidade de credor, compete verificar se realmente a dívida é de responsabilidade da pessoa jurídica falida, ou de algum de seus sócios. Não obstante, muitas vezes, não se é averiguada a existência de provas de que o administrador tenha, durante sua gestão, fraudado os cofres públicos e a própria sociedade, para, a partir dessa constatação, promover a execução pessoal do administrador, em vez da massa. Em outras situações, o Fisco também não faz a verificação necessária, e simplesmente indica todos os sócios (ou algum deles) como responsáveis pessoais pela dívida.

Em ambas as hipóteses, o procedimento adotado é incorreto, seja por não executar o verdadeiro responsável pelo adimplemento da obrigação, seja por desrespeitar os direitos e as garantias individuais dos sócios, nas situações em que exista a separação patrimonial das pessoas jurídica e física.

Portanto, o que deve ser obrigatoriamente considerado é se existiram ou não condutas dolosas de autoria do administrador, tais como dissolução irregular da sociedade, não preenchimento de documentos fiscais visando à ocultação de fatos jurídicos e posterior distribuição de dividendos etc. Em hipótese positiva, a conduta deverá estar de acordo com o art. 135 do CTN, podendo o Fisco, então, responsabilizar pessoalmente o sujeito. Vejamos mais detalhadamente essa situação.

Com base em tudo o que já foi exposto, entendemos haver responsabilidade pessoal do administrador, pela dívida tributária existente à data da decretação da falência, sempre que o Fisco for lesado em função de ato doloso, cuja realização tenha sido pelo administrador determinada (podendo ou não ter sido por ele praticada). O fato de a falência ser da pessoa jurídica, e não de seus sócios, bem como o da massa falida suceder o contribuinte na responsabilidade pelo pagamento do crédito tributário, não enfraquece nossa conclusão, já que essas situações são aplicáveis quando não se constatar o dolo do administrador. O dolo, portanto, é fato que faz nascer relação jurídica diversa da que nasceria caso ele não existisse.

· Por outro lado, não há que se responsabilizar o administrador se o dolo não for comprovado. E como ser sócio de sociedade falida não é, por si só, conduta dolosa, a inclusão automática do nome dos sócios não encontra amparo legal, consistindo apenas numa interpretação abrangente – e, em nosso entender, ilegal – do art. 135 do CTN, que acaba por violar os princípios da segurança jurídica, legalidade, tipicidade e capacidade contributiva.

Por essas razões, a jurisprudência acata a necessidade de a execução prosseguir contra a massa falida, sempre que o envolvimento doloso do sócio não for comprovado, conforme já decido pelo STJ no AgRg no AREsp 509605/RS:

> TRIBUTÁRIO. EMBARGOS À EXECUÇÃO FISCAL. FALÊNCIA DA EMPRESA EXECUTADA. REDIRECIONAMENTO CONTRA OS SÓCIOS E O ESPÓLIO DO SÓCIO-GERENTE. IMPOSSIBILIDADE.
>
> 1. O Superior Tribunal de Justiça consolidou o entendimento de que os sócios só respondem pelo não recolhimento de tributo quando a Fazenda Pública demonstrar que agiram com excesso de poderes, infração à lei, contrato social ou estatuto, ou ainda na hipótese de dissolução irregular da empresa, não sendo este o caso da falência.
>
> 2. Ressalta-se que "a falência não configura modo irregular de dissolução de sociedade, pois, além de estar prevista legalmente, consiste numa faculdade estabelecida em favor do comerciante impossibilitado de honrar compromissos assumidos. [...] Com a quebra, a massa falida responde pelas obrigações a cargo da pessoa jurídica até o encerramento da falência, só estando autorizado o redirecionamento da execução fiscal caso fique demonstrada a prática pelo sócio de ato ou fato eivado de excesso de

poderes ou de infração a lei, contrato social ou estatutos" (AgRg no AREsp nº 128.924/SP, Relator Ministro Herman Benjamin).

7.10 Meação do cônjuge não administrador e a questão da responsabilidade tributária de terceiros

Dado o caráter subjetivo da responsabilidade pessoal do administrador pelo pagamento do crédito tributário, é imperiosa a produção de provas que, além de identificar o ilícito, deve comprovar a autoria da infração. Somente o autor deverá responder fiscal e criminalmente pelo ato, ressarcindo o Fisco, com seus bens pessoais, pelo prejuízo causado.

Portanto, se são os bens do administrador que devem responder pelo débito fiscal, como fica o patrimônio de seu cônjuge, se eles não forem eles casados em regime de separação total de bens? Em outras palavras, a meação do cônjuge não sócio/administrador poderá ser atingida para responder pelo ilícito praticado sem sua participação?

Para resolvermos essa questão, temos, primeiramente, o art. 1.686 do Código Civil, que determina: "As dívidas de um dos cônjuges, quando superiores à sua meação, não obrigam o outro, ou a seus herdeiros."

Não há nesse artigo, ou em outro que possa ser utilizado para a construção da melhor interpretação sistemática, qualquer referência à origem lícita ou ilícita da dívida, o que nos leva a concluir que o dispositivo legal é aplicável a todas as situações.

Assim, o administrador, sempre que casado em regime de comunhão universal ou parcial de bens, responderá com seu patrimônio apenas *até o limite de sua meação*, tendo em vista que o valor a ela excedente pertence ao cônjuge, e não a ele. Some-se a essa conclusão o fato de que *o patrimônio do casal não poderá ter sido formado com bens advindos, direta ou indiretamente, da prática do ilícito.*

É nesse sentido o posicionamento do STJ,[84] para quem a meação da mulher responde pelas dívidas do marido, salvo se ela provar não terem sido assumidas em benefício da família. Sobre isso, confira-se trecho do REsp 38.800-7:

> O produto do trabalho da mulher e os bens reservados desta poderão ser constritos caso a dívida, malgrado assumida apenas pelo marido, visasse a beneficiar a família. Originando-se o débito, no entanto, de título firmado por apenas um dos cônjuges, a meação do outro estaria livre. Não haveria como justificar semelhante desconchavo, como distinguir as duas situações. Cumpriria compatibilizá-las e foi o que fizeram os Tribunais, entendendo que a meação da mulher – e também a do marido evidentemente – poderia ser atingida, quando se cogitasse de obrigação ajustada visando ao proveito da família. Essa interpretação, ademais, adequava o texto ao princípio que veda injusto locupletamento. E é o que se verificaria, caso a meação de um dos cônjuges fosse acrescida, com a assunção de um débito pelo outro, mas não pudesse ser alcançada quando se cuidasse de saldá-lo.

Assim, para que um cônjuge possa responder pelas dívidas fiscais contraídas pelo outro, far-se-á necessário demonstrar que o patrimônio familiar beneficiou-se (i) do acréscimo patrimonial oriundo do montante que deveria ter servido para adimplir a dívida, mas foi desviado pelo administrador, ou (ii) da manutenção do patrimônio do casal, que só foi possível por conta da utilização, para fins particulares, do dinheiro que deveria ter sido utilizado para pagamento dos tributos.

A partir disso, temos que, se o administrador agiu com abuso de poder, deixando também de quitar as dívidas fiscais, mas não retirou qualquer quantia em dinheiro da sociedade para proveito próprio, será ele responsável pessoal pelo débito, mas não a meação de sua esposa.

Imagine-se, por exemplo, o administrador que determina a compra de "notas fiscais frias", a fim de aumentar seu crédito escritural de ICMS e diminuir o valor do imposto a pagar. Sem dúvida alguma, o crédito foi ilegalmente tomado, e

---

84. REsp 47.693 e REsp 38.800-7, dentre outros.

o autor deverá ser responsabilizado, nos termos da lei. Ocorre que, se o imposto que deixou de ser pago (não fossem as notas frias) não foi distribuído aos sócios, mas investido na própria sociedade (aquisição de ativos, novas contratações etc.), não há que se alegar o proveito familiar. O ilícito encontrar-se-ia provado, mas também provada restaria a ausência de benefício para o patrimônio do casal e, consequentemente, a impossibilidade de responsabilização da meação.

No que diz respeito ao ônus da prova do locupletamento ilícito, o entendimento majoritário do STF e do STJ é o de que ele compete ao cônjuge,[85] mas ainda assim existem divergências mais recentes.[86]

Entendemos competir ao Fisco provar que, possivelmente, o produto do ato reverteu-se em proveito familiar. As provas por ele produzidas deverão demonstrar a probabilidade fática dessa ocorrência, como, por exemplo, a distribuição de dividendos ao sócio, o depósito em conta particular do administrador, o pagamento de contas pessoais etc. As provas deverão formar a convicção do julgador, e não necessitarão deixar inequívoco que os valores reverteram obrigatoriamente para o patrimônio da família, tendo em vista que esse fato pode ser de difícil ou impossível comprovação. Se o Fisco demonstrar que os indícios acima referidos também não poderiam ser provados, ao cônjuge competirá o ônus da prova.

Já a prova direta de que o patrimônio foi formado a partir do ingresso legítimo de receitas – tais como salários, aluguéis provenientes de imóveis adquiridos com ingressos justificados, herança, dividendos pagos por outras sociedades que não

---

85. RE 108.896, Rel. Carlos Madeira, *DJ* de 14.08.1986; RE 71052, Rel. Leitão de Abreu, *DJ* de 12.09.1977; RE 78423, Rel. Thompson Flores, *DJ* de 29.11.1974; RE 82970, Rel. Rodrigues Alckmin, *DJ* de 26.11.1976; Resp 26.817, Rel Cláudio Santos, *DJ* de 07.12.1992 e Resp 3.263, *DJ* de 09.10.1990, relatado pelo Ministro Sálvio de Figueiredo.

86. "A meação da mulher não responde pelos títulos de dívida de qualquer natureza firmados apenas pelo marido, sendo a não responsabilidade a regra, competindo ao credor comprovar ter o débito resultado em benefício da família" (STJ, 1ª Turma, REsp 79.333, SP, Rel. Min. Garcia Vieira, j. 11.12.1997).

a devedora, enfim, todo e qualquer acréscimo patrimonial plenamente justificado, e não vinculado, direta ou indiretamente, com os fatos dolosos que ensejaram a responsabilização do administrador –, competirá somente à pessoa física interessada na exclusão da meação.

Por fim, cabe-nos analisar questão processual de suma importância. Quando a meação pertencente ao cônjuge que não praticou o ilícito fiscal for tomada como garantia em processo de execução – em função da então pretensa responsabilidade pessoal de seu marido ou de sua esposa – caberá a ele oferecer embargos à execução, embargos de terceiro ou ambos?

O art. 674 do CPC trata dos embargos de terceiro, estabelecendo ser este o meio processual adequado para o sujeito que, embora não sendo parte no processo, esteja sofrendo alguma constrição em seus bens por ato de apreensão judicial, tal como a penhora. Já o § 3º desse mesmo artigo considera também terceiro o cônjuge que defende a posse de sua meação.

Assim, como o cônjuge não é o devedor, e sim seu marido ou sua esposa, o meio processual cabível é os embargos de terceiro. Nesse sentido, a Súmula 134 do STJ: "Embora intimado da penhora em imóvel do casal, o cônjuge do executado pode opor embargos de terceiro para defesa de sua meação".

Situação diversa é se a execução foi desde o início movida contra o casal, hipótese em que o cônjuge meeiro poderá também embargá-la, na qualidade de devedor, para discutir o débito ajuizado. Os embargos de terceiro, aqui, deixam de ser cabíveis, pois o cônjuge será parte no processo de execução.

Portanto, se a penhora recaiu sobre bem de sua meação, o cônjuge deverá opor embargos de terceiro, no prazo do art. 675 do CPC.[87] O objeto dos embargos deverá restringir-se à ex-

---

87. "Embargos de terceiro. Mulher casada. Meação dos bens. Ônus da prova. Consolidou-se o entendimento neste Tribunal de que à mulher casada cabe ressalvar sua meação quanto à dívida contraída apenas pelo marido através de embargos de terceiro. Entretanto, incumbe-lhe o ônus de provar que tal dívida não reverteu em benefício da família." (REsp. 39.348-5).

clusão de seus bens da penhora, mediante a alegação de que o produto do ato ilícito não foi revertido em benefício patrimonial familiar. Se, entretanto, o cônjuge foi também citado para responder como devedor, poderá, por meio dos embargos à execução, discutir, além da alegação acima, a improcedência do débito ou da prática do ilícito pelo administrador.

7.11 Fraude contra credores: quando a doação dos bens do administrador a tipifica

São suscetíveis de fraude os negócios de transmissão gratuita de bens (dentre eles a doação) ou remissão da dívida, disciplinados pelo art. 158 do Código Civil. Basta que o devedor pratique qualquer desses atos em estado de insolvência, ou que estes o reduzam a tal estado, para que eles possam ser anulados pelos credores, como lesivos a seus direitos, conforme posicionamento consolidado do STJ (AgInt no AREsp 158358/SP, dentre outros).

Imaginemos, pois, a seguinte situação: o administrador de determinada sociedade que, durante sua gerência, praticou diversos ilícitos tipificados segundo o art. 135 do CTN, desfaz-se de todo o seu patrimônio, doando-o a seus sucessores. A doação é efetuada de forma totalmente legal, possuindo o proprietário livre disponibilidade e administração de seus bens, excluindo-se do caso a hipótese de fraude à execução.

Ocorre que, posteriormente a isso, o Fisco produz provas no sentido de responsabilizar pessoalmente o administrador pelos débitos fiscais, sendo que ele, se ao final julgado culpado, não mais terá bens suficientes para garantir e quitar a dívida. A garantia e a quitação seriam possíveis, por outro lado, não fosse a doação dos seus bens. Nesse contexto, pergunta-se: a doação poderia ser anulada, para que os bens doados respondessem pela dívida?

O art. 538 do Código Civil considera doação o contrato em que uma pessoa, por liberalidade, transfere do seu patrimônio bens ou vantagens para o de outra, que os aceita. Do conceito legal, dois são os elementos peculiares à doação: a) o *animus donandi*, que é a intenção de praticar uma liberalidade e a principal característica da doação (elemento subjetivo); e b) a transferência de bens, acarretando a diminuição do patrimônio do doador (elemento objetivo). A doação constitui ato *inter vivos*.

O art. 544 do Código Civil estabelece: "A doação de ascendentes a descendentes, ou de um cônjuge a outro, importa adiantamento do que lhes cabe por herança." Trata-se das doações de pais a filhos ou de um cônjuge a outro, consideradas como adiantamento de legítima e que visam a assegurar a igualdade de quinhões hereditários.

A legislação, no entanto, impõe algumas restrições à liberdade de doar. A que nos interessa encontra-se prevista no art. 158 e parágrafos do Código Civil, que estabelecem, *in verbis*:

> Art. 158. Os negócios de transmissão gratuita de bens ou remissão de dívida, se os praticar o devedor já insolvente, ou por eles reduzido à insolvência, ainda quando o ignore, poderão ser anulados pelos credores quirografários, como lesivos dos seus direitos.
>
> § 1º Igual direito assiste aos credores cuja garantia se tornar insuficiente.
>
> § 2º Só os credores que já o eram ao tempo daqueles atos podem pleitear a anulação deles.

Aqui a regra funda-se no propósito de proteger os credores do doador, sendo que a partir do advento do Código Civil de 2002 não mais se exige a ciência inequívoca da fraude para anular a doação de bem celebrada entre pais e filhos e operada em fraude contra credores.

A fraude contra credores consiste na prática intencional, pelo devedor, de atos que desfalquem o seu patrimônio, com o escopo de o colocar a salvo de uma execução por dívidas em detrimento dos direitos creditórios alheios.

O elemento objetivo é todo ato prejudicial ao credor, por tornar o devedor insolvente ou pela prática do ato ter sido realizada em estado de insolvência, devendo haver nexo causal entre o ato do devedor e a sua insolvência. Já o elemento subjetivo é a má-fé, a intenção de prejudicar terceiros ou de se beneficiar em detrimento de terceiros. Em qualquer das hipóteses, a intenção de fraudar é presumida a partir da consciência do estado de insolvência.

É requisito da fraude contra credores, além disso, ser o débito anterior ao ato fraudulento. Isso significa que o evento descrito no fato jurídico tributário deverá ter ocorrido antes do adiantamento de legítima, sendo irrelevante a data da constituição do crédito ou da distribuição da ação de execução fiscal.

Do exposto, depreende-se que o administrador que durante sua gerência praticar atos ilícitos tipificados segundo o art. 135 do CTN, e em função disso vier a ser pessoalmente responsabilizado pela dívida fiscal, não poderá doar aos herdeiros os bens necessários à garantia e ao pagamento da dívida, sob pena de ter o negócio jurídico anulado. É irrelevante, nesse contexto, se a responsabilidade pessoal foi detectada em momento anterior ou posterior à doação, bastando que os fatos jurídicos tributários sejam anteriores à transferência dos bens, e que a autoria do ilícito seja reconhecida previamente à anulação da doação.

Por outro lado, como a intenção de fraudar é elemento fundamental para a anulação do ato jurídico, a procedência da ação pauliana deverá estar condicionada a essa prova: o credor deverá demonstrar que o administrador tinha, ou deveria ter, consciência de seu estado de insolvência, ao passo que o devedor deverá apresentar fatos que refutem essa alegação (como, por exemplo, o fato de ter diversos outros bens suficientes ao pagamento da dívida, o fato de que a inadimplência é insuficiente para transferir a responsabilidade da dívida para o administrador etc.).

7.12 Impossibilidade do redirecionamento da execução fiscal quando a pessoa jurídica não tiver bens suficientes para a quitação da dívida

A inexistência de bens suficientes para a quitação do débito é, muitas vezes, considerada pela Fazenda Pública como fato suficiente para o redirecionamento da execução fiscal em face do administrador, execução essa originalmente promovida contra a pessoa jurídica.[88] Normalmente, esse procedimento não é realizado com base em qualquer ato investigatório prévio, de apuração da causa de insuficiência de bens.

O redirecionamento, nos termos ora colocados, é ilegal. A Fazenda deveria, primeiro, investigar o motivo pelo qual não existem bens suficientes para, somente se detectado o desfazimento fraudulento, decorrente de decisão imputável ao administrador, redirecionar a execução. Faz-se mister, portanto, provar que, por decisão do administrador, os bens foram transferidos da sociedade, com o intuito de se evitar que a dívida fosse com eles quitada.

Por fim, como nesse caso não estamos tratando de dissolução irregular dolosa da sociedade, e sim de insuficiência de bens de sociedade devidamente localizada, a única consequência jurídica prevista e autorizada em nosso ordenamento é a da suspensão da execução fiscal, conforme disposto no art. 40 da Lei de Execuções Fiscais.[89]

7.13 Confissão da dívida fiscal pela pessoa jurídica e responsabilidade pessoal do administrador

Determinada pessoa jurídica, até então tida como sujeito passivo de execução fiscal, confessa o seu débito, desiste da ação e renuncia expressamente a todo e qualquer questionamento relativo ao débito, condições para a adesão ao parcelamento

---

88. Parte da jurisprudência também tem o mesmo entendimento: "Ajuizada execução fiscal contra sociedade por cotas de responsabilidade limitada, e não localizados bens desta suficientes para o adimplemento da obrigação, pode o processo ser redirecionado contra o sócio-gerente, hipótese em que este deve ser preliminarmente citado em nome próprio para se defender da responsabilidade imputada, cuja causa o credor deve traduzir em petição clara e precisa." (STJ, 2ª Turma, REsp 7.397-MT, Rel. Min. Ari Pargendler, j. 04.09.1995, v.u).

89. "Art. 40. O juiz suspenderá o curso da execução, enquanto não for localizado o devedor ou encontrados bens sobre os quais possa recair a penhora, e, nesses casos, não correrá prazo de prescrição."

especial (com anistia de multas) proposto pela Fazenda. Como exemplos da necessidade de confissão, desistência e renúncia poderíamos citar o REFIS e o PAES. A lei instituidora desses programas determina, também, que o contribuinte não poderá deixar de pagar três parcelas sucessivas ou seis alternadas, sob pena de exclusão do Programa e restabelecimento das quantias relativas aos benefícios fiscais então concedidos.

Após o parcelamento, o contribuinte passa a descumprir com os termos do parcelamento especial, provocando o restabelecimento da parcela anistiada e a imediata execução da dívida, sem que seja possível discutir o débito novamente.

Nesse contexto, indaga-se: o administrador poderia sofrer os efeitos jurídicos da confissão irretratável da dívida feita pela pessoa jurídica, e não por ele?

É de nosso entendimento que, embora o mérito da dívida não possa mais ser questionado – porque confessado pela pessoa jurídica – a responsabilidade tributária, que possui pressupostos fáticos e jurídicos diversos da obrigação tributária decorrente da prática do fato gerador, não foi objeto de confissão e deve necessariamente ser analisada pelo Judiciário pois, ainda que o crédito seja devido, a pessoa física não necessariamente por ele responde. Confira-se, nesse sentido, a seguinte decisão proferida no REsp 1234480/SC:

> PROCESSUAL CIVIL E TRIBUTÁRIO. EXECUÇÃO FISCAL. EMBARGOS À EXECUÇÃO. PARCELAMENTO. SUSPENSÃO. ART. 793 DO CPC. PRINCÍPIO DA ECONOMIA PROCESSUAL. AFASTAMENTO.
>
> [...] 3. Os presentes embargos à execução foram opostos não pelo devedor originário, mas por responsável solidário, incluído no polo passivo, posteriormente ao ajuizamento da execução, por suposta formação de grupo econômico. Neles se discute, como questão central, a ausência de formação de grupo econômico e a inexistência de sucessão tributária que justifique a inclusão da embargante no polo passivo da execução.
>
> 4. No recurso de apelação, que se pretende suspender por força da adesão ao parcelamento requerido por empresa diversa, discutem-se temas como cerceamento de defesa e preclusão do

direito de discutir a suposta formação de conglomerado econômico, questões estranhas à legitimidade do crédito parcelado.

5. Assim, o fato de estar suspensa a exigibilidade do crédito não afeta nem prejudica as questões centrais discutidas no recurso de apelação que aguarda julgamento na Corte regional, quer porque não foi a embargante quem requereu o parcelamento, quer porque a matéria central tratada nos embargos não está diretamente relacionada à legitimidade do crédito tributário objeto do parcelamento.

6. Ainda que suspensa a exigibilidade do crédito parcelado, nada impede que a Corte regional, no julgamento da apelação: (a) reconheça o cerceamento de defesa, determinado o retorno dos autos à origem para produção de provas quanto à suposta formação de grupo econômico; (b) afaste a preclusão reconhecida na sentença para se discutir a sucessão tributária; ou (c) no mérito, acolha a ilegitimidade de parte por ausência de solidariedade entre a devedora originária e a embargante, excluindo esta última do polo passivo da execução.

7. A suspensão dos embargos à execução, portanto, não pode ser justificada no princípio da economia processual, nem encontra amparo no art. 793 do CPC, dispositivo apontado como violado.

7.14 Responsabilidade do administrador pelo extravio e pela inutilização de documentos fiscais

A legislação tributária determina que as pessoas jurídicas devam gerar e manter em boa ordem toda a documentação que compõe a sua escrituração fiscal, como, por exemplo, os livros, as notas fiscais e as despesas contabilizadas como dedutíveis, enquanto não prescritas eventuais ações de fiscalização e cobrança pertinentes ao Fisco.

Caso ocorra o extravio ou a inutilização dos referidos documentos, a legislação estabelece uma série de procedimentos de observância obrigatória pela pessoa jurídica que teve seus documentos extraviados.

No âmbito federal, o § 1º do art. 278 do RIR/2018 determina que a pessoa jurídica deve publicar, em jornal de grande circulação do local de seu estabelecimento, o aviso concernente ao extravio e, dentro de 48 (quarenta e oito) horas da publicação, informar o órgão competente do Registro do Comércio e remeter cópia dessa comunicação à Receita Federal de sua jurisdição.

A legalização dos novos livros, fichas ou arquivos magnéticos só será providenciada depois dos mencionados procedimentos, caso em que a Secretaria da Receita Federal autorizará a emissão da nova documentação fiscal.

Já a Secretaria da Fazenda do Estado de São Paulo determina, por meio da Portaria do Coordenador da Administração Tributária – CAT/SP nº 17/2006, que o contribuinte comunique o extravio ao Posto Fiscal a que estiver vinculado, entregue ao Posto Fiscal uma Declaração de Extravio de Documentos, e publique, por três vezes, anúncio em jornal da localidade, relativo à ocorrência e com a identificação dos documentos fiscais extraviados.

Além dos atos previstos acima, deverá também ser lavrado o termo circunstanciado no livro Registro de Utilização de Documentos Fiscais e Termos de Ocorrência, o qual deverá ser vistado pelo Fisco quando da entrega da comunicação acima mencionada.

Por outro lado, se a sociedade não tiver observado esses procedimentos, além das multas eventualmente aplicáveis pela não apresentação de documentos fiscais, ficará sujeita ao arbitramento da base de cálculo dos tributos (arts. 53, § 2º, do RIR/2018 e 493 do RICMS/SP, ambos fundados no art. 148 do CTN).

O arbitramento, no entanto, será inaplicável se restar provado que embora os documentos fiscais da sociedade tenham sido extraviados, esse fato ocorreu em virtude de caso fortuito. Esse é o entendimento tanto da jurisprudência judicial,[90]

---

90. 3ª Turma do TRF da 1ª Região na AC 199201314302/GO, *in verbis*: "Tributário. Imposto de Renda e tributação reflexa. Desconsideração da escrita. Arbitramento. Descabimento ante a destruição de livros e documentos em decorrência de caso fortuito ou força maior. 1. Constitui caso fortuito ou de força maior inundação que destrói livros fiscais e documentos contábeis do contribuinte, somente se justificando o arbitramento do lucro se comprovado, por outros meios, não corresponderem

como da administrativa,[91] sendo imprescindível que o contribuinte comprove não ter incorrido em culpa (imperícia, imprudência ou negligência) ou dolo.

Importante observar, nesse contexto, que se a sociedade (i) não possuir os arquivos magnéticos que dão suporte aos livros fiscais; e (ii) também não tiver salvo os *backups* necessários à reconstituição de sua escrita contábil, tais condutas caracterizarão, em princípio, culpa da sociedade por negligência, o que compromete a tipificação do caso fortuito. O dolo, por sua vez, estará caracterizado se for comprovada, mediante a utilização de provas diretas ou indiretas, a intenção da sociedade de não cumprir com esses requisitos, com a finalidade de justamente impossibilitar a reconstituição da escrita fiscal.

Se o dolo do administrador for provado, além do arbitramento da base de cálculo, a responsabilidade pelo pagamento das multas aplicáveis em virtude da ausência de documentação, e do crédito tributário apurado, será do administrador autor da conduta ilícita, nos termos do art. 137, II ou III, do CTN.

7.15 Responsabilidade do ex-sócio pelas dívidas fiscais relativas a fatos jurídicos tributários ocorridos na época de sua administração. Perda ou não apresentação dos documentos fiscais pelos sucessores

Quando a propriedade das quotas de uma sociedade é transferida a terceiros, o adquirente normalmente passa a se responsabilizar pela guarda de toda documentação fiscal. Nada mais razoável, sobretudo porque os documentos

---

à realidade as declarações de renda apresentadas à Receita Federal. 2. Apelações e remessas a que se nega provimento." No mesmo sentido, a 1ª Turma do TRF da 4ª Região na AC 9504420516/PR.

91. "Ementa: IRPJ – Lançamento – Arbitramento – Comprovada a ocorrência de caso fortuito, a inexistência de culpa da empresa no sinistro, e a impossibilidade de reconstituição da escrita, incabível o arbitramento do lucro." (Primeira Câmara do Conselho de Contribuintes, processo nº 10735.000077/95-56. Recorrente: DRJ-Rio de Janeiro/RJ. Recorrida: Resitec Indústria Química Ltda.).

pertencem à sociedade, e não aos ex-sócios, e devem ser guardados pelo menos até o término do prazo decadencial, a fim de possibilitar a apresentação da documentação ao Fisco e a utilização desses documentos em favor da própria sociedade.

Uma situação não rara é a da saída dos sócios, a transferência de toda a documentação, a conduta ilegal por parte do sócio sucessor, e a responsabilização do ex-sócio pela dívida fiscal, tendo em vista que, na data dos fatos jurídicos, a alienação da sociedade ainda não havia se concretizado.

O problema que então se verifica é que, de um lado, ao ex-sócio não é assegurada a ampla defesa – já que ele não tem mais acesso aos documentos que comprovariam suas alegações – e, de outro lado, o direito do Fisco, de executar pessoalmente o sócio que agiu com dolo no cumprimento de suas obrigações fiscais.

A solução não é única, e dependerá de todas as características pertinentes ao caso concreto. Apresentaremos alguns dos pontos que deverão ser observados em qualquer análise.

Por parte do ex-sócio, há de ser considerada a impossibilidade de ampla defesa. O desrespeito a esse princípio é inequívoco se a pessoa que está sendo responsabilizada não tem acesso aos documentos que provam suas alegações.

Mas não é só. Os próprios fatos poderão ser de difícil ou impossível explicação se o ex-sócio necessitar contar exclusivamente com sua memória, considerando-se a infinidade de lançamentos fiscais, de operações e de atos de comércio normalmente existentes. O risco pertinente à venda de sociedades demonstra-se, nesse sentido, elevadíssimo.

Ocorre que o sistema jurídico não permite a privação da liberdade ou dos bens daquele que não teve assegurado o devido processo legal (art. 5º, inciso LIV, da Constituição), assim como garante o contraditório e a ampla defesa aos litigantes e aos acusados em geral (art. 5º, inciso LV, da Constituição). Por isso, um ponto extremamente importante é verificar a origem da impossibilidade da defesa: se a documentação não está sendo apresentada porque o ex-sócio simplesmente alega não ter mais acesso a ela (em virtude da venda), ou se não está sendo apresentada porque a pessoa jurídica foi irregularmente dissolvida, não conseguindo o Fisco localizar a sociedade ou seus atuais sócios.

A primeira hipótese é certamente insuficiente para afastar a cobrança da dívida do ex-sócio, pois o interesse público não pode se sujeitar a meras alegações. Ora, é inequívoco que, se o Fisco provar que o administrador agiu com dolo durante a sua gestão, poderá acioná-lo para responder pessoalmente pela dívida, conforme autoriza a legislação em vigor.

A alegação de que a dívida é da pessoa jurídica, e não da pessoa física, demonstra-se também insuficiente para afastar a responsabilidade, sempre que existirem provas de dolo na conduta desse sujeito.

O que o ex-sócio precisa provar, para restar patente a sua impossibilidade de defesa, é que as diligências para a obtenção da documentação fiscal foram tomadas, mas o resultado foi infrutífero. Se possível, a pessoa deve indicar o endereço e o nome do atual detentor dos documentos e deve demonstrar a recusa dessa pessoa em entregar a documentação, bem como deve apresentar todos os demais atos indicativos de seu esforço. Feito isso, o ex-sócio não poderá ser responsabilizado.

Já a segunda hipótese contempla a possibilidade de o ex-sócio realmente não ter qualquer envolvimento com a dissolução irregular da sociedade, ou com a inexistência ou a não apresentação da documentação por parte dos atuais sócios. A questão, portanto, é probatória. Se o ex-sócio agiu de boa-fé, e o atual foi quem dissolveu irregularmente a sociedade ou foi quem se recusa a apresentar a documentação ao Fisco, somente este último – atual sócio – poderá ser pessoalmente responsabilizado.

O cuidado que se deve ter, nessa situação, é o de investigar minuciosamente a alienação das quotas e os atos posteriores, a fim de não se desprezar a possibilidade da transferência e da posterior inexistência de documentação terem sido premeditados, visando a, justamente, afastar a responsabilidade do ex-sócio.

Mas não se despreze, por outro lado, que não é porque as quotas foram vendidas e a sociedade simplesmente desapareceu, que o ex-sócio participou do ilícito. Não é de se esperar que a pessoa tivesse copiado toda a documentação de sua ex-sociedade, e também não é de se esperar que o ex-sócio continuasse acompanhando as atividades sociais para que, se um dia fosse executado pelo Fisco, pudesse facilmente indicar onde estariam os bens e os atuais sócios.

Essas atitudes não são as normalmente praticadas, e nem são exigíveis com base em experiências universalmente aceitas, em conhecimentos gerais ou naquilo que o senso comum indica. As regras de experiência não sugerem tamanha precaução por parte do ex-sócio.

Portanto, nas situações de dissolução irregular da sociedade, inexistência de documentação, ou ausência de sua apresentação, em que o ex-sócio não tenha qualquer envolvimento, ele não poderá ser responsabilizado pessoalmente pelo débito fiscal se suas alegações dependerem de provas, pois a ampla defesa não lhe estará sendo garantida, já que ele não terá acesso à documentação necessária à comprovação de suas alegações. Somente os sócios que cometeram tais irregularidades (no caso, os atuais sócios), poderão ser eventualmente responsabilizados, não pelos fatos jurídicos, mas pela inexistência de documentação.

Capítulo VIII
DESCONSIDERAÇÃO DA PERSONALIDADE JURÍDICA E DE ATOS E NEGÓCIOS SIMULADOS

8.1 Teoria da desconsideração da personalidade jurídica

Diferentemente das pessoas naturais, a pessoa jurídica é um ente incorpóreo, uma realidade abstrata decorrente de um reconhecimento jurídico. A personificação da pessoa jurídica é considerada uma construção técnica jurídica, criada a partir de seus registros nos órgãos competentes, composto por fatores econômicos, sociais e jurídicos, e, por definição legal, não se confunde com o empresário, sócio ou administrador.[92] Possui autonomia obrigacional, processual e patrimonial.[93]

Ocorre que diante da possibilidade de os sócios e acionistas utilizarem-se da sociedade para a prática de atos ilegais, em benefício próprio ou de terceiros, e contrários aos interesses da sociedade e de pessoas de boa-fé, a distinção da sociedade e de seus sócios não deve ser tomada de forma absoluta.

A solução criada pela doutrina, e aceita pelo Judiciário a partir de decisões proferidas na Inglaterra, Estados Unidos e

---

92. TORRES, Heleno Taveira. *Regime tributário da interposição de pessoas e da desconsideração da personalidade jurídica*: os limites do art. 135, II e III, do CTN, p. 38.

93. COELHO, Fábio Ulhôa. *Curso de direito comercial: direito de empresa*, p. 14-15.

Alemanha, foi a teoria da desconsideração da personalidade jurídica (*disregard doctrine*), em razão da qual se deve ignorar a *autonomia patrimonial* da pessoa jurídica, passando os sócios a responder ilimitadamente pelas obrigações sociais contraídas. Com isso, atribui-se ao sócio (pessoa física ou jurídica) consequências que ordinariamente deveriam ser imputadas à sociedade devedora.

Assim, preserva-se a personalidade em detrimento do sócio ou acionista que praticou o ato. A pessoa jurídica permanecerá existindo, com todas as suas prerrogativas legais e responsabilidades pelos demais atos, que não o abusivo.

Nessa medida, a teoria busca a *ineficácia relativa da personalidade jurídica para um determinado caso, e não a invalidade da sociedade*. É relativa porque o ato jurídico que desconsidera a personalidade só produzirá efeitos em determinado negócio jurídico e perante certas pessoas, permanecendo válida para as demais situações. Essa conclusão é muito importante para distinguirmos duas situações distintas e com grande repercussão pragmática para os grupos econômicos – de fato e irregulares (sociedades simuladas) – conforme teremos oportunidade de analisar no item do Capítulo IX.

Ademais, a desconsideração pode-se dar de três formas distintas: direta, inversa e expansiva. Seja qual for a espécie, a existência de uma relação de controle (de fato ou de direito) é requisito fundamental, pois apenas o controlador pode, por meio do exercício de seu poder de mando, abusar da personalidade jurídica, desviando-a de suas finalidades, praticando atos de fraude à lei e confundindo bens pessoais seus com o patrimônio das demais sociedades.

Na desconsideração *direta*, responsabiliza-se o sócio pessoa física ou jurídica por débitos da pessoa jurídica. É a hipótese mais comum de responsabilização. Já na *inversa*, responsabiliza-se a pessoa jurídica por obrigações do sócio ou administrador, revelando-se em instrumento hábil para combater a dilapidação patrimonial, prática de transferência de bens para pessoas jurídicas sobre as quais o devedor detém controle.

Quem primeiramente tratou da desconsideração inversa foi Fábio Konder Comparato,[94] ao afirmar que "a desconsideração da personalidade jurídica não atua apenas no sentido da responsabilidade do controlador por dívidas da sociedade controlada, mas também em sentido inverso, ou seja, no da responsabilidade desta última por atos do seu controlador."

A interpretação restritiva, no sentido de que a desconsideração somente serve para atingir bens de sócios em razão de dívidas da sociedade, e não o inverso, não deve prevalecer. Primeiramente porque "sócio" não é apenas uma pessoa física. São incontáveis as sociedades que possuem em seu quadro pessoas jurídicas titulares de quotas e ações.

Além disso, com base numa interpretação teleológica, podemos afirmar que a finalidade da *disregard doctrine* é combater a utilização indevida do ente societário por seus sócios, além do abuso de direito. A utilização indevida da personalidade jurídica pode, outrossim, compreender tanto a hipótese de o sócio esvaziar o patrimônio da pessoa jurídica para fraudar terceiros, quanto no caso de ele esvaziar o seu patrimônio pessoal, enquanto pessoa natural, e o integralizar em pessoas jurídicas, ou seja, transferir seus bens a entes societários, de modo a ocultar o seu patrimônio. O esvaziamento aplica-se igualmente entre empresas de um mesmo grupo econômico.

E a jurisprudência não destoa da linha ora defendida. A esse respeito confira-se a decisão proferida no REsp nº 948.117:

> PROCESSUAL CIVIL E CIVIL. RECURSO ESPECIAL. EXECUÇÃO DE TÍTULO JUDICIAL. ART. 50 DO CÓDIGO CIVIL/2002. DESCONSIDERAÇÃO DA PERSONALIDADE JURÍDICA INVERSA. POSSIBILIDADE.
>
> [...] III – A desconsideração inversa da personalidade jurídica caracteriza-se pelo afastamento da autonomia patrimonial da

---

94. *O poder de controle na sociedade anônima*, p. 464.

sociedade, para, contrariamente do que ocorre na desconsideração da personalidade propriamente dita, atingir o ente coletivo e seu patrimônio social, de modo a responsabilizar a pessoa jurídica por obrigações do sócio controlador.

IV – Considerando-se que a finalidade da *disregard doctrine* é combater a utilização indevida do ente societário por seus sócios, o que pode ocorrer também nos casos em que o sócio controlador esvazia o seu patrimônio pessoal e o integraliza na pessoa jurídica, conclui-se, de uma interpretação teleológica do art. 50 do Código Civil/2002, ser possível a desconsideração inversa da personalidade jurídica, de modo a atingir bens da sociedade em razão de dívidas contraídas pelo sócio controlador, conquanto preenchidos os requisitos previstos na norma.

A desconsideração inversa, ademais, foi expressamente indicada no § 2º do art. 133 do CPC, que trata do incidente de desconsideração da personalidade jurídica. Ainda que o enunciado seja aplicável apenas para os casos de grupos econômicos, com ele afastou-se qualquer dúvida remanescente a respeito da ampla possibilidade da desconsideração inversa.

Por fim, a desconsideração poderá ser *expansiva*, hipótese que visa a alcançar não apenas os sócios formais da devedora, mas também os ocultos.

No direito positivo brasileiro, a desconsideração foi introduzida pelo Código de Defesa do Consumidor (art. 28 da Lei 8.078/90), e são muitas as críticas a esse dispositivo, por não ter se referido ao dolo e nem excepcionado, ao menos aparentemente, a regra segundo a qual o ilícito é pressuposto para a desconsideração.

Posteriormente, a Lei 8.884/94, alterada pela Lei 12.529/2011 (Lei Antitruste), a Lei 9.605/98 (Lei de Responsabilidade por Danos Ambientais) e a Lei 12.846/2013 (Lei Anticorrupção) adotaram a desconsideração. No Direito Tributário, não há norma específica sobre a matéria, razão pela qual a legislação civil é aplicada subsidiariamente (art. 50 do Código Civil).

Por inúmeras vezes, já afirmamos que a obrigação de pagar tributo é da sociedade. A inadimplência, quando não dolosa, provoca apenas a obrigação da pessoa jurídica de quitar a dívida, acrescida das penalidades moratórias, mas não a responsabilidade pessoal do administrador, conforme Súmula 430 do STJ ("O inadimplemento da obrigação tributária pela sociedade não gera, por si só, a responsabilidade solidária do sócio-gerente.").

Agregue-se a isso o fato de que o STF, ao julgar a inconstitucionalidade do art. 13 da Lei nº 8.620/93,[95] considerou que a norma era também materialmente inconstitucional, uma vez que "não é dado ao legislador estabelecer confusão entre os patrimônios das pessoas física e jurídica, o que, além de impor desconsideração *ex lege* e objetiva da personalidade jurídica, descaracterizando as sociedades limitas, implica irrazoabilidade e inibe a iniciativa privada, afrontando os arts. 5º, XIII, e 170, parágrafo único, da Constituição."

Portanto, não basta identificar uma dívida para que a desconsideração da personalidade jurídica seja cabível. A separação das personalidades jurídica e física existe no direito brasileiro, e esta regra não é vazia de sentido. Somente em situações excepcionais e determinadas, nas quais fique evidenciada a fraude ou o abuso, a personalidade deve ser desconsiderada a fim de se combater a utilização indevida do ente societário. É nesse sentido o posicionamento do STJ no REsp 767.021, dentre outros:

> [...] 3. A desconsideração da pessoa jurídica, mesmo no caso de grupos econômicos, deve ser reconhecida em situações excepcionais, onde se visualiza a confusão de patrimônio, fraudes, abuso de direito e má-fé com prejuízo a credores. No caso *sub judice*, impedir a desconsideração da personalidade jurídica da agravante implicaria em *(sic)* possível fraude aos credores. Separação societária, de índole apenas formal, legitima a irradiação dos efeitos ao patrimônio da agravante com vistas a garantir a execução fiscal da empresa que se encontra sob o controle de mesmo grupo econômico (Acórdão *a quo*).

Isto posto, passaremos agora a tratar do art. 50 do Código Civil, regra geral e subsidiária, passível de ser utilizada na ausência de norma específica no CTN, tendo por objeto a desconsideração da personalidade jurídica.

---

95. RE 562.276/PR.

8.2 Art. 50 do Código Civil

A desconsideração da personalidade jurídica somente pode ser aplicada se houver *abuso da personalidade*, caracterizado pelo desvio de finalidade ou pela confusão patrimonial. É o que prescreve o art. 50 do Código Civil, com a nova redação dada pela Lei 13.874/2019 (Lei da Liberdade Econômica):

> Art. 50. Em caso de abuso da personalidade jurídica, caracterizado pelo desvio de finalidade ou pela confusão patrimonial, pode o juiz, a requerimento da parte, ou do Ministério Público quando lhe couber intervir no processo, desconsiderá-la para que os efeitos de certas e determinadas relações de obrigações sejam estendidos aos bens particulares de administradores ou de sócios da pessoa jurídica beneficiados direta ou indiretamente pelo abuso.
>
> § 1º Para os fins do disposto neste artigo, desvio de finalidade é a utilização da pessoa jurídica com o propósito de lesar credores e para a prática de atos ilícitos de qualquer natureza.
>
> § 2º Entende-se por confusão patrimonial a ausência de separação de fato entre os patrimônios, caracterizada por:
>
> I - cumprimento repetitivo pela sociedade de obrigações do sócio ou do administrador ou vice-versa;
>
> II - transferência de ativos ou de passivos sem efetivas contraprestações, exceto os de valor proporcionalmente insignificante; e
>
> III - outros atos de descumprimento da autonomia patrimonial.
>
> § 3º O disposto no *caput* e nos §§ 1º e 2º deste artigo também se aplica à extensão das obrigações de sócios ou de administradores à pessoa jurídica.
>
> [...]
>
> § 5º Não constitui desvio de finalidade a mera expansão ou a alteração da finalidade original da atividade econômica específica da pessoa jurídica."

O sujeito competente permanece sendo o juiz de direito, que deve ser provocado pelas partes ou pelo Ministério Público. A ele cabe a avaliação da ocorrência ou não dos fatos autorizadores da desconsideração (desvio de finalidade ou confusão patrimonial), consistindo, portanto, numa cláusula de reserva de jurisdição.

Além disso, dispensa-se a propositura de ação autônoma. Verificados os pressupostos de sua incidência, poderá o juiz, incidentalmente no próprio processo de execução, determinar que o ato de expropriação atinja terceiros envolvidos, de forma a impedir a concretização de fraude à lei ou contra terceiros.

Ademais, a responsabilidade é exclusivamente patrimonial, ou seja, não é o caso de sujeição passiva tributária. Essa conclusão é construída a partir do enunciado legal, que é incisivo ao prescrever que "pode o juiz decidir ... que os efeitos de certas e determinadas relações de obrigações sejam estendidos aos *bens particulares* dos administradores ou sócios das pessoas jurídica." Com isso, a sociedade não integrará a relação jurídica tributária na qualidade de parte (autor ou réu), devendo ser considerada terceiro. Essa importante conclusão é confirmada pelos arts. 133 a 137 do CPC, integrantes do Capítulo IV do Título III do Código, que dispõe sobre as hipóteses de intervenção de terceiros.

No que diz respeito às condições materiais para a aplicação da desconsideração, temos que deverá ser comprovado o *abuso de personalidade*, assim definido pelo cometimento de desvio de finalidade ou confusão patrimonial.

Para o Código Civil, desvio de finalidade é a utilização dolosa (e não meramente culposa) da pessoa jurídica, com o propósito de lesar credores e para a prática de atos ilícitos de qualquer natureza. Não consiste na mudança de atuação original ou expansão.

No desvio de finalidade, a infração pode coincidir com as materialidades previstas no art. 135 do CTN, mas a autoria é diversa: no CTN, temos o administrador pessoa física, responsável tributário que agiu de forma ilícita na gestão da sociedade, ao passo que no Código Civil temos infrações praticadas por pessoas jurídicas (ainda que por meio de pessoas físicas), notadamente as que compõem grupos econômicos.

Já a *confusão patrimonial* consiste na impossibilidade de fixação de limite entre os patrimônios da pessoa jurídica e o dos sócios e acionistas, tamanha a mistura (confusão) que se estabelece entre ambos. Trata-se da concepção objetiva da desconsideração, que não toma como premissa a fraude e o abuso, de caráter eminentemente subjetivo e de difícil comprovação. A prova, na confusão patrimonial, tende a ser mais simples e objetiva.

A confusão patrimonial resta configurada, por exemplo, quando há cumprimento repetitivo pela sociedade de obrigações do sócio ou do administrador ou vice-versa; na transferência de ativos ou de passivos sem efetivas contraprestações, exceto o de valor proporcionalmente insignificante; quando a sociedade paga dívida do sócio; quando os registros contábeis evidenciam vultosos empréstimos entre as sociedades; quando há bens também de sócio registrados em nome da sociedade e vice-versa etc., não havendo suficiente distinção, no plano patrimonial, entre as pessoas – o que pode ser verificado pela escrituração contábil e pela movimentação financeira.

Registramos apenas que os termos "repetitivo" e "proporcionalmente insignificante", contemplados no § 2º do art. 50 do CC, são conceitos em relação aos quais inexistem critérios objetivos de determinação, o que poderá gerar controvérsia, a ser dirimida considerando as peculiaridades de cada caso.

Por outro lado, não há confusão patrimonial quando (i) for perfeitamente identificável, divisível e segregável o patrimônio e as operações das pessoas envolvidas, (ii) houver contabilidade regular das sociedades, não contestada pelo Fisco, (iii) não for constatada receita omitida e/ou de despesas indevidamente apropriadas pelas pessoas jurídicas e (iv) não forem identificados pagamentos de dívidas e empréstimos a favor do grupo econômico.

Sem dúvida alguma, a confusão patrimonial é eloquente indício de fraude. Mas só pode ser entendida e aplicada *como confusão patrimonial*, e não como qualquer outro conjunto probatório que justifique, finalisticamente, a garantia do crédito tributário mediante a atribuição de responsabilidade patrimonial a terceiros. Para a garantia do crédito, o Fisco possui outros meios legítimos.

A jurisprudência vem construindo inúmeras acepções para o termo *confusão patrimonial*, em nossa avaliação de forma equivocada e ao arrepio da lei, tendo em vista empregar uma amplitude quase que ilimitada às possibilidades de desconsideração, em flagrante violação à legalidade e à segurança jurídica dos contribuintes, que são paulatinamente surpreendidos com autos de infração e redirecionamentos de execuções fiscais.

Ora, o termo confusão patrimonial, embora não definido em lei, não pode ser considerado de elevada imprecisão semântica. Existe um conteúdo mínimo que nos permite concluir o que é confusão e o que não é. Se duas empresas possuem os mesmos sócios e encontram-se estabelecidas na mesma localidade, mas possuem contabilidade e movimentações financeiras próprias e há perfeita distinção patrimonial, não há que se falar em confusão patrimonial. Igualmente, se a fiscalização não apura erros nos critérios e registros contábeis para reconhecimento de receitas e apropriação de custos e despesas entre as pessoas jurídicas envolvidas, e não identifica pagamentos de dívidas da devedora originária pelas demais, não há que se falar em confusão patrimonial.

Portanto, a nova redação do art. 50 seguiu a prescrição antiga ao prever que a desconsideração somente se aplica se houver abuso da personalidade, caracterizado pelo desvio de finalidade ou pela confusão patrimonial. Inovou, no entanto, ao exemplificar as hipóteses de confusão patrimonial (§ 2º), além de dispor sobre o que deve e não deve ser entendido como desvio de finalidade (§§ 1º e 5º). E, por fim, deixou clara a impossibilidade da desconsideração de empresas integrantes de grupos econômicos, salvo na hipótese de fraude (§ 4º).

8.3 Desconsideração de atos e negócios jurídicos e a Lei Complementar 104/2001

O art. 1º da Lei Complementar 104/2001, alterou, dentre outros, o art. 116 do CTN, introduzindo-lhe o parágrafo único. Prescreve referido dispositivo: "A autoridade administrativa poderá desconsiderar atos ou negócios jurídicos praticados com a finalidade de dissimular a ocorrência do fato gerador do tributo ou a natureza dos elementos constitutivos da obrigação tributária, observados os procedimentos a serem estabelecidos em lei ordinária."

A doutrina brasileira divide-se basicamente em duas correntes interpretativas: os que entendem que este dispositivo legal introduziu no sistema jurídico brasileiro norma geral antielisiva[96] e os que entendem tratar-se de norma antissimulação.[97] Somos adeptos desta segunda corrente, por entender, na linha de Eduardo Domingos Bottalo,[98] que "reprimir a elisão é, em última análise, o mesmo que frustrar o regular exercício de um direito." Os direitos e garantias individuais do cidadão contribuinte não foram reformulados por uma norma antielisiva: o direito à auto-organização, ao planejar-se licitamente, permanece existindo.

Dissimular é disfarçar, fingir, ocultar, encobrir. Disfarça-se uma realidade jurídica (ato ou negócio formalmente realizado), ocultando-se outra que é a efetivamente praticada (ato ou negócio dissimulado), para os fins de diminuir, ou até mesmo eliminar, a carga tributária. Na dissimulação, há dois fatos vertidos em linguagem e objetos de prova: o simulado, construído por aqueles que intentaram o ato ou negócio jurídico nulo; e o fato que se pretendeu ocultar, a ser construído por aquele que deseja comprovar a simulação. Portanto, o objeto da simulação é o que se apresenta ao mundo, ao passo que o da dissimulação é o que se esconde, embora, nos dois casos, a realidade física esteja sempre ocultada.

A legislação complementar ora tratada confere às pessoas políticas competência para a criação de lei ordinária contemplando o procedimento a ser adotado para a desconsideração de atos

---

96. TORRES, Ricardo Lobo. *Curso de direito financeiro e tributário*, p. 162-163.
97. XAVIER, Alberto. *Tipicidade da tributação, simulação e norma antielisiva*, p. 156-157.
98. *Curso de processo administrativo tributário*, p. 126.

jurídicos dissimulados. Como tal lei ainda não foi criada, a ausência de regulamentação gera a ineficácia técnica de natureza sintática do parágrafo único do art. 116 e, portanto, sua inaplicabilidade.

Apesar disso, mesmo antes do advento da Lei Complementar 104/2001, o ordenamento jurídico brasileiro já autorizava a desconsideração de atos ou negócios dissimulados, por meio do art. 149, VII, do CTN, que prescreve que o lançamento será efetuado e revisto de ofício, quando se comprovar que o sujeito passivo agiu com dolo, fraude ou simulação. É nesse sentido a lição de Paulo de Barros Carvalho:[99]

> O ordenamento jurídico brasileiro, a meu ver, já autorizava a **desconsideração** de negócios jurídicos dissimulados, a exemplo do disposto no art. 149, VII, do Código Tributário Nacional. O dispositivo comentado veio apenas ratificar a regra existente no sistema em vigor. Por isso mesmo, assiste razão a Heleno Torres, ao asseverar que a referida alteração tão só aperfeiçoa o que já se encontrava previsto, de modo genérico, afastando quaisquer dúvidas concernentes à possibilidade de Administração desconsiderar os negócios fictícios ou dissimulados.

Entendemos inexistir inconstitucionalidade na desconsideração de atos jurídicos dissimulados que impliquem evasão fiscal. Como os atos ou negócios dissimulados encobrem o fato real, precursor de consequências tributárias, incumbe à autoridade administrativa desconsiderá-los para tornar conhecido o ato que se quis ocultar. Tanto o art. 149, VII, quanto o parágrafo único do art. 116, ambos do CTN, são conformes à Constituição.

Além disso, o parágrafo único do art. 116 não confere à Administração o direito de cobrar tributo correspondente ao montante que deixou de ser pago em face da operação economicamente vantajosa, promovida pelo contribuinte dentro dos parâmetros legais.

O fato de as exposições de motivos constantes da Lei Complementar 104/2001 considerar que os planejamentos

---

99. *Curso de direito tributário*, p. 271.

fiscais implicam diminuição de arrecadação e que, por isso, deveriam ser combatidos, não significa ter sido essa a opção legislativa: na elisão fiscal, não há fato ocultado, único constante do enunciado capaz de gerar a desconsideração do ato.

Diante do exposto, entendemos que o parágrafo único do art. 116 do CTN, introduzido pela Lei Complementar 104/2001, é constitucional, embora tecnicamente ineficaz uma vez que pende de regulamentação por meio de lei ordinária.

8.4 Atos e negócios jurídicos simulados e o art. 149, VII, do CTN

Nos termos do art. 149, VII, do CTN, o lançamento é efetuado e revisto de ofício pela autoridade administrativa "quando se comprove que o sujeito passivo, ou terceiro em benefício daquele, agiu com dolo, fraude ou simulação".

Em que pese o enunciado prescritivo fazer referência à expressão "sujeito passivo" no singular, ela deve ser entendida como o *devedor da obrigação*, seja ele contribuinte ou responsável, e em que número for (um ou vários).

Este entendimento coaduna-se com o art. 142 do CTN, que prescreve que o lançamento é ato privativo da autoridade administrativa, vinculado e obrigatório, e visa a verificar a ocorrência do fato jurídico, determinar a matéria tributável, calcular o montante do tributo devido, *identificar o sujeito passivo* e, quando for o caso, aplicar a penalidade cabível.

Portanto, a autoridade administrativa, por ocasião da lavratura de auto de infração, está obrigada a identificar todos os sujeitos que eventualmente devam responder pelo crédito tributário na condição de contribuintes e responsáveis, considerando, evidentemente, que a responsabilidade não se conformou por conta de fatos supervenientes ao lançamento.

O pressuposto de aplicabilidade do art. 149, VII, do CTN é a prática de um ilícito mediante dolo, fraude ou sonegação, pelo sujeito passivo ou terceiro, tais como na simulação da existência de personalidade jurídica, no conluio para obtenção de benefício fiscal ou para conferir aparência de legalidade a uma operação fictícia. Nessas situações, a norma mantém intactos a personalidade jurídica e os atos fraudulentos (desde que efetivamente existentes), mas autoriza que a Autoridade Administrativa determine que todos os envolvidos no ilícito respondam pelo passivo fiscal.

As materialidades que autorizam o lançamento de ofício ou sua revisão, com base no art. 149, VII do CTN, são o dolo, a fraude e a simulação.

Como já visto anteriormente, *dolo é a vontade consciente* das partes de praticar a conduta típica, e, com isso, obter determinado resultado, ou seja, de realizar os elementos constantes do tipo legal (*in casu*, fraude ou sonegação) ou assumir o risco de produzi-lo (previsibilidade do resultado). Nos casos em que precisar ser comprovado, a prova não deverá recair sobre a intenção do agente propriamente dita, mas sobre os fatos adjacentes à fraude, tais como frequência, voluntariedade, complexidade e consequências, bem como sobre as características do agente que o praticou. Chamemos esse conjunto de "dinâmica da fraude".

Com isso, a prova do dolo terá por objeto a sucessão de atos que resultaram na fraude e a maneira pela qual eles foram executados, a partir da análise do conjunto probatório envolvendo os documentos contábeis e fiscais do contribuinte, os desprovidos de natureza fiscal e contábil (tais como e-mails, correspondências, contratos), os documentos emitidos por terceiros (DIRRF, extratos bancários, notas fiscais), as provas emprestada e testemunhal etc.

Passemos agora à fraude, referida no direito positivo tanto no sentido penal quanto no civil.

No sentido penal tributário, fraude é definida pelo art. 72 da Lei 4.502/64 como sendo toda ação ou omissão dolosa que visa a impedir ou retardar, total ou parcialmente, a *ocorrência* do fato jurídico tributário, ou modificar suas características essenciais, de modo a reduzir o montante do imposto devido e evitar ou diferir o seu pagamento.

Já no sentido civil (fraude civil ou fraude à lei), haverá fraude quando o objetivo for contornar norma imperativa de tributação, utilizando-se de outra norma jurídica ou da ausência de previsão expressa. A conduta é lícita perante a norma de contorno e ilícita perante a contornada.

A fraude à lei decorre de uma *violação indireta da lei*, ou seja, a conduta praticada pelo sujeito é lícita, a rigor não viola diretamente nenhum mandamento legal. Entretanto, seu objetivo é contornar norma imperativa (contornada), utilizando-se de outra norma jurídica (de contorno), com o que acaba por afrontar o ordenamento, a proibição ou obrigação prevista em outra norma jurídica.

A consequência da fraude à lei, no direito civil, é a nulidade do negócio celebrado. No direito tributário, a fraude à lei é forte indício de *simulação relativa* que, se devidamente comprovada, autoriza a requalificação dos fatos pela autoridade administrativa ou judicial (por ilícito se tratar), mas sem a aplicação da multa qualificada prevista no art. 44 da Lei 9.430/96, já que não agride diretamente o consequente de uma norma jurídica que assegure um direito ao Fisco.

Já a simulação do negócio jurídico é disciplinada pelo art. 167 Código Civil e pode decorrer (i) da interposição de pessoas, (ii) da ocultação da verdade e (iii) da aposição de data falsa. E podem ser absolutas ou relativas.

Será absoluta se a declaração de vontade exprimir aparentemente um negócio jurídico, não sendo intenção das partes efetuar negócio algum. O ato ou negócio jurídico simplesmente não ocorreu. É meramente ilusório ou fictício, conforme nos ensina Washington de Barros Monteiro.[100]

Já na simulação relativa, há dois negócios jurídicos: um simulado, que não representa o querer das partes; e outro oculto,

---

100. *Curso de direito civil*: parte geral, p. 256.

disfarçado. É também denominada dissimulação. Exemplo típico, e que interessa muito à análise ora proposta, é dos casos de simulação de existência e autonomia societária, em que as pessoas jurídicas são apenas formalmente distintas, mas comprovadamente consistem em uma unidade só.

Como provas de simulação, podemos indicar (i) a inexistência de autonomia patrimonial, operacional e laboral e de clientela, (ii) a não publicidade de atos, em contraposição a outros divulgados e que lhe alteram o conteúdo (como a alienação de participação societária não divulgada a credores), (iii) a proximidade de datas entre atos sem uma justificativa plausível (operação "casa e separa") e (iv) a diferença não explicada de valores entre atos (por exemplo, contratos com montantes diversos).

Já quando duas ou mais sociedades concorrem para a prática de um ilícito, por exemplo, no caso de conluio entre duas empresas para o aproveitamento indevido de créditos de PIS/COFINS, de um lado, e diminuição do estoque de créditos, de outro, o art. 149, VII, é o correto fundamento de validade porque tanto o contribuinte quanto o terceiro em seu benefício agiriam conjuntamente em prol desses escusos fins (fraudulentos). Foge-se, com isso, da interminável discussão do que venha a ser o "interesse comum" do art. 124, I, do CTN.

Por fim, não compartilhamos do entendimento de que o art. 149 autoriza que o crédito tributário seja constituído somente em face do efetivo realizador do fato jurídico tributário, partícipe de atos negociais que se encontravam ocultos em razão de pacto simulatório perpetrado com o auxílio de interposta pessoa, não configurando hipótese de solidariedade tributária.[101]

Primeiramente porque a solidariedade deve ser atribuída a todos os envolvidos, tendo em vista que a acusação, que pode ou não prevalecer, é de ocultação do correto sujeito passivo, que não deveria ser o sujeito "A" (aquele que agiu em benefício de outrem/interposta pessoa) e sim o sujeito "B" (beneficiado e encobertado por "A").

---

101. Acórdão nº CSRF/01-05.543, de 19/6/06, da Câmara Superior de Recursos Fiscais do CARF.

Não se trata de lançar contra todos os envolvidos com base em um pretenso "interesse comum entre ambos", e sim porque, em que pese a Autoridade Fiscal estar convencida de quem foi o efetivo realizador do fato jurídico, o lançamento deve também contemplar aquele que ocultou ("A"). O lançamento deve ser lavrado em face de todos, respeitando-se o direito de defesa de cada um e a própria manutenção do auto de infração se a acusação não for confirmada. Aquele que foi indevidamente incluído na relação jurídica será, em momento oportuno, excluído.

Por outro lado, indicar apenas o sujeito "B" (o "real contribuinte", de acordo com a Autoridade Fiscal) implicará nulidade do lançamento por incorreta indicação do sujeito passivo, na hipótese de não confirmação da acusação. E provavelmente decadência.

Ora, as acusações só poderão prevalecer após o contraditório, de forma que a simulação dos atos, apenas formalmente praticados, precisa ser reconhecida por meio de decisão credenciada pelo sistema. Até o término da análise da acusação, da defesa e das provas, o direito reconhece como detentor da relação pessoal e direta com o fato gerador somente a interposta pessoa, uma vez que foi ela quem formalmente praticou os atos questionados.

Esse ponto é fundamental para a manutenção do lançamento. Por mais que existam provas consistentes a favor do ilícito, no lançamento, a acusação é realizada *unilateralmente* pelo credor. Nunca se deve assumir que o conjunto indiciário é irrefutável, não passível de desconstrução, quando a experiência nos mostra que às vezes a defesa do contribuinte prevalece, e outras não (nas acusações de interposição fraudulenta, simulação, dolo, arbitramento etc.).

8.5 Síntese conclusiva da responsabilidade por atos lícitos e ilícitos

De acordo com o estudo exposto, entendemos que a responsabilidade decorrente da prática de atos lícitos e ilícitos possui a seguinte fundamentação normativa:

- *Responsabilidade advinda de fatos lícitos* – é possível quando houver interesse comum na situação que constitua o fato gerador da obrigação principal ou previsão em lei (arts. 124, I e II, do CTN, respectivamente).

- *Responsabilidade advinda de fatos ilícitos* – a solidariedade é possível quando houver dolo, fraude ou simulação (arts. 124, II, 134, 135 e 149, VII, do CTN, bem como o art. 50 do Código Civil, que não trata de sujeição passiva propriamente dita, mas da responsabilidade patrimonial).

Capítulo IX
RESPONSABILIDADE TRIBUTÁRIA DOS GRUPOS ECONÔMICOS

9.1 Introdução

A responsabilidade tributária dos grupos econômicos é tema que dá ensejo a diversas discussões atinentes à identificação, fundamento legal e extensão da responsabilidade.

Diante da tendência global de as empresas se unirem para incremento da produtividade e do lucro, não se pode mais negar a grande importância que o reconhecimento de grupos econômicos e o redirecionamento da cobrança da dívida fiscal assumiram. Seja pela constância com que tais pleitos são formulados e deferidos, seja pela ausência de clara autorização normativa para a grande parte das inclusões atualmente autorizadas, esse é um assunto que merece nossa reflexão.

Nosso entendimento é o de que, salvo quando houver interesse comum na situação que constitua o fato gerador da obrigação tributária, ou em certas fraudes devidamente comprovadas, o redirecionamento é ilegal. Para se chegar a essa conclusão duas perspectivas foram estudadas: a normativa e a probatória.

Da perspectiva normativa, deve ser identificado o fundamento de validade da atribuição de responsabilidade, tarefa de grande discordância doutrinária e jurisprudencial. Art. 124, I ou II, do CTN? Art. 149, VII, do mesmo Código? Art. 30 da Lei 8.212/91? Art. 50 do Código Civil? Nenhuma dessas opções?

Já da perspectiva probatória, deve ser comprovada tanto a existência do grupo econômico, quanto as condições legais que autorizam a corresponsabilidade, uma vez que compor o grupo é fato insuficiente para responder de forma solidária pela dívida fiscal.

9.2 Grupos econômicos

Independentemente da espécie, a configuração de um grupo econômico pressupõe a existência de um *controle comum* exercido sobre todas as sociedades dele integrantes.

O direito societário brasileiro regulamenta expressamente apenas o *grupo econômico de direito*, também denominado convencional, formalmente constituído por meio de convenção arquivada perante o registro do comércio, em que as sociedades se obrigam a combinar recursos e esforços para a realização dos respectivos objetos sociais, ou para participar de atividades ou empreendimentos em comum.

A legislação societária vigente não regulamenta o *grupo econômico de fato*, reconhecido pelo direito enquanto tal, mas não formalizado por meio de convenção firmada entre as sociedades que o compõem. Trata-se das situações envolvendo sociedades controladoras/controladas e coligadas, bem como daquelas que, independentemente desses vínculos, relacionam-se por meio da existência de controle, administração ou direção entre as sociedades envolvidas.

Portanto, o *poder de controle* é o elemento essencial e característico dos grupos econômicos, embora cada sociedade individualmente goze de autonomia jurídica. Em consequência, apesar de serem formalmente autônomas, submetem-se a uma direção unitária, exercida por algum de seus membros.

9.2.1 Grupo econômico de direito (ou convencional)

O art. 265 da Lei 6.404/76 autoriza expressamente a constituição formal de um grupo econômico entre a sociedade controladora e suas controladas, por meio de *convenção* que deverá atender a todos os requisitos contemplados no art. 269 da mesma lei, dentre eles as relações que serão firmadas entre essas sociedades, a estrutura administrativa do grupo e a coordenação ou subordinação dos administradores das sociedades que o compõem. É organização societária pouco frequente no Brasil.

A sociedade controladora ou de comando deverá ser brasileira. Deverá, também, exercer direta ou indiretamente, e de modo permanente, o controle das demais sociedades participantes do grupo, na condição de titular de direitos de sócio ou, ainda, mediante acordo firmado com outros sócios quotistas ou acionistas (§1º, art. 265, da Lei 6.404/76).

Determina o art. 266 da Lei 6.404/76 que as sociedades integrantes do grupo econômico convencional manterão personalidade jurídica e patrimônio distintos umas das outras. Além disso, a representação das sociedades integrantes do grupo perante terceiros, salvo disposição expressa e em sentido contrário na convenção do grupo, caberá exclusivamente aos administradores de cada uma delas, e será exercida de acordo com o previsto em seus respectivos contratos e estatutos sociais (art. 272 da Lei 6.404/76).

Finalmente, pelo fato de o grupo econômico possuir objeto próprio (promoção do interesse geral do grupo), ele se sobreporá aos interesses individuais das sociedades que o compõem, por força do contrato firmado entre elas. Por esta razão, o grupo terá uma administração própria e os administradores das sociedades que o compõem deverão observar as orientações emanadas pela sociedade controladora.

9.2.2 Grupos econômicos de fato

Os grupos econômicos de fato – que certamente são também de direito, por serem juridicamente reconhecidos como tal – podem ser classificados em duas espécies: (i) com unicidade de controle e direção identificada a partir de *relações societárias* (sociedades controladoras/controladas e coligadas) e (ii) o *presumido* a partir da identificação de direção comum e subordinação. Vejamos cada um deles.

9.2.2.1 Grupo econômico de fato por relações societárias

A primeira espécie de grupo econômico de fato é aquela existente entre sociedades que estão relacionadas em decorrência da participação que uma possui no capital social das outras, sem que haja, todavia, um acordo formal sobre sua organização jurídica, administrativa e obrigacional. Por inexistir regulamentação específica, às sociedades dele integrantes deve ser conferido tratamento jurídico autônomo, como se agissem de forma isolada.

Fábio Ulhoa Coelho,[102] ao explicar o que são grupos de fato, afirma:

> Os grupos de fato se estabelecem entre sociedades coligadas ou entre controladora e controlada. Coligadas são aquelas em que uma tem influência significativa sobre a outra, sem, contudo, controlá-la. Já controladora é aquela que detém o poder de controle de outra companhia.

Dado que o controle é a característica necessária aos grupos econômicos, podemos ainda acrescentar às nossas reflexões a lição de Modesto Carvalhosa:[103]

> O controle acionário de uma companhia pode ser exercido de forma 'indireta' quando a "fonte do poder" de controle é constituída pelas "relações de participação" entre duas ou mais sociedades. No caso, a "relação de poder" não é parte da estrutura interna de uma companhia, mas de um grupo de sociedades, de fato ou de direito. O "poder de controle" deriva de relações societárias entre as companhias e é exercido, "indiretamente", pelos órgãos sociais de outra companhia.

---

102. *Manual do direito comercial – Direito da empresa*, p. 256.
103. *Comentários à lei das sociedades anônimas*, p. 222.

Portanto, para a configuração de grupo econômico de fato por relações societárias é necessário que (i) uma das sociedades tenha influência significativa na outra, sem controlá-la (coligada), ou (ii) uma das empresas seja titular de direitos de sócio sobre as outras que lhe assegure, de modo permanente, preponderância nas deliberações sociais, em especial o de eleger a maioria dos administradores (art. 116, "a"), hipótese em que será considerada sociedade controladora.

De acordo com o §2º do art. 243 da Lei6.404/76, e com o art. 1.098 do Código Civil, sociedades controladoras são aquelas que detêm, direta ou indiretamente, participação em outra sociedade, em proporções suficientes para assegurar, às primeiras, a maioria dos votos em reuniões ou assembleias de sócios e o poder de eleger a maior parte dos administradores desta sociedade (controlada). Sociedades controladas, por outro lado, são aquelas em que a maior parte de seu capital votante é detido por uma sociedade controladora e a maioria de seus administradores são eleitos por esta (controladora).

O conceito de sociedades coligadas, por sua vez, é definido no art. 1.099 do Código Civil, que dispõe ser "coligada ou filiada a sociedade de cujo capital outra sociedade participa com dez por cento ou mais, do capital da outra, sem controlá-la."

Já a Lei 6.404/76 considera serem sociedades coligadas aquelas nas quais a investidora tenha influência significativa, ou seja, quando a investidora detenha ou exerça o poder de participar das decisões políticas, financeiras ou operacionais da investida, sem, no entanto, controlá-la. Finalmente, o direito societário determina como critério de presunção de influência significativa, a participação da investidora igual ou superior a 20% (vinte por cento) no capital votante da investida, sem, contudo, controlá-la (§§ 1º, 4º e 5º do art. 243).

Por fim, prevê o art. 245 da Lei 6.404/76 que os administradores das sociedades controladoras, controladas e coligadas não podem, em prejuízo da sociedade que administram, favorecer a sociedade controladora, controlada ou coligada, devendo agir sempre de acordo com os interesses da sociedade por eles administrada. As operações realizadas entre as sociedades componentes do mesmo grupo econômico de fato deverão observar condições estritamente comutativas ou com pagamento compensatório adequado, sob pena de os administradores responderem pessoalmente pelas perdas e danos ocasionados à sociedade que administram. Igual responsabilidade terá a sociedade controladora pelos atos praticados em violação do disposto nos arts. 116 e 117 da Lei 6.404/76.

9.2.2.2 Grupo econômico de fato presumido

No caso do grupo econômico de fato presumido, as sociedades não são coligadas e tampouco controladoras/controladas, mas, em função da *unicidade de controle*, conclui-se pela formação do grupo.

É relevante observar que, apesar da administração única, as sociedades efetivamente existem, não se trata de um único negócio, não há simulação, não há independência meramente formal das pessoas jurídicas.

De acordo com a legislação trabalhista (Decreto-lei 5.452/43, art. 2º §2º, com a redação dada pela Lei 13.467/2017), "Sempre que uma ou mais empresas, tendo, embora, cada uma delas, personalidade jurídica própria, estiverem sob a direção, controle ou administração de outra, ou ainda quando, mesmo guardando cada uma sua autonomia, integrem grupo econômico, serão responsáveis solidariamente pelas obrigações decorrentes da relação de emprego."

Já a legislação tributária define os grupos econômicos de fato por presunção na esfera infralegal. Segundo o art. 494 da Instrução Normativa RFB 971/2009, "Caracteriza-se grupo econômico quando 2 (duas) ou mais empresas estiverem sob a direção, o controle ou a administração de uma delas, compondo grupo industrial, comercial ou de qualquer outra atividade econômica."

Como o controle nem sempre é reconhecido pelos seus membros, faz-se necessária a construção de um conjunto probatório indiciário forte, preciso e concordante para sustentar a presunção. Tais indícios consistem, precipuamente, na identificação das seguintes situações:

- Formação de quadro societário por parentes ou conhecidos próximos (e não pelas mesmas pessoas, a fim de não qualificar o grupo como sendo 'de fato por relações societárias');
- Identidade de administradores;
- Estrutura administrativa compartilhada;
- Identidade de logomarcas e páginas da internet;
- Fatos relatados em reclamações trabalhistas;
- Responsáveis perante as instituições financeiras.

Trata-se de presunção *relativa* passível de desconstrução no curso do processo, quando a ampla defesa for exercida. Obviamente que, de forma isolada, tais indícios são irrelevantes para a comprovação da existência de grupos econômicos. E a ausência de alguns deles é igualmente irrelevante. O *controle* é o dado decisivo, e os fatos acima descritos colaboram para o convencimento de que ele encontrava-se presente entre as pessoas jurídicas envolvidas.

A pergunta que então se coloca é a seguinte: poderia o direito reconhecer a existência do grupo com base apenas no conjunto indiciário acima?

Entendemos que sim, tendo em vista a premissa de que, para que exista um grupo econômico de fato, deve-se comprovar a existência de controle unificado entre pessoas jurídicas existentes. E tal prova pode dar-se de forma direta ou indireta (presunções).

Portanto, há grupo econômico quando existir controle, administração ou direção entre as sociedades envolvidas – que existem efetivamente e não são fictícias, devendo o contribuinte provar, se for o caso, que há propósito negocial nas empresas, que elas operam efetivamente, possuem empregados, contratam terceiros, realizam acordos comerciais e prospectam novos negócios – independentemente dos vínculos societários existentes entre as partes. E não há quando esses requisitos não se revelarem presentes.

9.3 Da imprescindível distinção entre separação societária meramente formal ("grupo econômico irregular") e grupos econômicos de fato

Um dos pontos mais importantes deste capítulo é estabelecer uma diferenciação entre sociedades fictícias – também denominados "grupos econômicos irregulares" – e grupos econômicos de fato, porque a constante e equivocada equiparação dessas duas realidades vem provocando a incorreta aplicação da responsabilidade tributária, tal como ocorre com acórdãos que afastam a prescrição intercorrente, por entenderem que o negócio é único ("tudo uma coisa só"). E também quando o art. 50 do Código Civil é aplicado na hipótese de autonomia fictícia da personalidade jurídica.

Recorrentemente são considerados integrantes de um mesmo grupo econômico sociedades sobre as quais paira a acusação de inexistência de autonomia patrimonial, operacional e laboral. Nesses casos, em que a separação societária é meramente formal e a simulação da autonomia é comprovada, as sociedades juridicamente distintas são, na verdade, uma só. E justamente por isso elas não poderiam ser consideradas integrantes de um grupo econômico de fato, pois, para tanto, é necessário que se tenha *ao menos duas sociedades efetivamente existentes* e unidade de direção.

A Receita Federal do Brasil, por meio do Parecer Normativo COSIT/RFB 04/2018, compartilha desse entendimento, ao afirmar o seguinte: "Nessa toada, há que se ter a *comprovação* pela fiscalização da existência de grupo irregular, que, repita-se, não se confunde com o grupo econômico de fato legítimo." (item 25, fls. 13).

A jurisprudência, entretanto, ainda não se atentou para essa distinção. São infindáveis as decisões que, embora considerem tratar-se de uma única empresa (separação societária meramente formal), qualificam o caso como sendo de "grupo econômico de fato", e a ele aplicam todo um conjunto normativo inadequado. Chega-se a considerar que "a caracterização de grupo econômico impõe a demonstração de que a empresa devedora pertence a grupo de sociedades sob o mesmo controle e com estrutura meramente formal."[104] Ora, por que a estrutura meramente formal seria elemento caracterizador de um grupo econômico? Mais que isso: como uma estrutura meramente formal poderia implicar o reconhecimento da existência de um grupo econômico, que obrigatoriamente pressupõe duas ou mais sociedades efetivamente existentes?

Com a devida vênia, ao equiparar situações tão distintas, estão sendo formados na jurisprudência precedentes que não poderiam ser utilizados para ambas as situações. Exemplo típico é a afirmação de que "não é a cabível a prescrição intercorrente para o redirecionamento da execução fiscal aos grupos econômicos", ou se aplicar o art. 50 do Código Civil, que afasta apenas provisoriamente a autonomia patrimonial das sociedades envolvidas.

A decisão a seguir, do TRF da 3ª Região (AC nº 90030190143), retrata o equívoco a que nos referimos:

> IV - Pelos documentos dos autos, as empresas executada e embargante apresentam identidade ou grande semelhança de ramo de atividade, local de sede e quadro societário, sendo ambas representadas na execução e nestes embargos por um mesmo sócio, circunstâncias estas não infirmadas pela embargante-apelante, tudo revelando tratar-se de uma única empresa, senão até uma possível fraude, aplicando-se a teoria da desconsideração da personalidade jurídica das empresas (Código Civil, art. 50), sendo a embargante a responsável pelo crédito em execução, por ele respondendo com seu patrimônio.
>
> V - A situação descrita assemelha-se à de uma fusão de empresas prevista no artigo 132 do CTN, embora na realidade se trate de uma única empresa que abusa da personalidade jurídica como se houvesse duas empresas distintas, conduta que o direito coíbe e a justiça rejeita, sob pena de burla a direito de terceiros.

Sem prejuízo da análise que cada caso concreto requer, exemplificamos abaixo algumas situações que a princípio indicam que a divisão societária é meramente formal:

- Segregação apenas formal de atividades (ausência de estrutura para realização da atividade operacional e não comprovação da execução do serviço/produção);

---
104. REsp nº 968.564.

- Sociedades que não possuem empregados ou os possui em número insuficiente, faturam e utilizam da força de trabalho de outra sociedade;

- Sociedades que promovem entre si incessante transferência de patrimônio e alteração da estrutura societária;

- Ativos transferidos que continuam sendo usados pelo ex-proprietário por meio de contratos de locação industrial e de veículos, e arrendamentos;

- Documentos bancários que indicavam que os sócios de outra pessoa jurídica são os proprietários e os únicos autorizados a movimentar a conta (indício que também pode indicar apena a existência de um grupo econômico presumido, a depender de todas as demais características do caso).

A confusão patrimonial, por sua vez, pode ou não significar inexistência de autonomia entre os envolvidos. Isso ocorre porque em algumas situações a confusão é tamanha que não se faz possível identificar o patrimônio, as receitas e as despesas de cada pessoa jurídica, levando a crer tratar-se de uma única sociedade de fato, separada juridicamente apenas por conveniência de seus sócios. Trata-se de típico caso de simulação.

Já na outra situação, a autonomia existe e deve ser respeitada, em que pese a personalidade jurídica poder ser desconsiderada no caso concreto, como por exemplo quando as sociedades contabilizam as despesas incorridas por uma empresa como sendo de outra, ou quando se criam empréstimos recíprocos para oficializar rendimentos ocultos. Há mistura do patrimônio e fraude, *mas não simulação*.

Nesse contexto, destacamos o entendimento de Fábio Ulhôa Coelho,[105] para quem "uma sociedade desconsiderada em juízo não tem questionada a validade de seu ato constitutivo, que sequer é objeto de conhecimento judicial, no caso. A decisão que desconhece a autônima da pessoa jurídica atinge

---

105. *Desconsideração da personalidade jurídica*, p. 50.

exclusivamente a eficácia de tal ato, e, ainda assim, no episódio posto ao conhecimento do Judiciário."

É exatamente isso. Na desconsideração não ocorre a extinção da empresa, mas sim a suspensão temporária da eficácia de seu ato constitutivo. Com a desconsideração tem-se a preservação da sociedade e de sua atividade comercial, o que não deve ser confundido com os atos de despersonalização, ou seja, a pessoa jurídica deixa de existir em função de vícios nas condições legais de sua existência e validade.

O quadro abaixo demonstra essa importante e necessária distinção:

GE de fato por composição societária	GE de fato presumido	GE Irregular
Sociedades relacionadas em decorrência da participação que uma possui no capital social das outras (coligadas ou controladas), sem que haja um acordo sobre sua organização formal, administrativa e obrigacional. ✓ Deve ser conferido tratamento jurídico autônomo, como se as PJs agissem de forma isolada.	Existente quando houver *controle, administração ou direção* entre as sociedades envolvidas. ✓ Presunção relativa (importância das provas indiretas).	É o simulado. Unicidade de controle e confusão patrimonial são provas insuficientes. Deve ser demonstrada a ausência de autonomia patrimonial, operacional, laboral. ✓ Não se trata de grupo econômico, e sim simulação de personalidade jurídica. ✓ Não aplicável a desconsideração da personalidade jurídica (art. 50 CC), pois não existem duas sociedades, o "negócio" é um só.

Portanto, se as sociedades efetivamente existiam e operavam (independentemente de até existir alguma confusão patrimonial passível de ser sancionada), estaremos diante de um grupo econômico de fato presumido, que pressupõe a existência de no mínimo duas sociedades. Mas se houver simulação de autonomia jurídica (e operacional, laboral etc.), não se trata de grupo econômico de fato e é um erro assim qualificá-lo.

221

Importante implicação do ora exposto é que se as sociedades são simuladas, a aplicação do art. 50 do Código Civil não seria a correta, devendo ser aplicado o inciso VII, do art. 149 do CTN.

9.4 Responsabilidade tributária e patrimonial dos grupos econômicos

Identificado o conceito e as espécies de grupos econômicos, passaremos agora a tratar dos fundamentos legais existentes para a atribuição de responsabilidade tributária a essas pessoas jurídicas, sobretudo por conta de ilícitos praticados por parte de seus membros.

O que implica o dever de empresas controladas, coligadas ou unidas por controle responderem por débitos tributários umas das outras, sem qualquer divisão ou ordem de preferência, não é a única circunstância de formar um grupo econômico.[106] Por isso, as relações jurídicas travadas por uma sociedade não interferem na esfera jurídica das demais integrantes do grupo, salvo quando elas também forem parte na relação jurídica que deu azo à obrigação tributária, ou o tipo societário eleito assim preveja, ou, finalmente, quando houver fraude ou simulação.

É nesse sentido o §4º do art. 50 do CC, recentemente introduzido pela Lei 13.874/2019 (Lei da Liberdade Econômica), que, ao prescrever: *"A mera existência de grupo econômico sem a presença dos requisitos de que trata o caput deste artigo não autoriza a desconsideração da personalidade da pessoa jurídica."*, afasta a possibilidade de responsabilização solidária de sociedades pelo simples fato de integrarem o mesmo grupo econômico. A lei acertadamente positivou a imprescindibilidade do abuso da personalidade jurídica.

O quadro a seguir sintetiza os fundamentos legais aptos a atribuir a responsabilidade tributária/patrimonial dos grupos econômicos, bem como a jurisprudência atual, e sobre essas questões discorremos em seguida.

---

106. REsp nº 1079203: "não caracteriza a solidariedade passiva em execução fiscal o simples fato de duas empresas pertencerem ao mesmo grupo econômico."

RESPONSABILIDADE TRIBUTÁRIA

Norma	Aplicabilidade aos GE	Fato lícito/ ilícito	Situação aplicável	Jurisprudência
Art. 124, I, do CTN	Sim	Lícito	Interesse comum na situação que constitua o fato gerador da obrigação tributária	Não há consenso no Judiciário sobre o que venha a ser "interesse comum" (prática comum do fato gerador, interesse econômico ou fraude). A norma é utilizada em casos de abuso de personalidade jurídica, desvio de finalidade, vinculação gerencial e coincidência de sócios e administradores, transferências de recursos para os integrantes do grupo, conluio, blindagem patrimonial, falta de capacidade operacional e confusão patrimonial.
Art. 124, II do CTN + Art. 30 da Lei 8.212/91	Sim	Lícito	Participação conjunta na situação que constitua o fato gerador (observância do art. 128 do CTN para criação de novas hipóteses de responsabilidade tributária)	Decisões determinam a participação na realização do fato gerador e afastam o simples pertencimento ao mesmo grupo econômico como fato suficiente à responsabilidade.
Art. 50 do Código Civil	Sim	Ilícito	Abuso de personalidade jurídica (desvio de finalidade e confusão patrimonial)	No Judiciário, a norma é utilizada frequentemente, embora os requisitos objetivos não sejam apontados e devidamente comprovados para todas as sociedades que compõem o grupo econômico, subsumindo-se tudo a "confusão patrimonial". Com a edição da Lei da Liberdade Econômica (Lei 13.874/2019), espera-se que essa realidade mude. Art. 50 do CC é equivocadamente aplicado em vez do art. 133 do CTN (sucessão na aquisição de estabelecimento)

Art. 149, VII, do CTN	Sim	Ilícito	Dolo, fraude e simulação (simulação de existência de personalidade jurídica/grupo econômico irregular, conluio para obtenção de benefício fiscal, operações fictícias)	Raramente é utilizado (inclusive pelas Autoridades Lançadoras)

Portanto, a solidariedade entre membros de grupos econômicos só será juridicamente válida se as sociedades também praticarem algum dos fatos autorizadores da corresponsabilidade, previstos no art. 124, I e II, do CTN (na hipótese de atos lícitos) ou no art. 50 do Código Civil e 149, VII, do CTN (na hipótese de atos ilícitos). Sobre isso passaremos a expor.

9.4.1 Art. 124, I do CTN

O art. 124, I, do CTN é o mais utilizado para fundamentar as decisões que autorizam o redirecionamento da cobrança do crédito tributário para os grupos econômicos, em especial os de fato.

Conforme já tivemos oportunidade de analisar (Capítulo III), "interesse comum na situação que constitua o fato jurídico tributário" deve ser entendido como aquele derivado de uma relação jurídica da qual o sujeito de direito seja parte integrante, e que interfira em sua esfera de direitos e deveres e o legitime a postular em juízo em defesa do seu interesse. Por isso, o artigo tem como pressuposto de aplicação um fato necessariamente *lícito*.

O interesse comum com repercussão tributária nem sempre está presente entre as sociedades componentes de um mesmo grupo econômico. Elas podem, por exemplo, ter interesses antagônicos por serem concorrentes entre si, tal como ocorre nos segmentos de bebidas (Skol, Brahma e Antarctica), moda (Dior, Louis Vuitton, Marc Jacobs e Bulgari), perfumaria (Lancome, Georgio Armani e Ralph Lauren) etc. Para que haja o interesse comum previsto no art. 124, I, do CTN, as sociedades precisam ocupar o mesmo polo da relação jurídica que fez surgir a obrigação tributária.

Também já verificamos que as sociedades integrantes do grupo econômico mantêm suas personalidades jurídicas e autonomias patrimonial e administrativa independentes umas das outras. Como a gestão é autônoma, sendo delas a competência para decidir sobre a realização ou não de negócios jurídicos, o controle entre as sociedades se dá pelo fato de que tais decisões, embora autônomas, devem submeter-se e guardar pertinência e congruência com as decisões estratégicas tomadas pelo centro de decisões empresariais, nos termos do art. 273 da Lei 6.404/76.

Nesse sentido, a sociedade líder definirá questões estratégicas previstas em lei, no contrato social ou no estatuto, fixando diretrizes a serem seguidas por todas as componentes do grupo. Entretanto, a direção não tem o controle do dia a dia de cada sociedade. Nessa situação, a empresa líder não se vincula aos fatos jurídicos tributários realizados, tampouco ao cumprimento das obrigações tributárias. Salvo se decidir pela prática de alguma fraude com repercussão tributária, não poderá ser responsabilizada.

Por outro lado, pode ocorrer de a direção do grupo decidir tanto pela realização das operações e negócios das demais sociedades, quanto pela administração dos encargos deles decorrentes, dentre eles a apuração e pagamento de tributos e o cumprimento de deveres instrumentais.

Nesse caso, questiona-se se haverá "vinculação ao fato gerador" sempre que ele consistir em atos ou negócios jurídicos cuja realização for efetivamente decorrente de decisão da direção unitária (e não apenas consequências deles, como o faturamento e o lucro), já que tal determinação mostra-se decisiva e parte integrante da realização do ato ou do negócio, antecedentes de normas tributárias.

Quando a direção do grupo decidir também sobre a prática de atos dolosos com repercussão tributária, caso seja identificado o inadimplemento, a empresa líder (controladora/coligada), que detém *competência decisória concreta*, deverá integrar a relação jurídica na qualidade de responsável tributária, pois houve fraude que se subsume ao art. 149, VII, do CTN. Entretanto, o art. 124, I, comumente utilizado, é inaplicável, pois nessas situações não há interesse comum.

Ademais, na hipótese de existência apenas formal de outras sociedades, cujo objetivo é viabilizar a blindagem patrimonial e o não pagamento de tributos, estaremos diante de simulação de autonomia jurídica, e não de um grupo econômico propriamente dito, conforme já analisado acima. Em sendo produzidas provas que demonstrem a existência de uma única sociedade, com separação meramente formal, a realização *conjunta* do fato jurídico é simplesmente impossível, razão pela qual afastamos o art. 124, I, do CTN e mais uma vez privilegiamos o inciso VII do art. 149 do CTN, de forma que a possibilidade de cobrança do crédito tributário reste assegurada.

Superados os limites de aplicabilidade do artigo para os grupos econômicos, a questão passa a ser somente probatória. Quem acusa deve demonstrar a presença de interesse comum.

9.4.2 Art. 124, II, do CTN conjugado com o art. 30, IX, da Lei 8.212/91

O art. 124, II, do CTN prescreve que a solidariedade pode existir nos casos em que assim for determinado por lei. Ao tratarmos de grupos econômicos, a lei aplicada é o art. 30, IX, da Lei 8.212/91, que disciplina a responsabilidade previdenciária dos grupos, e que é recorrentemente utilizado como fundamento de validade da responsabilização. Confira-se:

> Art. 30. A arrecadação e o recolhimento das contribuições ou de outras importâncias devidas à Seguridade Social obedecem às seguintes normas:

[...]

IX - as empresas que integram grupo econômico de qualquer natureza respondem entre si, solidariamente, pelas obrigações decorrentes desta Lei.

A partir desse enunciado, questiona-se em que dimensão as empresas que integram um determinado grupo econômico responderão solidariamente pelas obrigações tributárias para com a Seguridade Social. Para que a subsunção esteja presente, basta que se identifique a existência do tributo não pago, somado à participação em grupo econômico, como aparentemente leva a crer a redação legal?

A resposta comporta duas perspectivas: a formal e a material.

Inicialmente é preciso analisar a adequação da espécie de veículo normativo, posto tratar-se de uma lei ordinária. A discussão reside no fato de que como somente lei complementar pode dispor sobre sujeição passiva (art. 146, III, da Constituição), parte da doutrina entende que o art. 30, IV, da Lei 8.212/91 é formalmente inconstitucional. Para confirmar essa linha interpretativa, o RE 562.276/PR, que julgou a inconstitucionalidade do art. 13 da Lei 8.620/93,[107] é frequentemente utilizado.

Em sentido oposto, defende-se que o CTN já estabeleceu as normas gerais de sujeição passiva, e permitiu inclusive que o legislador ordinário disponha sobre responsabilidade tributária (art. 128). Foi nesse sentido o pronunciamento definitivo do STJ, ao afastar a legalidade do art. 13 da Lei 8.620/93 somente quando a lei ordinária não estiver de acordo com os arts. 128, 134 e 135 do CTN (REsp 717.717/SP).

Somos adeptos dessa segunda corrente. O art. 146, III, da CF exige tão somente que as *normas gerais* que tratem de sujeição passiva em matéria tributária sejam fixadas por lei complementar, deixando margem de regulamentação para que lei ordinária venha a dispor acerca das regras específicas

---

107. O art. 13 da Lei 8.620/93 foi posteriormente revogado pela Lei 11.941/2009.

sobre a definição dos contribuintes e das hipóteses de responsabilidade tributária, desde que não colida com princípios constitucionais e com as normas constantes do CTN (arts. 128, 134 e 135, esses dois últimos não aplicáveis aos grupos econômicos, por dizerem respeito à corresponsabilidade de pessoas físicas). Portanto, o art. 30, IV, da Lei 8.212/91 não é formalmente inconstitucional.

Passemos à perspectiva material. Embora a primeira interpretação do art. 30, IX, da Lei 8.212/91 possa nos levar a concluir que a solidariedade tem como critério exclusivo "o vínculo de participação das sociedades a um determinado grupo no qual alguma delas esteja inadimplente", participar de um grupo econômico é fato insuficiente para desencadear a incidência da norma de responsabilidade tributária, conforme já explicamos em diversas oportunidades.

O requisito empregado pelo legislador (integrar grupo econômico) não atende à exigência do art. 128 do CTN,[108] que exige que para as *novas* hipóteses de responsabilização de terceiros o sujeito esteja vinculado ao fato gerador da respectiva obrigação tributária. Não há referência, no enunciado, ao vínculo entre pessoas como sendo suficiente.

Assim, a correta interpretação da norma deve ser no sentido de que como o enunciado busca fundamento de validade no CTN, o contribuinte e o responsável devem necessariamente estar vinculados ao fato gerador do tributo, e não apenas a uma relação societária. É nesse sentido, também, o entendimento da Receita Federal (Parecer Normativo COSIT/RFB 4/2018, item 21).[109] Se não for essa a interpretação, o enunciado será ilegal

---

108. "Art. 128. Sem prejuízo do disposto neste capítulo, a lei pode atribuir de modo expresso a responsabilidade pelo crédito tributário a terceira pessoa, vinculada ao fato gerador da respectiva obrigação, excluindo a responsabilidade do contribuinte ou atribuindo-a a este em caráter supletivo do cumprimento total ou parcial da referida obrigação."

109. "Já se adianta que os grupos econômicos formados de acordo com os Capítulos XX e XXI da Lei nº 6.404, de 15 de dezembro de 1976, em que há pleno respeito à personalidade jurídica de seus integrantes (mantendo-se a autonomia patrimonial

(por violar o art. 128 do CTN) e inconstitucional (por violar os ars. 5°, XIII e 170, parágrafo único da Constituição, ao impor desconsideração *ex lege* e objetiva da personalidade jurídica).

Diante do exposto, podemos concluir que o art. 30, IX, da Lei 8.212/91 é válido para atribuir responsabilidade solidária aos grupos econômicos exclusivamente se:

i) Respeitados os arts. 124, I e II, e 128 do CTN (o que não ocorre pelo fato exclusivo das sociedades pertencerem ao mesmo grupo econômico); e

ii) Constatado, mediante provas produzidas pelo Fisco, que as devedoras solidárias atuaram conjunta e concretamente junto à sociedade contribuinte, de forma a participar da realização do fato gerador, conclusão que guarda consonância com o decidido pelo STJ no Agravo Regimental no Agravo em Recurso Especial n° 21.073/RS.

9.4.3 Art. 50 do Código Civil

É nesse contexto que o art. 50 do Código Civil se insere, ao requerer autorização judicial prévia e demonstração de abuso da personalidade jurídica (desvio de finalidade ou confusão patrimonial) para que a desconsideração da personalidade jurídica seja cabível. É neste sentido a jurisprudência:

> PROCESSUAL CIVIL. AUSÊNCIA DE OMISSÃO, OBSCURIDADE, CONTRADIÇÃO OU FALTA DE MOTIVAÇÃO NO ACÓRDÃO *A QUO*. EXECUÇÃO FISCAL. ALIENAÇÃO DE IMÓVEL. DESCONSIDERAÇÃO DA PESSOA JURÍDICA. GRUPO DE SOCIEDADES COM ESTRUTURA MERAMENTE FORMAL. PRECEDENTE.
>
> [...] 3. A desconsideração da pessoa jurídica, mesmo no caso de grupos econômicos, deve ser reconhecida em situações excepcionais, onde se visualiza a confusão de patrimônio, fraudes, abuso de direito e má-fé com prejuízo a credores. No caso sub

---

e operacional de cada um deles), não podem sofrer a responsabilização solidária, salvo cometimento em conjunto do próprio fato gerador."

judice, impedir a desconsideração da personalidade jurídica da agravante implicaria em possível fraude aos credores. Separação societária, de índole apenas formal, legitima a irradiação dos efeitos ao patrimônio da agravante com vistas a garantir a execução fiscal da empresa que se encontra sob o controle de mesmo grupo econômico (Acórdão a *quo*). 4. Pertencendo a falida a grupo de sociedades sob o mesmo controle e com estrutura meramente formal, o que ocorre quando diversas pessoas jurídicas do grupo exercem suas atividades sob unidade gerencial, laboral, e patrimonial, é legítima a desconsideração da personalidade jurídica da falida para que os efeitos do decreto falencial alcancem as demais sociedades do grupo. Impedir a desconsideração da personalidade jurídica n esta hipótese implicarei prestigiar a fraude à lei ou contra credores. A aplicação da teoria da desconsideração da personalidade jurídica dispensa a propositura de ação autônoma para tal. Verificados os pressupostos de sua incidência, poderá o Juiz, incidentemente no próprio processo de execução (singular ou coletiva), levantar o véu da personalidade jurídica para que o ato de expropriação atinja terceiros envolvidos, de forma a impedir a concretização de fraude à lei ou contra terceiros. (REsp 767021, Rel. Min. José Delgado)

Embora não seja hipótese de responsabilidade tributária propriamente dita, e sim responsabilidade patrimonial, é com fundamento neste enunciado que recorrentemente se busca permissão para desconsiderar os contornos dos atos jurídicos praticados, atingindo-se indistintamente os bens particulares das empresas que compõem o grupo. Ignora-se apenas provisoriamente a separação societária, tratando o patrimônio como uma unidade para fins de satisfazer as obrigações contraídas, de forma a estender os efeitos de certas e determinadas relações jurídicas aos bens das demais sociedades.

São muitas as consequências de se admitir que os grupos econômicos, na hipótese de fraude, sujeitam-se ao art. 50, tais como:

i) A responsabilidade é *patrimonial*, ou seja, não é o caso de sujeição passiva tributária. Com isso, a sociedade não integrará a relação jurídica tributária na qualidade de parte (autor ou réu), devendo ser considerada *terceiro*.

ii) Justamente por não ser parte, é inaplicável a decadência para a inclusão do terceiro na relação jurídica, não é cabível o arrolamento de bens e tampouco a inscrição do nome do devedor em dívida ativa e no CADIN.

iii) O Incidente de Desconsideração da Personalidade Jurídica – IDPJ é aplicável, conferindo ao acusado a possibilidade de apresentar defesa prévia.

Nas situações de abuso de personalidade jurídica, a corresponsabilidade é possível, muito embora normalmente o desvio de finalidade e a confusão patrimonial não sejam provados, como se toda alegação pudesse ser enquadrada da acepção "abuso de personalidade". O limite semântico da lei é desconsiderado pelas autoridades administrativas e judiciais, conforme já tivemos oportunidade de demonstrar no Capítulo VIII, responsabilizando-se toda e qualquer empresa do grupo *apesar* da inexistência de provas contra *todas* elas.

No que diz respeito à questão probatória, temos que a vinculação gerencial e a coincidência de sócios/administradores não autorizam a corresponsabilidade, pois não são fatos contemplados na lei como autorizadores da solidariedade, e tampouco consistem em indícios de fraude. Isoladamente sequer se prestam a provar identidade gerencial, operacional, laboral, financeira, enfim, identidade negocial.[110]

Para que a responsabilidade seja válida, deverá ser necessariamente provado o abuso de personalidade jurídica (desvio de finalidade ou confusão patrimonial), conforme inclusive foi expressamente contemplado no § 4º do art. 50 do CC, na redação dada pelo art. 7º da Lei nº 13.874/2019.

É nesse sentido o entendimento do STJ. De acordo com o decidido pela 3ª Turma, no RMS 12872/SP, o art. 50 do CC é aplicável desde que observado o conjunto fático probatório existente, considerando-se as hipóteses em que se visualiza confusão de patrimônio, fraudes, abuso de direito e má-fé com

---

110. Confira-se AI nº 5017713-48.2018.4.03.0000, do TRF3.

prejuízo a credores. Para essas situações, a desconsideração não viola qualquer direito do contribuinte.

Portanto, para que seja autorizada a desconsideração da personalidade jurídica de grupos econômicos, faz-se necessária ao menos a comprovação de existência de indícios que indiquem a ocorrência de fraude ou conluio, desvio de finalidade, abuso de personalidade jurídica, confusão patrimonial ou dilapidação de bens que compõem o ativo mercantil, com o intuito de evitar o pagamento de tributos.

Como contraprova a ser apresentada pelo contribuinte, contabilidade própria, folhas de pagamento distintas, domicílio tributário eleito e atividades próprias (AC nº 2302-002.656), e controle, estrutura e mão de obra não compartilhados, e logomarca e espaços compartilhados nas páginas eletrônicas em decorrência de contrato operacional existente entre as entidades (AC nº 2401-003.797). Ambos os acórdãos foram proferidos pelo CARF, tendo sido a responsabilidade do grupo afastada por conta do conjunto probatório produzido.

9.4.4 Art. 149, VII, do CTN

Quando estivermos diante de simulação de autonomia jurídica, é fundamental que se considere *não se tratar de grupo econômico*, e tampouco ser possível exigir que se comprove o interesse comum.

Em sendo produzidas provas que demonstrem a criação de sociedades com mesma estrutura/ramo de atuação/endereço/funcionários/clientes, servindo apenas como receptoras de recursos, patrimônios que se misturam integralmente, não se tratando de pontual e esporádica confusão patrimonial e existência de negócios jurídicos simulados entre as sociedades, o que se tem é uma única sociedade, com separação meramente formal.

Rigorosamente, não há realização conjunta do fato jurídico, mas sim prática por apenas uma delas (a única que efetivamente existe), razão pela qual afastamos o art. 124, I, e tomamos como correto o inciso VII do art. 149 do CTN, de forma que a cobrança do crédito tributário reste assegurada ao se responsabilizar a sociedade existente pelos débitos da fictícia, sem que isso implique afronta ao princípio da autonomia patrimonial da sociedade.

Com base nesses argumentos, não concordamos com o entendimento de que é possível atingir, com a desconsideração da personalidade jurídica, empresa pertencente ao mesmo grupo, quando evidente que a estrutura é meramente formal (vide precedentes do STJ: REsp 968.564/RS; AgRg no Ag 668.190/SP; REsp 907.915/Sp e REsp 1693633/RJ). Ora, se o grupo pressupõe a existência de um conjunto de empresas com personalidade própria, ligadas por um vínculo de coordenação ou subordinação, como sustentar que na simulação de autonomia jurídica teríamos um grupo econômico?

A legislação aplicável para responsabilizar os envolvidos, em nosso entendimento, jamais poderia ser o art. 50 do Código Civil, contrariamente ao decidido nos recursos especiais a que fazemos referência acima. A norma apropriada é tão somente o inciso VII do art. 149 do CTN, estudado no Capítulo VIII.

Por fim, o art. 149, VII, do CTN é igualmente aplicável quando os membros de um grupo econômico agirem conjuntamente para a realização de outras fraudes, tais como para a obtenção irregular de benefício econômico e realização de operações fictícias.

9.5 Sucessão empresarial decorrente de dilapidação patrimonial e grupos econômicos de fato

A sucessão empresarial decorrente de dilapidação patrimonial não é espécie e nem se equivale aos grupos econômicos de fato. Incorre em erro de direito quanto aos fatos a decisão que afirma existir "administração conjunta/grupo econômico" entre o responsável e a sociedade dissolvida irregularmente, não mais operacional, que transferiu todo o seu patrimônio.

Na dilapidação. ocorre esvaziamento do patrimônio necessário à garantia da dívida e/ou ao exercício da atividade operacional. Trata-se de transferência de maquinários, carteira de clientes, *know how*, empregados marca. Normalmente implica dissolução irregular da devedora originária.

Já os grupos econômicos de fato consistem no conjunto de sociedades existentes, operacionais, unidas por vínculos societários (controladas ou coligadas) ou por presunção (direção comum). Por pressuporem a existência de um conjunto de sociedades, permitem a corresponsabilidade por interesse comum (art. 124, I, do CTN), por abuso de personalidade jurídica e confusão patrimonial (art. 50 do Código Civil – desconsideração da personalidade jurídica), bem como por fraude e simulação (art. 149, VII, do CTN).

Assim, se a sociedade devedora dilapidou o seu patrimônio, de forma a não poder continuar operando (total ou parcialmente, quando a transferência foi de apenas um dos estabelecimentos), o que deveria ocorrer é a incidência da regra do art. 133 do CTN (sem prejuízo da responsabilidade pessoal do administrador), que contempla a sucessão empresarial na aquisição de estabelecimentos. Essa é a norma específica.

Haverá sucessão porque os bens da devedora foram transferidos a uma outra sociedade, configurando esvaziamento patrimonial da primeira e possibilidade de a segunda continuar a respectiva exploração econômica. Por outro lado, não haverá responsabilidade de grupo econômico de fato. Os fatos autorizadores da sucessão não são os mesmos contemplados para a configuração de grupos econômicos de fato.

Se o que houve foi dilapidação patrimonial, estaremos diante de *responsabilidade por sucessão empresarial* (art. 133 do CTN), e não desconsideração da personalidade jurídica (art. 50 do CC) ou solidariedade de grupos econômicos (art. 124, I, do CTN), ou ainda dolo, fraude e simulação, genericamente tipificados (art. 149, VII, do CTN). Essas situações são diversas, e possuem distintos fundamentos legais, pressupostos fáticos e consequências jurídicas, conforme tivemos oportunidade de demonstrar ao longo deste trabalho. Equipará-los é incorrer em vício insanável no curso do processo.

9.6 Da necessidade de citação de todos os componentes do grupo econômico

Em situações envolvendo o redirecionamento da execução fiscal para grupos econômicos, é possível encontrar decisões no sentido de que o pedido de citação da pessoa jurídica corresponsável deve ser indeferido, já que ela faria parte do mesmo grupo econômico e, portanto, "não seria estranha à lide, mas sim a própria executada".[111] É nesse sentido a decisão proferida nos autos do REsp 907.915/SP, de relatoria do Min. Luis Felipe Salomão:

> CIVIL E PROCESSUAL CIVIL. RECURSO ESPECIAL. DESCONSIDERAÇÃO DA PERSONALIDADE JURÍDICA, CONFUSÃO PATRIMONIAL. CABIMENTO. EMPRESAS PERTENCENTES AO MESMO GRUPO ECONÔMICO, DIVISÃO MERAMENTE FORMAL. CITAÇÃO DAS DEMAIS EMPRESAS. DISPENSA, RECONHECIMENTO DE QUE, NA PRÁTICA, SE TRATAVA DO MESMO ORGANISMO EMPRESARIAL.
>
> [...] 4. A superação da pessoa jurídica afirma-se como um incidente processual e não como um processo incidente. No caso, o reconhecimento da confusão patrimonial é absolutamente contraditório com a pretendida citação das demais sociedades, pois, ou bem se determina a citação de todas as empresas atingidas pela penhora, ou bem se reconhece a confusão patrimonial e se afirma que se trata, na prática, de pessoa jurídica única, bastando, por isso, uma única citação. Havendo reconhecimento da confusão, descabe a segunda providência.

Não podemos concordar com esse entendimento. É por meio da citação que a parte passa a integrar a relação processual (art. 238 do CPC). Ao deferir a citação, o juiz prestigia a legalidade e o devido processo legal, bem como evita que processos sejam no futuro invalidados caso não ocorra o comparecimento espontâneo da parte (que supriria a invalidade do processo, segundo art. 239, *caput* e § 1º do CPC), já que teremos a esdrúxula situação de trânsito em julgado sem que tenha sido conferida aos envolvidos

---

111. Execução fiscal nº 0006780-32.2016.4.01.3200 - 5ª Vara da Justiça Federal em Manaus.

a oportunidade de se defender. Teremos, ademais, a necessidade de se reconhecer a nulidade da execução, nos termos prescritos pelo inciso II do art. 803 do CPC.

Ora, a acusação de confusão patrimonial, abuso de personalidade jurídica, simulação, unidade gerencial etc., no início do processo, é precária. Antes de formado o contraditório, o juiz só conhece as acusações unilaterais construídas pelo credor que, por mais sérias e consistentes que sejam, permanecem sendo do credor, e não foram submetidas à refutação. E se forem improcedentes?

Pressupor a unicidade das pessoas jurídicas antes mesmo da citação é prejulgar, em afronta aos mais basilares direitos de qualquer acusado. Implica reconhecimento indireto das acusações. Não há como negar que somente admitindo como verdadeira a acusação de formação do grupo por sociedades apenas formalmente distintas é que a consequência poderia ser a de indeferir a citação por se tratar "de uma única empresa".

Esse é o ponto. A discussão da citação é eminentemente constitucional e processual, e não diz respeito ao mérito do processo. Independentemente de se confirmar que as sociedades eram simuladas – o negócio era único, a pessoa jurídica era autônoma apenas em sua constituição formal – o juiz precisa conferir a todos os envolvidos o direito de se manifestar sobre tal acusação, sem que haja qualquer contradição nesse despacho, uma vez que a premissa fazendária precisa ser confirmada. E o primeiro passo para isso é deferir a citação.

9.7 Incidente de Desconsideração da Personalidade Jurídica - IDPJ

Muito se discute acerca da aplicabilidade do Incidente de Desconsideração da Personalidade Jurídica – IDPJ, previsto nos arts. 133 a 137 do CPC,[112] aos grupos econômicos.

---

112. Art. 133. O incidente de desconsideração da personalidade jurídica será instaurado a pedido da parte ou do Ministério Público, quando lhe couber intervir no processo.

RESPONSABILIDADE TRIBUTÁRIA

Sem dúvida alguma, o incidente corrige uma grande patologia de nosso sistema processual, que, ao não aceitar a exceção de pré-executividade como meio de defesa do responsável (Súmula 393 do STJ), e tampouco prever qualquer outra forma de defesa prévia, faz com que pessoas jurídicas alegadamente integrantes de grupos econômicos tenham que aguardar muitos anos para ter seus argumentos e provas apreciados nos autos dos embargos à execução fiscal, em indiscutível mitigação do direito constitucional ao devido processo legal e ao contraditório, que não são meramente formais, e que não nos parece terem sido assegurados somente pela possibilidade de oposição dos embargos à execução fiscal.

Nessa medida, o IDPJ supriu uma lacuna legal ao permitir que, antes da apreciação do pedido de redirecionamento, o acusado defenda-se, apresente provas e tenha sua defesa apreciada. A apresentação de defesa, mesmo que sem prévia garantia do juízo, assegura a observância do contraditório desde o início, e do devido processo legal.

---

§ 1º O pedido de desconsideração da personalidade jurídica observará os pressupostos previstos em lei.
§ 2º Aplicase o disposto neste Capítulo à hipótese de desconsideração inversa da personalidade jurídica.
Art. 134. O incidente de desconsideração é cabível em todas as fases do processo de conhecimento, no cumprimento de sentença e na execução fundada em título executivo extrajudicial.
§ 1º A instauração do incidente será imediatamente comunicada ao distribuidor para as anotações devidas.
§ 2º Dispensa-se a instauração do incidente se a desconsideração da personalidade jurídica for requerida na petição inicial, hipótese em que será citado o sócio ou a pessoa jurídica.
§ 3º A instauração do incidente suspenderá o processo, salvo na hipótese do § 2º.
§ 4º O requerimento deve demonstrar o preenchimento dos pressupostos legais específicos para desconsideração da personalidade jurídica.
Art. 135. Instaurado o incidente, o sócio ou a pessoa jurídica será citado para manifestar-se e requerer as provas cabíveis no prazo de 15 (quinze) dias.
Art. 136. Concluída a instrução, se necessária, o incidente será resolvido por decisão interlocutória.
Parágrafo único. Se a decisão for proferida pelo relator, cabe agravo interno.
Art. 137. Acolhido o pedido de desconsideração, a alienação ou a oneração de bens, havida em fraude de execução, será ineficaz em relação ao requerente.

Isto posto, cumpre-nos verificar a possibilidade de aplicação do IDPJ ao redirecionamento da execução fiscal para grupos econômicos.

Entendemos que o incidente é perfeitamente cabível, pelas razões a seguir.

Primeiramente, porque o pleito do credor restringe-se à desconsideração da personalidade jurídica, implicando, se deferido, o afastamento provisório da autonomia patrimonial da pessoa jurídica, para atingir o ente coletivo e seu patrimônio social, de modo a responsabilizar a pessoa jurídica por obrigações do sócio, administrador ou de outras empresas (desconsideração inversa, sem prejuízo da tradicional e da conexa, esta última igualmente aplicável aos grupos econômicos).

É nesse sentido a decisão da Primeira Turma do STJ, proferida no início de 2019 (REsp nº 1.775.269/PR), oportunidade em que a Turma decidiu pela aplicação do incidente no redirecionamento para grupos econômicos.[113]

Entretanto, não é neste mesmo sentido o posicionamento da Segunda Turma deste mesmo Tribunal (REsp nº 1.786.311/PR),[114] que também no início de 2019 decidiu pelo não cabimento do incidente, já que haveria incompatibilidade entre o regime geral do CPC e a Lei de Execuções Fiscais, que não comporta a apresentação de defesa sem prévia garantia do juízo, nem a automática suspensão do processo.

---

[113]. "3. O redirecionamento de execução fiscal a pessoa jurídica que integra o mesmo grupo econômico da sociedade empresária originalmente executada, mas que não foi identificada no ato de lançamento (nome na CDA) ou que não se enquadra nas hipóteses dos arts. 134 e 135 do CTN, depende da comprovação do abuso de personalidade, caracterizado pelo desvio de finalidade ou confusão patrimonial, tal como consta do art. 50 do Código Civil, daí porque, nesse caso, é necessária a instauração do incidente de desconsideração da personalidade da pessoa jurídica devedora."

[114]. "A previsão constante no art. 134, *caput*, do CPC/2015, sobre o cabimento do incidente de desconsideração da personalidade jurídica, na execução fundada em título executivo extrajudicial, não implica a incidência do incidente na execução fiscal regida pela Lei 6.830/1980, verificando-se verdadeira incompatibilidade entre o regime geral do Código de Processo Civil e a Lei de Execuções, que diversamente da Lei geral, não comporta a apresentação de defesa sem prévia garantia do juízo, nem a automática suspensão do processo, conforme a previsão do art. 134, § 3º, do CPC/2015."

Some-se a isso o Enunciado nº 53 da **ENFAM** – Escola Nacional de Formação e Aperfeiçoamento de Magistrados ("O redirecionamento da execução fiscal para o sócio-gerente prescinde do incidente de desconsideração da personalidade jurídica previsto no art. 133 do CPC/2015") que, embora não trate de grupos econômicos, acabou por provocar a equivocada compreensão acerca do não cabimento do IDPJ na responsabilidade tributária, como se a sujeição passiva regulada pelo CTN, e a responsabilidade patrimonial presente na desconsideração, fossem equiparáveis.

A questão permanece controversa na jurisprudência, e certamente chegará à Primeira Seção do STJ, competente para julgar embargos de divergência cabíveis em função do entendimento divergente manifestado entre as duas Turmas do Tribunal.

O § 1º do art. 133 e § 4º do art. 134 do CPC preveem, por sua vez, que o pedido de desconsideração observará os pressupostos previstos em lei. Embora existam legislações de outras naturezas a regular a desconsideração da personalidade jurídica, tais como o art. 28 do Código de Defesa do Consumidor (Lei 8.078/90), o art. 34 e parágrafo único da Lei 12.529/2011 (Lei Antitruste) e o art. 4ª da Lei 9.605/98 (Lei do Meio Ambiente), interessa à seara tributária o art. 50 do Código Civil, norma de aplicação subsidiária ao Direito Tributário uma vez que o CTN não dispõe sobre o tema.

Mas não é só. No incidente, a pessoa jurídica corresponsabilizada não será considerada parte do processo, e sim terceiro, nos termos do art. 133 a 137 do CPC, integrantes do Capítulo IV do Título III do Código, que dispõe sobre as hipóteses de *intervenção de terceiros*.

Vale registrar, também, que se a desconsideração for requerida na petição inicial, dispensa-se a instauração do incidente, e a pessoa jurídica será citada para apresentação de defesa.

Infelizmente a redação do enunciado (§ 2º do art. 134) merece nossas críticas. O avanço na observância da ampla defesa pode vir a ser, a depender de como a norma for interpretada, mitigado.

Isso porque o contraditório estabelecido antes da manifestação judicial acerca do pedido de desconsideração só teria cabimento se referido requerimento fosse *incidental* (art. 135 do CPC). Na hipótese de a desconsideração ser requerida já na petição inicial, com o nome da parte incluído na CDA, a *defesa preliminar não terá mais previsão legal, cabendo ao terceiro os árduos caminhos da exceção de pré-executividade e dos embargos à execução fiscal.*

Não é essa a nossa interpretação. Dispensar significa não necessitar de, prescindir, desobrigar-se. A instauração do incidente não é obrigatória, mas tampouco proibida. Nossa interpretação é a de que, pelo CPC, o incidente é uma *faculdade* atribuída ao juiz quando a desconsideração for requerida já na petição inicial.

É dentro do contexto atualmente vivenciado no Brasil pelos grupos econômicos que defendemos que o procedimento deve ser sempre o do *incidente processual,* já que (i) o recebimento do pedido como incidente não tornará o processo mais moroso, uma vez que a manifestação da parte acabará sendo exercida em substituição à exceção de pré-executividade; (ii) assegurar que a parte prejudicada exerça seu direito de defesa é observar o contraditório (art. 5º, LV, da CF); (iii) não há prejuízo ou risco para a Fazenda Pública e (iv) tratar o requerimento da Procuradoria como incidente não implica aceitar ou recusar liminarmente o pedido, ele apenas assegura que ambas as partes sejam ouvidas antes que uma medida tão gravosa quanto o deferimento da responsabilidade patrimonial seja deferida (mesmo que de forma precária/não definitiva).

Ora, a finalidade da prova é demonstrar a existência ou a inexistência dos fatos afirmados pelas partes e, com isso, assegurar a legalidade e a tipicidade. Portanto, em que pese a criticável redação legal, assumir que a desconsideração, quando requerida na petição inicial, não precisa da oitiva da parte prejudicada para ser deferida, é relativizar ao extremo a autonomia das pessoas jurídicas, e colocar interesses secundários (leia-se, arrecadatórios) em primeiro lugar.

Em que pese a presunção de legitimidade da CDA e o entendimento da Primeira Turma do STJ no Recurso Especial nº 1.775.269/PR acima referido,[115] parece-nos que eventuais e hipotéticos recursos do credor, visando a afastar o rito incidental, será um grande desfavor ao avanço propiciado pelo CPC – inclusive seu art. 10 –, com inegável prejuízo à Justiça e em contramão a todo o esforço que vem sendo realizado para a diminuição de recursos e a efetividade da prestação jurisdicional.

Por fim, cumpre-nos registrar que o IDPJ não é cabível no redirecionamento da execução fiscal para os administradores (arts. 134, VII e 135 do CTN), tendo em vista que nesses casos não tratamos de desconsideração da personalidade jurídica,[116] e sim de sujeição passiva tributária, conforme já tivemos oportunidade de enfatizar no Capítulo V.

A inaplicabilidade a que nos referimos decorre de lei. Poderia e deveria ter sido diferente, mas assim dispôs o CPC, ao contemplar apenas a desconsideração como fato autorizador da abertura do incidente.

9.8 Opera-se a prescrição intercorrente no redirecionamento da execução fiscal para grupos econômicos?

Ao tratarmos da prescrição intercorrente para os grupos econômicos, duas questões se colocam. A primeira é se o redirecionamento da execução fiscal para empresas que compõem o mesmo grupo econômico submete-se ou não ao prazo prescricional, uma vez que, segundo entendimento manifestado em algumas decisões judiciais, elas comporiam um "único

---

115. "Assim, se, após regular processo administrativo, a Certidão de Dívida Ativa indica outra sociedade empresária como corresponsável pelo crédito tributário em cobrança, não há necessidade de instauração do incidente de desconsideração da personalidade jurídica da pessoa jurídica executada."

116. Enunciado nº 06 do Fórum de Execuções Fiscais da 2ª Região ("A responsabilidade tributária regulada no art. 135 do Código Tributário Nacional (CTN) não constitui hipótese de desconsideração da personalidade jurídica, não se submetendo ao incidente previsto no art. 133 do CPC/2015").

negócio", e assim não haveria de se falar em prazo para inclusão de "terceiro". E a segunda diz respeito ao termo inicial da contagem, caso a prescrição intercorrente seja cabível.

No que diz respeito à primeira questão, analisemos a seguinte decisão da lavra do Tribunal Regional Federal da Primeira Região, na mesma linha do Tribunal da Segunda Região:

> PROCESSUAL CIVIL E TRIBUTÁRIO. AGRAVO DE INSTRUMENTO. EXECUÇÃO FISCAL. REDIRECIONAMENTO. PRESCRIÇÃO.TERMO INICIAL. CITAÇÃO DA PESSOA JURÍDICA. INAPLICÁVEL PARA A EMPRESA CONTRA QUEM SE RECONHECE A SUCESSÃO EMPRESARIAL. RESPONSABILIDADE TRIBUTÁRIA. SUCESSÃO EMPRESARIAL. ART. 133 DO CTN. GRUPO ECONÔMICO. SOLIDARIEDADE. INEXISTÊNCIA.
>
> [...] 2. A citação da empresa em decorrência do reconhecimento da formação de grupo econômico não configura redirecionamento da execução fiscal, mas alcance da execução a uma extensão da mesma pessoa executada, razão pela qual não se opera a prescrição pelo transcurso de mais de cinco anos entre as citações das empresas. (AG 0018272-52.2015.4.01.0000)

A partir da leitura da íntegra da decisão, constatamos que embora o acórdão faça referência a "grupo econômico", de grupo não se trata. E esse equívoco nos leva a construir conclusão que não decorre das premissas e dos fundamentos da decisão.

O que na verdade se tem é sociedade cujo sócio era uma interposta pessoa, que após contrair dívida fiscal de enorme monta junto ao Fisco, foi irregularmente dissolvida, sendo sucedida informalmente por outra sociedade, que recontratou a maioria dos empregados demitidos pela primeira, continuando a atividade empresarial no mesmo endereço comercial e permitindo a continuidade da atividade empresarial.

Assim, apesar do acerto do mérito, a ementa conduz a uma outra situação, de que a prescrição intercorrente é inaplicável aos grupos econômicos. E definitivamente não é isso.

Ao analisar o caso concreto, faz-se necessário distinguir se estamos diante de um grupo econômico de fato ou de simulação de separação das personalidades jurídicas (grupo econômico "irregular").

Se de grupo econômico se tratar, o redirecionamento da execução fiscal deverá submeter-se aos limites da prescrição intercorrente, pois todas as sociedades envolvidas existem e são autônomas, independentemente de se submeterem a uma administração unitária.

Não é o caso de um negócio único, de simulação. As sociedades não são fictícias e possuem autonomia patrimonial, laboral etc. E por serem empresas unidas por um vínculo de direção que não lhes retira a existência autônoma, a prescrição intercorrente tem cabimento: um terceiro passará a integrar a lide tributária.

Igual raciocínio aplica-se ao caso de sucessão empresarial que, apesar de distinto dos grupos econômicos, é muitas vezes a eles equiparado pela jurisprudência. Seja na sucessão decorrente de atos societários lícitos (incorporação e aquisição de estabelecimento, por exemplo), seja na decorrente de atos ilícitos (esvaziamento patrimonial e transferência de fato do negócio para uma outra pessoa jurídica), estaremos diante de duas sociedades que existem ou existiram efetivamente, e, portanto, sujeitam-se às regras aplicáveis ao redirecionamento da execução fiscal, dentre elas o prazo prescricional para o exercício de tal direito.

Para as situações aqui tratadas, não procede o entendimento segundo o qual não se configura redirecionamento da execução fiscal a citação de empresas que compõem um mesmo grupo econômico, mas tão somente "alcance da execução a uma extensão da mesma pessoa executada", a fim de se concluir que por essa razão não se operaria a prescrição intercorrente. Grupos econômicos não equivalem a uma única pessoa jurídica. São sociedades necessariamente distintas, unidas por vínculos societários ou somente direção comum.

A outra possibilidade acima referida diz respeito às sociedades apenas formalmente distintas, e que na verdade constituem-se em uma mesma pessoa jurídica, em um único negócio.

O ilícito que autorizaria a corresponsabilidade consiste na simulação de autonomia jurídica, e não no interesse comum ou na atuação conjunta das empresas para fraudar o pagamento dos tributos. Neste caso, e *somente neste caso*, é que seria sustentável reconhecer o não cabimento da prescrição intercorrente no redirecionamento da execução fiscal, tendo em vista a simulação da separação societária que, se reconhecida, implicaria a conclusão de que se trata de uma única pessoa jurídica.

Outra tendência jurisprudencial que merece nossa atenção encontra-se corporificada na decisão a seguir. Nela, o Tribunal Regional Federal da Primeira Região decidiu que a prescrição intercorrente deve ser afastada porque, em havendo abuso de personalidade jurídica, estaríamos diante de uma única sociedade, não se aplicando o entendimento jurisprudencial firmado no AgRg nos EREsp 761.488-SC, no sentido de que "há prescrição intercorrente se decorridos mais de cinco anos entre a citação da empresa e a citação pessoal dos sócios, de modo a não tornar imprescritível a dívida fiscal". Confira-se:

> *Não se tratando de redirecionamento de execução fiscal contra sócio-gerente (CTN, art. 135/III), senão de reconhecimento de formação de grupo econômico de fato para fins de responsabilidade tributária por abuso da personalidade jurídica, não se aplica o entendimento jurisprudencial firmado no AgRg nos EREsp 761.488-SC, r. Ministro Hamilton Carvalhido, 1ª Seção/STJ para pronúncia da prescrição intercorrente.*
>
> (AG 0049272-07.2014.4.01.0000/PA)

Ora, o abuso de personalidade jurídica pode ocorrer entre empresas que detêm ou não autonomia jurídica e operacional, e, a depender do caso, a prescrição intercorrente será ou não cabível. No mesmo sentido a confusão patrimonial que, a depender da gravidade e da frequência, afasta apenas provisoriamente a autonomia das sociedades envolvidas, tanto é que desconsideram a personalidade jurídica, mas não pressupõem que as empresas sejam fictícias. Não o sendo, precisam ser citadas dentro de um período de prazo válido. Por isso, data vênia, equivoca-se a decisão.

Assim podemos concluir que:

1) É incorreto equiparar membros de um grupo econômico a "uma única pessoa jurídica", à "própria executada", como entendem alguns magistrados. Não podemos perder de vista que se estivermos diante de um grupo econômico, necessariamente haverá de existir ao menos duas sociedades distintas. Por outro lado, se a confusão patrimonial for em tal grau que implicar ausência de autonomia jurídica, financeira e patrimonial dos envolvidos, de grupo de não se trata, e sim de simulação de separação societária.

2) Se estivermos diante de um grupo econômico (de direito ou de fato por relação societária ou presunção), o redirecionamento válido submete-se à prescrição intercorrente. Trata-se de pessoas jurídicas distintas que não se equivalem.

3) Na sucessão empresarial, também é cabível a prescrição intercorrente pois as sociedades envolvidas são distintas, ainda que o esvaziamento patrimonial tenha sido de tal monta que lesou terceiros e implicou a transferência do negócio.

4) Se estivermos diante de simulação de autonomia jurídica (sociedades apenas formalmente distintas, mas que se constituem em uma única pessoa), não se opera a prescrição intercorrente.

Por fim, se a prescrição intercorrente for cabível, o cômputo inicial do prazo deve ser o momento em que o fato autorizador da responsabilidade torna-se passível de conhecimento, tendo em vista que somente a partir deste instante surge o direito de o Fisco exigir do responsável o crédito tributário, e a inércia pode ser atribuída ao credor. Trata-se da aplicação da Teoria da *Actio Nata*, que já tivemos oportunidade de analisar detalhadamente no item 7.6 do Capítulo VII desta obra.

9.9 Segregação de atividades empresariais e limites para desconsideração da "sociedade paralela"

É comum que, dentro de um mesmo grupo econômico, as pessoas jurídicas que o compõem dividam o negócio em ramos de atividade, de forma que cada uma será responsável por um segmento, com a consequente divisão de receitas e pagamentos de tributos.

Dentre as razões que justificam a criação dessa estrutura, encontra-se a economia fiscal gerada pela redução do pagamento de IRPJ, CSLL, PIS e COFINS, mediante tributação, pelo lucro presumido e regime cumulativo das contribuições, de lucro e receita que, não fosse a reestruturação do negócio, estariam sujeitas a uma tributação a princípio maior (lucro real e regime não cumulativo).

O direito de se auto-organizar autoriza a constituição de várias sociedades empresárias pelos mesmos sócios, que tenham por escopo atividades similares, complementares ou mesmo totalmente distintas. Se corretamente constituídas e operadas, afastam o apressado entendimento de mera simulação.

O que faz com que a operação seja considerada simulada (art. 167, I, do Código Civil)[117] são as características do caso concreto, demonstradas mediante provas.

---

117. Art. 167. É nulo o negócio jurídico simulado, mas subsistirá o que se dissimulou, se válido for na substância e na forma.
§ 1º Haverá simulação nos negócios jurídicos quando:
I – aparentarem conferir ou transmitir direitos a pessoas diversas daquelas às quais realmente se conferem, ou transmitem.
II – contiverem declaração, confissão, condição ou cláusula não verdadeira.
III – os instrumentos particulares forem antedatados, ou pós-datados.

A simulação será absoluta se a declaração de vontade exprimir aparentemente um negócio jurídico, não sendo intenção das partes efetuar negócio algum. O ato ou negócio jurídico simplesmente não ocorreu.

Já na simulação relativa, há dois negócios jurídicos: um simulado, que não representa o querer das partes; e outro oculto, disfarçado. É também denominada dissimulação.

Nessa medida, a primeira possibilidade é de se considerar que o contribuinte planejou-se de maneira lícita, mediante divisão de atividades. Assim, segregou as atividades em duas ou mais pessoas jurídicas, contratou empregados em número suficiente para exercer sua atividade-fim, adquiriu ou alugou maquinários e os tributos devidos pelo regime do lucro presumido foram apurados e recolhidos. Milita a favor da legalidade da segregação, também o seguinte:

- Sócios da nova sociedade poderão ou não ser os mesmos da empresa líder. O fato de serem diversos não garante, por si só, a não contestação da estrutura que se pretende, da mesma forma se forem os mesmos não significa haver responsabilidade tributária. O que importa é o conjunto probatório.

- A nova sociedade deve estar estabelecida em local compatível com suas atividades (o local não precisa ser grande, mas deve possuir a estrutura necessária para o controle da intermediação, treinamento de funcionários etc.). A coincidência de endereços com a sociedade líder também não implica responsabilidade tributária, mas demanda atenção por conta da necessidade de autonomia operacional entre as envolvidas.

- Não incorrer em confusão patrimonial: receitas, despesas, custos e controles separados e controlados.

Por outro lado, se alguma das sociedades não possuir empregados, ou os possuir em número simbólico, não possuir despesas que façam frente às suas receitas, não demonstrar que exercia a atividade pela qual cobrava e, finalmente, que seu caixa era utilizado para pagamento das despesas de sociedade segregada, sem qualquer explicação, seria correto considerar simulada as atividades desta última sociedade, existente apenas para reduzir a carga tributária do grupo, sem qualquer respaldo factual.

Por isso, não basta a aparência de licitude, pautada em contratos particulares e registros fiscais e contábeis. Deve ser demonstrada a *compatibilidade entre o previsto nos documentos societários e fiscais, e os atos comprovadamente realizados pelos interessados*.

A jurisprudência do CARF não destoa do ora exposto. Trazemos, a seguir, dois casos importantes à presente análise, o primeiro afastando a simulação e acatando a segregação (Processo nº 10865.720538/201511), e o segundo não (Processo nº 13808.000058/97-33). Conforme veremos, ambos privilegiam as provas para a tomada de decisão.

> Processo nº 10865.720538/201511
>
> [...] como base nas evidências acima, foi preservado o princípio da Entidade. Tal princípio professa a verdade intuitiva e jurídica de que o patrimônio da entidade, objeto de contabilização, tem de estar completamente separado do patrimônio de seus sócios ou acionistas. Tal separação, por evidente, afeta também os patrimônios de pessoas jurídicas distintas, ainda que possuam quadro societário idêntico, como ocorre no caso aqui em espeque.
>
> [...] Compulsando os autos, não vejo provas de que o referido princípio tenha sido desrespeitado. Não houve confusão patrimonial entre as duas empresas ou mistura no reconhecimento de receitas, custos e despesas. Cada empresa existia de fato com estrutura própria, de equipamentos operacionais e pessoal próprio. A defesa, a todo tempo, alega isso a seu favor.
>
> Estes fatos demonstram, em minha ótica, que o princípio da Entidade não foi violado, seja porque não há confusão patrimonial entre as empresas, seja porque existem de fato, cada qual operando independente uma da outra, ainda que, segundo o Fisco, exercendo a mesma atividade.

No caso objeto da decisão acima, a segregação foi considerada legal e o auto de infração cancelado. Reconheceu-se a possibilidade de constituir sociedades pelos mesmos sócios, que tenham por escopo atividades similares, complementares ou mesmo distintas, desde que as empresas existam efetivamente e possam operar de forma independente (autonomia jurídica, laboral e patrimonial).

Já a decisão abaixo foi pela manutenção do auto de infração diante da simulação da segregação:

> Processo: 13808.000058/97-33
>
> NORMAS GERAIS DE DIREITO TRIBUTÁRIO
>
> Os elementos probatórios indicam, com firmeza, que as pessoas jurídicas, embora formalmente constituídas como distintas, formam uma única empresa que atende, plenamente, o (sic) cliente que a procura em busca do produto por ela notoriamente fabricado e comercializado.

Neste processo, foram constituídos créditos tributários de ofício relativos ao IRPJ, CSLL, PIS e COFINS, em virtude da constatação, pela fiscalização, de que a empresa autuada havia omitido receitas ao promover a segregação de receitas com outra empresa do grupo que, na verdade, formava uma única empresa.

A fiscalização identificou que a receita era dividida na proporção de 25% e 75%; "B" tinha os mesmos sócios da empresa autuada ("A"), além de utilizar de toda sua estrutura administrativa e de pessoal, sem rateio de custos. Também utilizava o mesmo imóvel, sem qualquer estipulação de aluguel; os informes publicitários eram comuns; os vendedores de "A" fechavam o pedido, que era único mas desdobrado em dois contratos; o contador de "A" e "B" era o mesmo e "A" e "B" utilizavam-se do mesmo nome comercial e logotipo.

Assim, a decisão foi no sentido de que, embora as sociedades fossem formalmente distintas, de fato elas compunham uma única, razão pela qual a segregação não se sustentava. Tratava-se de simulação, e não de grupo econômico.

9.10 Medida Cautelar Fiscal

A medida cautelar fiscal é ação de titularidade da Fazenda Pública, cujo objetivo é decretar a indisponibilidade de bens e direitos do sujeito passivo da obrigação tributária, em especial quando o devedor tenta frustrar o pagamento da dívida. Foi introduzida em nosso ordenamento por meio da Lei 8.397/92, mas somente nos últimos anos passou a ser efetivamente utilizada.

Com a medida cautelar fiscal pretende-se gravar o patrimônio do devedor com a cláusula de indisponibilidade, de modo a impedir a alienação de tais bens, ou seja, permite-se o uso e o gozo mas seu proprietário é impedido de movimentar o patrimônio, obstando a venda, doação, troca, cessão e qualquer outro negócio jurídico, gratuito ou oneroso, que resulte mudança da titularidade dos respectivos bens móveis e imóveis, até que seja definitivamente extinto o crédito tributário.

Para a presente análise, são especialmente relevantes os arts. 1º e 2º da Lei 8.397/92, a seguir:

> Art. 1º O procedimento cautelar fiscal poderá ser instaurado após a constituição do crédito, inclusive no curso da execução judicial da Dívida Ativa da União, dos Estados, do Distrito Federal, dos Municípios e respectivas autarquias.
>
> Parágrafo único. O requerimento da medida cautelar, na hipótese dos incisos V, alínea "b", e VII, do art. 2º, independe da prévia constituição do crédito tributário.
>
> Art. 2º A medida cautelar fiscal poderá ser requerida contra o sujeito passivo de crédito tributário ou não tributário, quando o devedor:
>
> I - sem domicílio certo, intenta ausentar-se ou alienar bens que possui ou deixa de pagar a obrigação no prazo fixado;
>
> II - tendo domicílio certo, ausenta-se ou tenta se ausentar, visando a elidir o adimplemento da obrigação;
>
> III - caindo em insolvência, aliena ou tenta alienar bens;
>
> IV - contrai ou tenta contrair dívidas que comprometam a liquidez do seu patrimônio;

V - notificado pela Fazenda Pública para que proceda ao recolhimento do crédito fiscal:

a) deixa de pagá-lo no prazo legal, salvo se suspensa sua exigibilidade;

b) põe ou tenta por seus bens em nome de terceiros;

VI - possui débitos, inscritos ou não em Dívida Ativa, que somados ultrapassem trinta por cento do seu patrimônio conhecido;

VII - aliena bens ou direitos sem proceder à devida comunicação ao órgão da Fazenda Pública competente, quando exigível em virtude de lei;

VIII - tem sua inscrição no cadastro de contribuintes declarada inapta, pelo órgão fazendário;

IX - pratica outros atos que dificultem ou impeçam a satisfação do crédito.

Verificando-se os enunciados acima, a primeira questão que se coloca diz respeito ao disposto no art. 2º da lei, que estabelece que a "medida cautelar fiscal poderá ser requerida contra o sujeito passivo de crédito tributário."

Como já tivemos oportunidade de analisar, o sujeito passivo pode ser tanto o contribuinte quanto o responsável. Entretanto, em nenhuma dessas categorias os grupos econômicos se enquadram, salvo nas situações lícitas, em que as sociedades compartilham a situação que constitua o fato gerador da obrigação tributária. E como as medidas cautelares visam a proteger o crédito em situações que normalmente envolvam ilícitos, uma interpretação restritiva do termo "sujeito passivo" pode comprometer o alcance da cautelar fiscal.

Confirmando o entendimento de que vimos defendendo ao longo deste trabalho – de que a desconsideração da personalidade jurídica não é hipótese de sujeição passiva – o STJ, ao julgar o REsp 1.775.269/PR e decidir pela aplicação do IDPJ aos grupos econômicos, considerou como premissa de sua decisão que, salvo na prática conjunta do fato gerador, os grupos econômicos *não são* sujeitos passivos previstos no

CTN. E nessa linha, para os casos de sujeição passiva tributária, o IDPJ não seria cabível, já para a desconsideração, sim.

Essa distinção e seus respectivos efeitos devem ser ponderados, pois se de um lado a legalidade será privilegiada (no polo passivo da medida cautelar deve figurar tão somente um sujeito passivo tributário), de outro, a eficácia da cautelar fiscal será mitigada, pois impedirá, ao menos com base nessa alternativa processual, a indisponibilidade de bens envolvendo a formação de grupos econômicos presumidos.

Optamos pela legalidade e pela segurança jurídica por ela proporcionada não por excesso de formalismo, mas por não compactuarmos com o esvaziamento de conteúdos semânticos mínimos em prol de uma justiça fiscal. A interpretação pautada apenas na necessidade e na conveniência é perigosa. A lei precisa ser alterada para abarcar os ilícitos.

Assim, chegamos às seguintes conclusões:

1) Os grupos econômicos de direito e os de fato sujeitam-se à cautelar fiscal se praticarem em conjunto o fato jurídico (art. 124, I, do CTN), pois neste caso as sociedades envolvidas serão responsáveis solidárias. Entretanto, no caso de ilícitos, a cautelar será incabível, pois a norma aplicável não mais será o CTN (art. 124, I), e sim o Código Civil (art. 50), que não regula a sujeição passiva.

2) Quando de grupo econômico não se tratar, mas de simulação de autonomia jurídica e patrimonial (negócio único/sociedade fictícia – art. 149, VII, do CTN – muitas vezes confundida com grupo econômico de fato presumido), a cautelar fiscal será cabível por se tratar de uma única sociedade, e, consequentemente, de um único sujeito passivo, apenas formalmente distinto.

Superado esse ponto da perspectiva formal, é constitucional o veículo introdutor de normas sobre procedimento cautelar fiscal, pois, por se tratar de matéria processual, a competência é exclusiva da União Federal. Já a análise da constitucionalidade material da lei demanda maior reflexão, pois se o risco de frustração do direito da Fazenda está conectado a certas condutas – como ausência de domicílio certo, alienação de bens, insolvência, contração de dívidas etc. – e se a legislação prevê eventos que não denotam urgência e risco ao crédito tributário, essas hipóteses são inidôneas à proteção cautelar, e, portanto, revelam-se inconstitucionais.

Como exemplo, citamos a previsão de que a cautelar poderá ser requerida quando os débitos ultrapassarem 30% do patrimônio conhecido do devedor (inciso VI, do art. 2º, da Lei 8.397/92).

Ocorre que a mera existência de débitos que superem 30% do patrimônio conhecido *não constitui* motivo válido para a decretação da medida cautelar fiscal, pois não há, nesse caso, nexo causal com eventual frustração do processo principal, e tampouco essa circunstância revela-se indicativa de urgência.

O que se tem, na verdade, é que a situação em questão, se for a única presente, não revela risco de lesão ao direito subjetivo da Fazenda Pública, uma vez que não há prova, direta ou indiciária, no sentido de que o contribuinte estaria promovendo ou em vias de promover atos tendentes a dilapidar seu patrimônio. E se não há esse receio, não se justifica o deferimento de medida tão excepcional quanto a cautelar fiscal.

Ademais, o percentual de 30%, por si só, revela-se manifestamente inconstitucional: pressupor a insolvência do devedor porque suas dívidas totalizam valor superior a 30% de seu patrimônio é abusivo, infundado e desproporcional. O motivo não é compatível, tampouco adequado, ao fim perseguido, isto é, a tutela judicial do crédito tributário.

Afora isso, temos a hipótese de alienação de bens arrolados sem comunicação do Fisco (art. 2º, VII), sobre a qual Marcelo de Lima Diniz[118] fez uma interessante ponderação. Alienar bens ou direitos sem comunicar o Fisco não constituiu motivo válido para a indisponibilidade de bens. A aliena-

---

118. *Garantias e privilégios do crédito tributário*, p. 187.

ção de bens arrolados não configura, por si só, conduta ilícita. A ilicitude (motivo para decretação da medida) estaria na ausência de comunicação.

Ocorre que não há nexo causal entre a conduta de não comunicar a alienação de bem arrolado, e o risco de lesão ao direito subjetivo do Fisco. Permitir a indisponibilidade patrimonial porque o contribuinte não comunicou a transferência de bem de sua propriedade constitui medida excessiva e imprópria, inclusive porque o arrolamento já consta dos registros públicos, não se podendo imputar ao devedor qualquer conduta maliciosa.

As situações até aqui relatadas mostram-se ainda mais graves se a liminar for deferida antes que o processo administrativo tributário tenha se encerrado, conforme entendimento já pacificado no STJ,[119] dentre elas o AgInt no REsp nº 1597284, em que ficou decidido que "É pacífico nesta Corte superior o entendimento segundo o qual, enquanto suspensa a exigibilidade do crédito tributário, não se pode decretar a indisponibilidade dos bens do devedor ao fundamento exclusivo de que os débitos somados ultrapassam trinta por cento de seu patrimônio conhecido (art. 2º, VI, da Lei n. 8.397/1992)", exceção feita quando o devedor busca indevidamente alienar seus bens como forma de esvaziar o patrimônio que poderia responder pela dívida (art. 2º, V, "b", VII e IX, da Lei 8.397/92).

Em todas as situações tratadas no referido art. 2º – transferência de bens a terceiros, dilapidação patrimonial, encerramento informal do estabelecimento etc. – há risco eminente de ocultação de bens e inadimplemento, razão pela qual o deferimento da cautelar, a qualquer momento após a constituição "inicial" do crédito, é medida que certamente atende ao interesse público e está de acordo com a legalidade.

---

119. AgInt no REsp 1.597.284/PE; AgRg no AREsp 571.765/DF, AgRg no AREsp 534.740/SC, AgRg no REsp 1.443.285/RS.

9.11 Conclusão final: responsabilidade solidária por atos lícitos e ilícitos e seus fundamentos legais

Para concluir este Capítulo, trazemos abaixo os casos mais comuns de responsabilidade decorrente da prática de atos ilícitos e ilícitos, aplicáveis ou não aos grupos econômicos:

FATO AUTORIZADOR DA RESPONSABILIDADE	LÍCITO/ILÍCITO	FUNDAMENTO LEGAL
Interesse comum	Lícito	Art. 124, I, do CTN.
Lei ordinária de qualquer pessoa política, existente ou que venha a ser criada, compatível com os arts. 128, 134 e 135 do CTN.	Lícito e ilícito	Art. 124, II, do CTN.
Separação societária meramente formal (simulação de existência de personalidade jurídica/grupo econômico "irregular").	Ilícito	Art. 149, VII, do CTN.
Confusão patrimonial.	Ilícito	Art. 50 do CC.
Conluio envolvendo duas ou mais pessoas para prática de fraude não consistente em confusão patrimonial/abuso de personalidade jurídica (terceiros que concorrem para a ocorrência da sonegação de tributos).	Ilícito	Art. 149, VII, do CTN.
Dilapidação patrimonial com transferência de bens/clientes/operações para outra pessoa jurídica integrante ou não de um mesmo grupo econômico.	Ilícito	Art. 133 do CTN.
Simulação de atos/negócios jurídicos e evasão.	Ilícito	Art. 149, VII do CTN, e eventualmente o art. 50 do CC.
Abuso de personalidade jurídica pela sua utilização em operações realizadas com o intuito de acarretar a supressão ou a redução de tributos mediante manipulação artificial do fato gerador.	Ilícito	Art. 50 do CC e eventualmente o art. 149, VII do CTN.
Excesso de poderes, violação à lei, contrato social ou estatuto pelo administrador.	Ilícito	Art. 135 CTN.

Capítulo X
O CÓDIGO CIVIL DE 2002 E A RESPONSABILIDADE DOS SÓCIOS E ADMINISTRADORES

10.1 A importância dos conceitos de direito civil para a correta compreensão e aplicação do direito tributário

A Lei 10.406/2002 introduziu no ordenamento jurídico brasileiro o atual Código Civil, em substituição ao anterior, aprovado pela Lei 3.071/1916.

A importância do estudo da legislação civil, para todo aquele que se propõe a conhecer o direito tributário, reside na circunstância de que os fatos descritos nas regras-matrizes de incidência tributária são definidos e regulados a partir do direito privado. Assim, conhecer esses conceitos, propicia ao intérprete ferramentas para a correta construção do sentido das normas jurídicas tributárias.

Há de se considerar, além disso, que o art. 110 do CTN proibiu ao legislador eleger livremente o conteúdo semântico dos signos utilizados para definir a materialidade dos tributos, ao dispor que "A lei tributária não pode alterar a definição, o conteúdo e o alcance de institutos, conceitos e formas de direito privado, utilizados, expressa ou implicitamente, pela Constituição Federal, pelas Constituições dos Estados, ou pelas Leis Orgânicas do Distrito Federal ou dos Municípios, para definir ou limitar competências tributárias."

Exemplo típico de construção de conteúdo semântico diverso do empregado pelo direito privado é a incidência da contribuição social sobre o *pro labore* pago aos administradores de pessoas jurídicas e trabalhadores autônomos, em época em que a Constituição permitia a tributação apenas sobre a folha de salários. O Supremo Tribunal Federal, baseando-se na impossibilidade de a lei fiscal alargar o conteúdo dos termos regulados pelo direito privado, declarou a inconstitucionalidade do tributo.

Por isso, não temos dúvidas de que o conteúdo semântico do vocábulo "imóvel" será sempre o mesmo, seja para fins civis, comerciais ou tributários, ainda que a lei tributária possa, dentro dos limites impostos pela Constituição, definir o tratamento fiscal aplicável. O mesmo ocorre com os impostos sobre a propriedade imobiliária, sobre a propriedade de veículos automotores, sobre a transmissão *inter vivos* onerosa de bens imóveis, sobre operações de crédito, câmbio e seguro, sobre as operações relativas a títulos e valores mobiliários, sobre a transmissão *causa mortis* de bens, sobre doações, sobre a prestação de serviços etc.

Portanto, à lei tributária é vedado empregar a analogia e a interpretação extensiva, para os fins de abranger o maior número possível de fatos passíveis de tributação, alargando, com isso, a discriminação constitucional de competências e desrespeitando a taxatividade dos tipos tributários.

Para concluir, há de se considerar que, na aplicação do art. 110 do CTN, o conteúdo, alcance e conceitos de institutos de direito privado são aqueles contidos na lei privada em vigor na data da promulgação da Constituição Federal (5 de outubro de 1988). Não fosse assim, qualquer alteração promovida pela legislação infraconstitucional, que modificasse conceitos até então existentes, seria capaz de alterar as competências tributárias.

10.2 Superioridade hierárquica das normas veiculadas no CTN sobre as constantes do Código Civil

Como teremos oportunidade de verificar ao longo desse capítulo, por vezes o Código Civil regula matérias não tratadas de forma específica pelo CTN, mas que podem refletir nas relações jurídicas tributárias. Em outras situações, tanto o CTN quanto o Código Civil disciplinam, de forma harmoniosa, a mesma matéria. Finalmente, também constataremos algumas incompatibilidades entre as normas veiculadas nesses dois Códigos.

O direito positivo convive com disposições contraditórias – diferentemente do que ocorre com a Ciência do Direito, em que isso não pode ocorrer dado os princípios da identidade, da não contradição e do terceiro excluído – e, nesses casos, a função do jurista e do aplicador do direito é justamente a de sanar a aparente incompatibilidade, construindo o conteúdo e o alcance da matéria legislada, a fim de estabelecer a melhor solução para o caso concreto.

Assim, se ambos os Códigos estão em vigor, imperioso determinar os respectivos campos de abrangência, a forma de interação das normas e o alcance do Código Civil em matéria tributária.[120]

Entendemos que as normas veiculadas no CTN prevalecem sobre as constantes do Código Civil, quando incompatíveis entre si e quando o objeto de regulamentação for de competência do direito tributário. Justifiquemos:

1) O CTN foi recepcionado pela ordem constitucional de 1988 como lei complementar, em face do disposto no

---

120. Sobre esse tema, vide trabalho de Ricardo Mariz de Oliveira, intitulado *O empresário, a sociedade empresária, a sociedade simples e a responsabilidade tributária perante o Código Tributário Nacional – CTN e o Código Civil de 2002*. Texto inédito preparado para o XVII Congresso Brasileiro de Direito Tributário do Instituto Geraldo Ataliba – IDEPE – Instituto Internacional de Direito Público Empresarial.

art. 146 da Constituição Federal. Portanto, suas normas são hierarquicamente superiores ao Código Civil (hierarquia ontológico-formal), introduzido por meio de lei ordinária, sempre que dispuserem sobre as matérias mencionadas no referido art. 146, dentre elas as que tratam de contribuintes, obrigação e crédito tributários;

2) O Código Civil não revogou expressamente qualquer disposição do CTN e, se o tivesse feito, seria ilegal em função da hierarquia acima exposta;

3) O CTN veicula normas específicas sobre responsabilidade *tributária*, de forma que, pelo critério da especificidade, o primeiro prevalece sobre esse último, independente desse ser cronologicamente posterior àquele; e

4) O parágrafo único do art. 59 da Constituição Federal outorga à lei complementar competência para dispor sobre a elaboração, a redação, a alteração e a consolidação das leis. Com fundamento nesse dispositivo, publicou-se a Lei Complementar 95/98, parcialmente alterada pela Lei Complementar 107/2001. Assim, considerando o disposto no art. 9º da Lei Complementar 95/98, é insustentável qualquer discussão sobre ausência de vigência do CTN, pois suas normas não foram expressamente revogadas (e, se tivessem sido, seriam ilegais, em face do disposto na conclusão "2" supra).

Portanto, as disposições do Código Civil que tratam da responsabilidade dos sócios e dos administradores aplicam-se às relações jurídicas tributárias no que forem pertinentes, mas não quando, para as mesmas situações, existirem normas específicas no CTN, próprias de lei complementar. Para as matérias mencionadas nos arts. 109 e 110 do CTN (definições semânticas de fatos passíveis de tributação), o próprio Código determina a supremacia do direito privado.

10.3 Conceito e nascimento da personalidade jurídica das sociedades empresárias e das simples

Por personalidade jurídica entende-se a qualidade das pessoas jurídicas de direito público ou privado que lhes permite ser titular de direitos e deveres. Em decorrência da personalidade própria e independente da de seus sócios e acionistas, as sociedades atuam e assumem responsabilidades em seu nome, têm patrimônio autônomo, possuem nome diverso da de seus membros e estão aptas a praticar atos e contrair obrigações.

O início da personalidade jurídica das sociedades empresárias e das simples ocorre com o registro do ato constitutivo no órgão competente (art. 45 do Código Civil, excepcionado apenas para as sociedades em conta de participação – art. 993). Em se tratando de sociedade empresária, a inscrição dos atos deve perfazer-se na Junta Comercial, enquanto que no caso das sociedades simples, no Cartório de Registro de Pessoas Jurídicas.

Sociedade empresária é toda pessoa jurídica que exerça atividade própria de empresário sujeita a registro. A atividade típica não é definida exclusivamente por sua natureza, mas também pela forma como é explorada: quando a exploração se der de maneira organizada (ou seja, mediante a articulação dos fatores de produção), teremos uma empresa, razão pela qual é pelo objeto e pelas circunstâncias que envolvem a prática da atividade que uma sociedade é definida como empresária ou não.

As sociedades empresárias podem adotar um dos seguintes tipos de sociedade: nome coletivo, comandita simples, limitada, anônima, comandita por ações e as unipessoais. A despeito da forma que o objetivo social for explorado, por determinação legal as sociedades por ações serão sempre empresárias.

Observe-se, ademais, que a sociedade empresária (assim como a simples), hoje agrupa grande parte das sociedades antes denominadas sociedades civis e comerciais. Essa distinção entre os tipos de sociedade, que por tanto tempo perdurou

261

no direito positivo brasileiro, foi revogada com o advento do Código Civil de 2002 (art. 2.045)[121].

Finalmente, *sociedade simples* é a não empresária, toda pessoa jurídica que não exerça atividade própria de empresário sujeito a registro. Pode adotar, nos termos do art. 983 do Código Civil, qualquer um dos tipos de sociedade empresária, com exceção das sociedades por ações.

De acordo com o Código Civil, permanecem excluídas da disciplina do direito comercial as atividades não empresariais, cujos exercentes não são empresários e não podem, por exemplo, requerer recuperação judicial ou falir.

São quatro as hipóteses de atividades econômicas não empresariais, exercidas pelas sociedades simples: a explorada por quem não se enquadra no conceito legal de empresário, a dos profissionais intelectuais, a dos empresários rurais não registrados na Junta Comercial e a das cooperativas.

A primeira hipótese ocorre quando alguém presta serviços pessoalmente, sem se organizar numa empresa, mesmo que o faça profissionalmente (com intuito lucrativo e habitualidade).

Já a segunda hipótese, relativa às atividades relacionadas às profissões intelectuais, científicas, artísticas e literárias, não é exercida por empresários, a menos que elas constituam elemento de empresa. Tal constatação deve-se ao fato de que, em tais atividades, prevalece a natureza individual e intelectual do sujeito sobre a organização. Assim, o processo de criação é realizado pelo próprio autor, de onde resulta, exclusiva e diretamente, o bem ou o serviço, sem interferência de fatores externos de produção, cuja eventual ocorrência é meramente acidental.

---

121. O comércio ou o ato de mercancia, tal como definidos pela Parte Primeira do Código Comercial, não mais se sustenta, ante o fato de a sociedade empresária não se limitar a abranger atividade econômica organizada com o intuito econômico de produção ou venda de mercadorias. Ela pode também se dedicar à prestação de serviços, à venda de imóveis etc., desde que exercidas profissionalmente por meio de uma organização, e envolva a produção ou a circulação de bens e serviços.

O parágrafo único do art. 966 do Código Civil traz, entretanto, uma exceção, que enquadra o profissional intelectual no conceito de empresário. É quando o exercício da profissão constitui elemento de empresa, ou seja, quando o exercente da profissão intelectual dedica-se mais à atividade típica de empresário (organização dos fatores de produção, como o advogado que administra um grande e renomado escritório de advocacia, praticamente sem exercer sua profissão; o médico pediatra que adquire um hospital e passa a administrá-lo etc.) do que propriamente à função intelectual, científica, literária ou artística.

A terceira hipótese diz respeito às atividades rurais, tais como a plantação de vegetais (agricultura e reflorestamento), a criação de animais para abate, reprodução, competição ou lazer (pecuária, aquicultura) e o extrativismo vegetal (corte de árvores), animal (caça e pesca) e mineral (mineradoras, garimpo). Se o exercente da atividade rural requerer a inscrição no registro das empresas, será considerado empresário, caso contrário, não.

Finalmente, a quarta hipótese trata das cooperativas, sociedades formadas por pessoas que se obrigam mutuamente a contribuir com bens e serviços, objetivando exercer atividade econômica de proveito comum, sem que haja a finalidade de obtenção de lucro. Serão sempre consideradas, por força do parágrafo único do art. 982 do Código Civil, sociedades simples.

10.3.1 Sociedades irregulares e sociedades de fato

As sociedades não registradas são comumente classificadas pela doutrina em (i) *sociedade irregular*, entendida como aquela que celebra formalmente o contrato social ou o ato constitutivo, mas não providencia o respectivo registro perante a Junta Comercial ou o Cartório de Registro de Pessoas Jurídicas; e (ii) *sociedade de fato*, aquela que nem sequer possuiu um contrato escrito.[122]

---

122. Cf. Waldirio Bulgarelli, *Sociedades comerciais*, p. 103, e Waldemar Ferreira e José Waldecy Lucena, *Das sociedades por quotas de responsabilidade limitada*, p. 86-87.

Fábio Ulhoa Coelho contesta a classificação, alegando que sua única relevância é que nas sociedades de fato é possível que algum dos sócios ajuíze ação para os fins de comprovar o vínculo societário, enquanto nas irregulares isso não seria necessário, pois o contrato social escrito (e não registrado) já faria tal prova.[123]

Entendemos que a partir do Código Civil de 2002, as sociedades irregulares e as de fato passaram a se enquadrar no conceito de "sociedade em comum" tratado mais abaixo, não se justificando a classificação proposta. Se o requisito legalmente previsto para que uma pessoa jurídica adquira personalidade própria é o registro do contrato escrito no órgão competente, é evidente que tanto as sociedades que possuam contrato escrito não registrado como aquelas que nem sequer tenham o documento escrito que comprove a sua existência, configurarão espécies do gênero das sociedades em comum.

10.4 As sociedades empresárias e simples e a interpretação da legislação fiscal anterior ao advento do Código Civil de 2002

Como vimos, o Código Civil de 2002 aboliu as denominações "sociedades civis", "sociedades mercantis", "sociedades civis de prestação de serviços profissionais" etc., adotando apenas a classificação das sociedades em empresárias ou simples. Essa nova classificação incorporou as espécies existentes no direito positivo anterior.

Ocorre que a maior parte da legislação fiscal é alheia a essa modificação, por ter sido introduzida no sistema antes do atual Código Civil. Em virtude disso, faz-se importante construir parâmetros para a correta aplicação da legislação fiscal.

O mais importante a se considerar é que a subsunção de fato praticado pela pessoa jurídica a uma regra que mencione

---

123. *Manual de direito comercial*, p. 124.

espécie de sociedade já revogada deve ser promovida independente da atual classificação das sociedades (empresária ou simples), mas analisando-se se a sociedade estaria ou não incluída na categoria referida na lei anterior.

Não fosse assim, as normas fiscais acabariam sendo incorretamente aplicadas, já que a atual classificação incorporou todos os antigos tipos de sociedade, podendo alargar, em última análise, o antecedente das regras-matrizes de incidência tributária. Sem dúvida alguma, a legalidade e a tipicidade estariam sendo violadas.

Exemplificando, pensemos na previsão de incidência do imposto de renda retido na fonte, sobre a prestação, por sociedades civis de profissão regulamentada, de serviços profissionais. Dada a atual inexistência desse tipo de sociedade, não mais seria possível aplicar a norma? Ou ela incidiria sobre os serviços prestados por todas as sociedades empresárias e simples?

Entendemos que a melhor interpretação seja a de aplicar a regra somente aos fatos jurídicos praticados por sociedades classificadas segundo a legislação anterior. Vale dizer, se a atual sociedade empresária classificava-se, anteriormente, como sociedade civil de profissão regulamentada, o fato que vier a praticar estará sujeito à incidência normativa; caso contrário, não estará.

Outra questão interessante diz respeito ao tratamento que as leis fiscais anteriores ao atual Código Civil davam às firmas individuais e às pessoas físicas que, por explorarem determinadas atividades econômicas, eram equiparadas às pessoas jurídicas.

Em que pese o entendimento predominante da doutrina ser de que as firmas individuais agora correspondem à figura do empresário, para fins da incidência do imposto sobre a renda elas deverão continuar a ser tributadas como pessoas jurídicas. Não se trata de emprego de ficção para os fins de criar obrigação tributária – expediente que não admitimos[124]

---

124. Sobre essa conclusão, vide trabalho de nossa autoria (*Presunções*, cit., p. 88).

– mas de submeter os empresários às disposições aplicáveis às pessoas jurídicas. Salvo limitações constitucionais específicas que expressamente vetem ou deixem de autorizar tal conduta, não vislumbramos qualquer inconstitucionalidade nesse ato.

10.5 Responsabilidade dos sócios, dos acionistas e dos administradores em face do Código Civil de 2002

O sistema de responsabilidade civil adotado pelo ordenamento brasileiro é dualista, coexistindo o critério subjetivo, baseado na culpa e no dolo, e o objetivo, fundamentado no risco. A regra geral é a de que o dever de indenizar, decorrente da prática de atos ilícitos que tenham causado prejuízo a outrem, fundamenta-se na culpa ou no dolo do agente.

Porém, verifica-se no Código Civil a existência de dispositivos legais que tratam da responsabilidade objetiva dos sócios, dos acionistas e dos administradores, em que esses elementos (culpa ou dolo) são prescindíveis. Agregue-se a isso o fato da responsabilidade tributária, segundo nossa interpretação do CTN, não ser indenizatória, e sim norma sancionadora ou dispositiva, conforme o caso.

A seguir passaremos a analisar diversos dispositivos legais constantes do Código Civil[125] que, de alguma forma, tratam da responsabilidade dos sócios, dos acionistas e dos administradores, seja contemplando normas já existentes no CTN (em sentido contrário ou não), seja disciplinando matérias não tratadas na legislação fiscal.

Acreditando facilitar a compreensão, dividiremos nossa análise abordando a responsabilidade do empresário e dos incapazes, bem como dos sócios, acionistas e administradores em cada subespécie de sociedade empresária ou simples. Para concluir, discorreremos sobre algumas outras regras pertinentes à responsabilidade (não necessariamente tributária).

---

125. Todos os artigos abaixo mencionados referem-se ao Código Civil, salvo se indicação expressa informar uma outra fonte.

10.5.1 Responsabilidade dos empresários

Iniciemos com o art. 973, que trata da responsabilidade dos empresários, *in verbis*:

> Art. 973. A pessoa legalmente impedida de exercer atividade própria de empresário, se a exercer, responderá pelas obrigações contraídas.

Este artigo prevê a responsabilidade pessoal do empresário caso ele exerça atividades empresariais apesar de seu impedimento legal, evitando que terceiros sejam prejudicados. O art. 973 nada mais faz do que prever, harmoniosamente, uma das condutas ilícitas previstas no art. 135 do CTN (ato contrário à lei), que deverá resultar, além disso, na obrigação tributária.

Ademais, a norma jurídica construída a partir do enunciado acima encontra-se de acordo com o art. 126, II, do CTN, que prescreve que a capacidade tributária passiva independe da pessoa natural achar-se sujeita às medidas que importem em privação ou limitação do exercício de atividades civis, comerciais ou profissionais, ou da administração direta dos seus bens ou negócios. Portanto, se a pessoa legalmente impedida agir como empresário responderá pelas obrigações contraídas, inclusive as fiscais.

10.5.2 Responsabilidade dos incapazes

O art. 974 e seu 2º determinam, *in verbis*:

> Art. 974. Poderá o incapaz, por meio de representante ou devidamente assistido, continuar a empresa antes exercida por ele enquanto capaz, por seus pais ou pelo autor de herança.
>
> [...]
>
> § 2º. Não ficam sujeitos ao resultado da empresa os bens que o incapaz já possuía, ao tempo da sucessão ou da interdição, desde que estranhos ao acervo daquela, devendo tais fatos constar do alvará que conceder a autorização.

O *caput* do art. 974 permite que o incapaz continue a exercer atividades empresariais, por meio de representante ou se estiver devidamente assistido. Para nossa análise, interessa a dimensão da responsabilidade patrimonial do representado/assistido, que outrora era sócio, acionista ou administrador.

Assim, o § 2º regulamenta as regras pertinentes aos bens que o incapaz já possuía antes de sua interdição (no caso em que ele era capaz e agia como empresário), ou de sua sucessão (no caso em que ele é incapaz, mas o autor da herança de que ele passa a ser beneficiário agia como empresário), bens estes que poderiam ser suficientes para quitar obrigações de qualquer natureza.

Esses bens estão excluídos do resultado da sociedade, independentemente de sua espécie – ou seja, não se submetem à garantia dos credores, por débitos gerados pela pessoa jurídica – quando forem estranhos ao acervo empregado na exploração da companhia.

Em função do tratamento legal excepcional, o Código determina que o juiz analise criteriosamente as circunstâncias concretas antes de conceder autorização prévia para que o incapaz exerça as atividades (§ 1ºdo art. 974), bem como determina a indicação, no alvará que conceder a autorização, dos fatos que motivam a salvaguarda dos bens pertencentes ao incapaz (parte final do § 2º).

O enunciado normativo não impõe a necessidade da descrição dos bens tutelados. O que deve constar do alvará é apenas a indicação da salvaguarda, a fim de que todos os eventuais interessados possam tomar conhecimento da situação excepcional conferida ao incapaz.

Outrossim, a falta de alusão à precedente existência de bens protegidos não obsta sua posterior defesa, caso provada a propriedade dos mesmos em período anterior à sucessão ou à interdição. O resguardo de interesses e direitos do incapaz sobrepõe-se, nesse caso, à prescrição contida no final do parágrafo segundo, ainda que eventuais credores possam a vir a questionar o efeito jurídico que defendemos para tal omissão.

Afaste-se, ademais, o entendimento de que o art. 974 disciplina a sucessão empresarial prevista nos arts. 132 e 133 do CTN. Como os objetos regulamentados são diversos, parece-nos não haver fundamento para sustentar que o art. 974 estaria excepcionando o disposto no CTN. O que admitimos, somente, é que o Código Civil trata de matéria não regulamentada de forma específica pelo direito tributário (possibilidade do incapaz exercer atividades empresariais e limites da submissão de seus bens pessoais para garantia da dívida da sociedade), razão pela qual o art. 974 deve ser recebido e cumprido na seara tributária como norma complementar à regulamentação fiscal.

Concluímos, com isso, que as disposições do art. 974 e § 2º coadunam-se com o CTN, em função da inexistência de contrariedade com enunciado que trate dessa matéria.

Já o § 2º e o *caput* do art. 975 estabelecem, *in verbis*:

> Art. 975. Se o representante ou assistente do incapaz for pessoa que, por disposição de lei, não puder exercer atividade de empresário, nomeará, com a aprovação do juiz, um ou mais gerentes.
>
> [...]
>
> § 2º. A aprovação do juiz não exime o representante ou assistente do menor ou do interdito da responsabilidade pelos atos dos gerentes nomeados.

Tem-se, aqui, a responsabilidade solidária e subsidiária do representante ou assistente do incapaz, pela prática de atos lícitos – tais como a assunção de dívidas pela compra de ativos imobilizados, o pagamento da folha do salários, o pagamento do prestador de serviços etc. – executados pelos gerentes nomeados e pelos primeiros previamente indicados (culpa *in eligendo*).

A solidariedade e a subsidiariedade previstas nesse parágrafo não obstam a que o representante ou o assistente busquem junto aos gerentes nomeados, no exercício de direito regressivo, o reembolso do dispêndio a que eventualmente tiverem sido obrigados a suportar.

A nosso entender, o § 2º trata apenas de solidariedade e de subsidiariedade no adimplemento de obrigações relacionadas a atos lícitos. Os ilícitos fiscais implicam a responsabilidade pessoal do agente (como, por exemplo, prescreve o art. 135 do CTN), já que nessas circunstâncias a responsabilidade é subjetiva.

10.5.3 Responsabilidade nas sociedades não personificadas

Muitas pessoas, de maneira formal ou informal, celebram contrato de sociedade e mutuamente se obrigam a combinar esforços e recursos, para lograr fins comuns. Pode ocorrer, em determinadas situações, dos atos constitutivos não existirem, ou simplesmente não terem sido levados a registro junto ao órgão competente.

Como a personalidade jurídica inicia-se, em regra,[126] com o registro, como deverão ser disciplinadas essas sociedades, desprovidas de personalidade?

Por não deterem personalidade jurídica, carecem de patrimônio próprio e responsabilidade pelas obrigações, funcionando, consequentemente, sem que se possa considerá-las como pessoa independente dos sócios que as compõem.

No entanto, não há como negar a existência informal dessas sociedades e tampouco a capacidade tributária passiva (inciso III do art. 126 do CTN), na medida em que diversos atos válidos são praticados em seus nomes, inclusive afetando interesses de terceiros de boa-fé, que poderiam restar prejudicados se o ordenamento jurídico não criasse meios para regulamentar os fatos por elas praticados.

Nesse contexto, o Código Civil prevê duas espécies de sociedades não personificadas, quais sejam, a sociedade em comum e a sociedade em conta de participação. Trataremos a seguir de cada uma delas.

---

126. As sociedades em conta de participação podem até ter registro, mas tal ato será irrelevante para lhe conferir personalidade jurídica.

10.5.3.1 Responsabilidade nas sociedades em comum

A sociedade em comum é aquela em que seus atos constitutivos não foram levados a registro no órgão competente, não obstante desenvolva comumente atividades próprias de uma sociedade empresária ou simples. Enquanto perdurar essa situação (ausência de registro), a sociedade será regida pelos arts. 986 a 990 do Código Civil.

Para comprovar a existência da sociedade, os sócios, nas relações entre si ou com terceiros, somente podem utilizar-se de prova escrita; já os terceiros podem fazer uso de qualquer meio de prova. Esta regra visa a proteger o terceiro de boa-fé, que muitas vezes desconhece a irregularidade da sociedade.

Tendo em vista a ausência de personalidade jurídica decorrente da falta de registro, há confusão do patrimônio da sociedade com o de seus sócios.

Na sociedade em comum, o art. 988 prescreve que "Os bens e dívidas sociais constituem patrimônio especial, do qual os sócios são titulares em comum."

O patrimônio especial é composto por bens, créditos e dívidas da pessoa jurídica. É considerado especial por estar separado do dos sócios, mas sob a titularidade e responsabilidade de todos eles, em comum. Essa prescrição é totalmente compatível com o CTN, não havendo como empregar um limite à responsabilidade (integralização do capital social, preço pago pela emissão das ações que subscrever ou adquirir etc.), se não existiu constituição regular.

Vejamos agora o art. 989, *in verbis*:

> Art. 989. Os bens sociais respondem pelos atos de gestão praticados por qualquer dos sócios, salvo pacto expresso limitativo de poderes, que somente terá eficácia contra o terceiro que o conheça ou deva conhecer.

Os bens sociais respondem pela dívida da sociedade, gerada em função de obrigações assumidas pelos sócios ou por terceiros a ela relacionados. Essa regra compactua-se com a do art. anterior. O que em especial nos interessa, então, é a questão do pacto limitativo de poderes.

Por força dele, é possível a celebração de acordo que restrinja os poderes de gestão do administrador que, se conhecido por terceiro, ou se este devesse conhecê-lo, gerará a exclusão da responsabilidade dos bens sociais pelo pagamento da dívida, respondendo apenas os bens do sócio que agiu em desacordo com os poderes que lhe competiam.

Essa regra não se aplica à legislação fiscal, tendo em vista que os acordos particulares não podem ser opostos ao Fisco, para evitar a responsabilidade tributária. Tal fato não impede, entretanto, que os sócios exerçam o direito de regresso em face do autor de ato praticado com excesso de poderes, e que gerou a obrigação tributária exigida pelo Fisco, e quitada com os bens sociais, em que pese o pacto limitativo de poderes fosse conhecido por todos.

Finalmente, o art. 990 estabelece, *in verbis*:

> Art. 990. Todos os sócios respondem solidária e ilimitadamente pelas obrigações sociais, excluído do benefício de ordem, previsto no art. 1.024, aquele que contratou pela sociedade.

O início deste artigo contempla a responsabilidade solidária e ilimitada dos sócios, pelas obrigações sociais. Sobre isso, a Jornada STJ nº 59[127] já se manifestou, no seguinte sentido: "Os sócios-gestores e os administradores das empresas são responsáveis subsidiária e ilimitadamente pelos atos ilícitos praticados, de má gestão ou contrários ao previsto no contrato social ou estatuto, consoante estabelecem os arts. 990, 1.009, 1.016, 1.017 e 1.091, todos do Código Civil."

---

[127]. A decisão mencionada foi aprovada na Jornada de Direito Civil, promovida pelo Centro de Estudos Judiciários do Conselho da Justiça Federal, com o patrocínio do Superior Tribunal de Justiça. A Jornada ocorreu no período de 11 a 13 de setembro de 2002, e foi coordenada pelo Ministro Ruy Rosado de Aguiar Junior (*Código Civil anotado*, p. 17).

Concordamos com o entendimento de que a responsabilidade do sócio é subsidiária e ilimitada. Mas é também solidária, ante as expressas disposições constantes dos arts. 990 e 988, não mencionadas na conclusão da Jornada STJ nº 59, acima transcrita. Todas essas três características compactuam-se com a legislação fiscal, já que estamos tratando de sociedade não personificada.

Por outro lado, o sócio responsável pela assunção da dívida, em nome da sociedade, não gozará do benefício de ordem previsto no art. 1.024, que estabelece que os bens particulares dos sócios não podem ser executados por dívidas da sociedade, senão depois de executados os bens sociais. Isso significa que o credor poderá executar diretamente o patrimônio pessoal do sócio que contratou pela sociedade, sem observar a regra da subsidiariedade.

Não concordamos com essa regra, tendo em vista que, em que pese estarmos tratando de sociedade não personificada, a responsabilidade do sócio deve ser sempre subsidiária à da sociedade (em razão dos princípios da capacidade contributiva e do não confisco). Nesse sentido, apenas se for identificada a impossibilidade de se exigir da sociedade o adimplemento da dívida, é que os sócios serão compelidos a pagar a integralidade da dívida (responsabilidade ilimitada).

Por fim, se o ato praticado pelo sócio contratante subsumir-se a uma das hipóteses contempladas no art. 135 do CTN, sua responsabilidade não será nem solidária – como determina o Código Civil – e nem subsidiária – como consta da Jornada STJ acima transcrita. A responsabilidade do autor do ilícito será pessoal e ilimitada, e exclui a responsabilidade dos demais sócios.

10.5.3.2 Responsabilidade nas sociedades em conta de participação

A sociedade em conta de participação é aquela formada por duas ou mais pessoas, que se reúnem com o objetivo de desenvolver certas atividades. A ausência de personalidade jurídica é a principal característica, e o contrato social não registrado, se existir, somente produzirá efeitos com relação aos sócios (art. 993).

A existência da sociedade em conta de participação poderá ser comprovada mediante a produção de todos os tipos de prova em direito admitidos, tal como prescreve o art. 992 do Código Civil. E a ela se aplicam, subsidiariamente e no que for compatível, as regras pertinentes à sociedade simples.

Este tipo de sociedade contempla duas modalidades de sócios: o ostensivo e o participante. A atividade constitutiva do objeto social é exercida apenas pelo sócio ostensivo, que responderá perante terceiros (art. 991). O sócio participante, por sua vez, participará dos resultados correspondentes da atividade, e somente se obrigará com relação ao sócio ostensivo (parágrafo único do art. 991).

Como todos os atos sociais são praticados em nome individual, as obrigações tributárias hão de ser garantidas de forma pessoal e ilimitada pelo patrimônio pessoal do sócio ostensivo. Essa regra aplica-se tanto para débitos regulares, quanto para os casos tipificados no art. 135 do CTN, não havendo qualquer incompatibilidade com a legislação fiscal.

A natureza lícita ou ilícita da conduta do sócio ostensivo interessa apenas ao sócio participante, para exoneração de responsabilidade solidária eventualmente estabelecida entre eles (de cunho, pois, particular). Para o Fisco, esse fato é irrelevante, já que em ambas as situações a responsabilidade do ostensivo será pessoal e ilimitada, não havendo pessoa jurídica constituída e patrimônio social a serem executados por meio de um título.

10.5.4 Responsabilidade nas sociedades personificadas

As sociedades personificadas são as que se constituem em pessoas jurídicas, adquirindo personalidade quando da inscrição de seus atos constitutivos no registro próprio e na forma da lei (art. 985). Compreendem as sociedades simples, em nome coletivo, em comandita simples, limitada, anônima, comandita por ações, cooperativa e coligadas. Analisaremos abaixo somente os dispositivos legais relacionados à responsabilidade tributária.

10.5.4.1 Responsabilidade nas sociedades simples

As sociedades simples são as decorrentes de contrato celebrado entre pessoas com o objetivo de exercer atividade econômica própria de empresário não sujeito a registro. É a sociedade não empresária.

As normas que analisaremos a seguir não se aplicam somente às sociedades simples, mas também às demais formas societárias naquilo em que forem compatíveis (conforme estabelecem os arts. 986, 996, 1.040, 1.046, 1.053, 1.089, 1.090 e 1.096 do Código Civil). A aplicação só não é subsidiária para as sociedades coligadas.

O art. 997 trata da constituição das sociedades simples. Dentre as matérias que deverão necessariamente constar do contrato social, o inciso VIII prevê a decisão sobre se os sócios responderão ou não subsidiariamente, pelas obrigações sociais.

Por isso, compete aos sócios, no momento da elaboração do contrato social, definir se a responsabilidade de cada um será ou não subsidiária à da sociedade. A definição do conteúdo dessa regra, construída a partir da interpretação sistemática do Código, e somada a um conjunto de garantias constitucionais e legais conferidas aos credores, não é das mais simples, pois a faculdade conferida aos sócios submete-se a outras regras constantes do direito positivo, de forma que o contrato social não preveja, por exemplo, que os sócios não responderão pelas perdas (art. 1.008).

Aqui não se questiona a competência dos sócios para definir a existência ou não da subsidiariedade, pois a lei é clara. Questiona-se, somente que, como essa faculdade deverá ser exercida dentro dos limites legais, o livre arbítrio dos sócios é parcial.

Expliquemos melhor: em diversos dispositivos, a lei impõe a subsidiariedade, variando somente o limite da responsabilidade (limitada ou ilimitada). Se é assim, nas situações em que a lei especifica, os sócios não poderão determinar, ao menos de forma válida, que a responsabilidade não seja subsidiária, pois estariam dispondo de forma contrária à lei. Para que essa opção dos sócios fosse legal, a ausência de subsidiariedade deveria, necessariamente, ser entendida como solidariedade ou pessoalidade, ou seja, pode não ser subsidiária, desde que seja solidária ou pessoal. Não vislumbramos outra alternativa, considerando-se a interpretação sistemática.

Cite-se, por exemplo, o art. 1.023, que prevê que "Se os bens da sociedade não lhe cobrirem as dívidas, respondem os sócios pelo saldo, na proporção em que participem das perdas sociais, salvo cláusula de responsabilidade solidária."

Assim, primeiro devem responder os bens sociais (separação do patrimônio da sociedade e do dos sócios), e caso esses sejam insuficientes, os sócios responderão na proporção da participação de cada um, salvo prescrição em sentido diverso, prevendo a solidariedade. Portanto, com base no Código Civil, não há como os sócios evitarem a responsabilidade subsidiária, salvo se tiverem eleito a solidariedade entre eles e a pessoa jurídica, ou a responsabilidade pessoal.

Com entendimento em parte similar, a Jornada STJ 61: "O termo 'subsidiariamente', constante do inciso VIII do artigo 997 do Código Civil, deverá ser substituído por 'solidariamente', a fim de compatibilizar esse dispositivo com o artigo 1.023 do mesmo Código."

Há de se observar, ainda, que a lei não pode obrigar o sócio a responder ilimitadamente pelas dívidas sociais. A ausência de limite para a responsabilidade gera, certamente, a confusão patrimonial entre os bens da sociedade e os dos sócios, além de violar a capacidade contributiva e o não confisco.

A ilegalidade e a inconstitucionalidade residem, nesse sentido, apenas na ausência de limitação. A subsidiariedade e a solidariedade podem existir validamente, já que são faculdades dos sócios.

Portanto, para que a responsabilidade de que trata o art. 997 do Código Civil compactue-se com a legislação fiscal – independentemente de ser subsidiária, solidária ou pessoal –, há de ser entendida como *limitada ao valor da integralização do capital social*.

Já o art. 1.001 estabelece o seguinte, *in verbis*:

> Art. 1.001. As obrigações dos sócios começam imediatamente com o contrato, se este não fixar outra data, e terminam quando, liquidada a sociedade, se extinguirem as responsabilidades sociais.

O ingresso dos sócios na sociedade pode ser originário ou posterior, conforme as pessoas venham a integrá-la desde a sua fundação ou em momento subsequente. No primeiro caso, o ingresso ocorre por meio da assinatura do contrato social ou do ato constitutivo; no segundo, por meio da subscrição do aumento de capital ou substituição de sócio, adquirindo do retirante sua participação na sociedade.

Em se tratando de participação originária, as obrigações dos sócios começam imediatamente com a celebração do contrato, independente da data da inscrição do instrumento no registro competente.

O marco inicial da vinculação dos sócios às obrigações sociais pode, no entanto, ser outro, pois a lei admite que o contrato fixe uma data qualquer no próprio contrato. Como essa faculdade deve ser entendida de forma que os interesses de terceiros de boa-fé não sejam prejudicados por convenções particulares, pode ocorrer de a previsão de início posterior valer apenas entre os sócios, não podendo ser oposta a terceiros.

Seria possível, além disso, que o início efetivo das atividades descritas no objeto social somente se desse algum tempo após a celebração do contrato. Mas mesmo nessa hipótese, o termo inicial permaneceria sendo a celebração do instrumento, já que, pelo menos a alguns deveres, os sócios já estariam submetidos, como por exemplo a inscrição do contrato social no Registro Civil das Pessoas Jurídicas, no prazo de 30 (trinta) dias subsequentes à constituição da sociedade (art. 998).

Por sua vez, o parágrafo único do art. 1.003 determina, *in verbis*:

> Art. 1.003. [...]
>
> Parágrafo único. Até dois anos depois de averbada a modificação do contrato, responde o cedente solidariamente com o cessionário, perante a sociedade e terceiros, pelas obrigações que tinha como sócio.

Determina referido dispositivo que, até dois anos contados da averbação da modificação do contrato, responde o cedente da quota solidariamente com o cessionário, perante a sociedade e terceiros, pelas obrigações que tinha como sócio.

Este dispositivo somente se ajusta à legislação fiscal quando estivermos tratando de obrigações assumidas *sem* qualquer espécie de ilícito por parte do sócio. Nessas circunstâncias, ele continuará responsável, solidariamente ao cessionário, pelas obrigações estabelecidas no contrato social. Matéria de direito privado, passível de regulamentação pelo Código Civil e aplicável ao direito tributário.

Por outro lado, se for identificada a prática de algum dos fatos ilícitos previstos nos arts. 135 e 137 do CTN, a responsabilidade não sofrerá qualquer limitação temporal, que não a dos prazos de decadência e prescrição. Além disso, a responsabilidade do cedente não será solidária com a do cessionário, mas pessoal e ilimitada, o que faz com que afastemos o Código Civil para as situações ilícitas.

Assim, o parágrafo único do art. 1.003 está de acordo com o CTN, se as obrigações assumidas pelo sócio não envolverem ilícitos; e incompatível, na hipótese contrária.

Ainda no tocante às sociedades simples, analisemos os seguintes artigos, *in verbis*:

Art. 1.007. Salvo estipulação em contrário, o sócio participa dos lucros e das perdas, na proporção das respectivas quotas, mas aquele, cuja contribuição consiste em serviços, somente participa dos lucros na proporção da média do valor das quotas.

Art. 1.008. É nula a estipulação contratual que exclua qualquer sócio de participar dos lucros e das perdas.

Ambos os artigos prescrevem o direito e a obrigação dos sócios de participar dos lucros e das perdas, o que significa que eles deverão responsabilizar-se pelas dívidas assumidas perante terceiros (de forma limitada, para que se compatibilize com a legislação fiscal). Qualquer estipulação contratual estabelecendo o contrário será nula, não devendo produzir efeitos entre os sócios e entre eles e terceiros.

O que pode haver, somente, é a existência de uma estipulação diversa da participação individual de cada um no capital social, baseada no princípio da autonomia da vontade. É como deve ser interpretada a parte inicial do art. 1.007, que exclui, consequentemente, a isenção de qualquer responsabilidade.

A estipulação diversa da proporção da participação social só terá validade se a garantia do crédito tributário for mantida, de forma a permitir que o Fisco possa exigir dos sócios o pagamento da dívida, até o valor da integralização do capital social. Com essa ressalva, a prescrição ora em análise compatibiliza-se com a legislação fiscal.

Há de se ressaltar, ainda, que, na hipótese de ilícito, o Fisco poderá exigir que o responsável responda ilimitada e pessoalmente pela dívida, independentemente de qualquer disposição constante do contrato social (arts. 135 e 137 do CTN).

Já no que diz respeito ao sócio cuja contribuição consista em serviços, sua participação nos lucros se dará na proporção da média do valor das quotas (ou seja, até a integralização total do capital, o sócio tem direito, apenas, a receber valor equivalente à percentagem correspondente ao número de quotas dividido pelo valor já integralizado). Isso porque, se o risco que assume não tem conteúdo econômico idêntico ao do sócio que conferir

279

bens à sociedade, a distribuição dos lucros deve guardar a mesma correspondência, até a integralização total do capital social, mediante a prestação de serviços. Esta regra diz respeito somente ao direito privado, não gerando reflexos tributários.

Agora o art. 1.009, *in verbis*:

> Art. 1.009. A distribuição de lucros ilícitos ou fictícios acarreta responsabilidade solidária dos administradores que a realizarem e dos sócios que os receberem, conhecendo ou devendo conhecer-lhes a ilegitimidade.

De acordo com esse artigo, a responsabilidade é solidária entre os administradores que distribuírem lucros ilícitos ou fictícios, e os sócios que os receberem, dada a circunstância de conhecerem, ou deverem conhecer, a ilegitimidade dos lucros, ou seja, a ciência efetiva ou potencial de que tinham caráter ilícito ou fictício.

O dispositivo é plenamente compatível com o CTN, e tem especial cabimento quando o lucro distribuído for resultante de "resultados positivos" alcançados em função de tributos não recolhidos ao Fisco.

Por outro lado, ao administrador que pagou de boa-fé, e ao sócio que recebeu dessa mesma maneira, não se aplica a regra da responsabilidade solidária, restando cada um deles obrigado apenas pelo montante de seu proveito na conduta irregular. Com isso, o dever de ressarcimento existirá, mas os envolvidos não responderão por todo o montante distribuído, mas somente pela fração efetiva do que cada um recebeu indevidamente.

Já o art. 1.016 prescreve, *in verbis*:

> Art. 1.016. Os administradores respondem solidariamente perante a sociedade e os terceiros prejudicados, por culpa no desempenho de suas funções.

Esse artigo prevê a solidariedade do administrador no caso de culpa no desempenho de suas funções. Se o administrador for também sócio, e sua conduta compatibilizar-se com o art. 134, inciso VII, do CTN, a regra estará de acordo com o CTN, em que pese o fato da responsabilidade não ser solidária, e sim subsidiária, conforme já demonstramos ao tratar de referido dispositivo legal no Capítulo V.

Para as demais situações, esse artigo não se compatibiliza com a legislação fiscal, que prescreve a necessidade de dolo (e não de mera culpa) para os tipos previstos no art. 135 do CTN.

Por fim, temos os arts. 1.023 e 1.032. Comecemos com o art. 1.023, *in verbis*:

> Art. 1.023. Se os bens da sociedade não lhe cobrirem as dívidas, respondem os sócios pelo saldo, na proporção em que participem das perdas sociais, salvo cláusula de responsabilidade solidária.

Pelas obrigações sociais não vinculadas a qualquer prática ilícita dos sócios, respondem em primeiro lugar os bens sociais, eis que constituem o acervo patrimonial disponível para utilização conforme as necessidades da pessoa jurídica.

Se os bens da sociedade não forem suficientes, cada sócio se responsabilizará de acordo com sua participação nas perdas, a princípio determinada com base na integralização do capital social. Poderá haver, entretanto, cláusula prevendo a responsabilidade solidária entre os sócios, hipótese em que o credor poderá pleitear o cumprimento da obrigação (limitada) de qualquer um dos sócios, sendo que aquele que quitar a dívida poderá exercer o direito de regresso, a fim de se restituir dos montantes devidos pelos demais sócios, considerando o valor da dívida cabível a cada um.

Tal regra é de direito privado, não violando qualquer direito do Fisco ou dos contribuintes, desde que entendida dessa forma. Será incompatível com a legislação fiscal se estabelecer que a responsabilidade do sócio limita-se apenas à proporção das quotas, hipótese em que poderia superar o valor da integralização do capital.

Passemos ao art. 1.032, *in verbis*:

> Art. 1.032. A retirada, exclusão ou morte do sócio, não o exime, ou a seus herdeiros, da responsabilidade pelas obrigações sociais anteriores, até 2 (dois) anos após averbada a resolução da sociedade; nem nos dois primeiros casos, pelas posteriores e em igual prazo, enquanto não se requerer a averbação.

A retirada, a exclusão e a morte do sócio não são consideradas causas extintivas das obrigações sociais, permanecendo o sócio (ou seu espólio) responsável pelo adimplemento das obrigações geradas durante o período em que era sócio (ou que o falecido era), até dois anos contados da averbação da saída. O marco inicial da contagem do prazo, observe-se, é o da averbação, e não o da saída propriamente dita.

A legislação fiscal não disciplina essa matéria de forma específica, ressalvados os casos de ilícito. Por isso, para que seja compatível com o CTN, o limite temporal de dois anos há de ser entendido como responsabilidade subsidiária pelo regular passivo da sociedade, sem a presença dos ilícitos tipificados no art. 135 do CTN.

Para essas situações (lícitas), o sócio que se retirou ou foi excluído dos quadros sociais, bem como o espólio daquele que faleceu, permanecerão responsáveis pela quitação da dívida fiscal gerada durante o período em que eram sócios, da mesma forma que seriam se tivessem permanecido na sociedade (e não, agora, de forma ilimitada). Após esse período, o Fisco não mais poderá responsabilizá-los, devendo cumprir com a regra veiculada no art. 1.032.

Por outro lado, se o sócio agiu com dolo (nos termos do art. 135 do CTN), sua responsabilidade será pessoal, e se submeterá apenas aos prazos de decadência e de prescrição previstos no CTN, específicos para a cobrança do crédito tributário e aplicáveis ao sócio, ou a seu espólio, sempre que houver indícios suficientes da autoria da prática do ilícito. Para esses casos, o Código Civil é incompatível com o CTN, devendo o último prevalecer.

10.5.4.2 Responsabilidade nas sociedades em nome coletivo

De acordo com o art. 1.039 do Código Civil, apenas as pessoas naturais (ou seja, físicas), podem ser sócias de uma sociedade em nome coletivo. A administração competirá exclusivamente aos sócios (art. 1.042).

O art. 1.041 determina que o contrato social mencione a firma social. Em função disso (e do disposto no art. 1.157), somente os nomes dos sócios poderão figurar na firma, bastando para formá-la adicionar ao nome de um desses sócios a expressão "e companhia", ou sua respectiva abreviatura.

O contrato social poderá impor limites à responsabilidade de cada um dos sócios, porém essas disposições não produzirão efeitos perante terceiros, já que, com relação a eles, a lei estabelece a responsabilidade solidária e ilimitada.

Também neste tipo de sociedade, é permitida a participação de sócios sem que seja necessário contribuir com dinheiro ou bens para a integralização do capital social. A contribuição poderá ser efetivada pela prestação de serviços (art. 997, inciso V).

Finalmente, são poucas as regras que regulam a sociedade em nome coletivo (artigos 1.039 a 1.044 do Código Civil), e para os casos não disciplinados expressamente deverão ser aplicadas as normas pertinentes às sociedades simples, dentre elas as cláusulas previstas no art. 997 do Código Civil, com os ajustes cabíveis.

O art. 1.039 e seu parágrafo único determinam, *in verbis*:

> Art. 1.039. Somente pessoas físicas podem tomar parte na sociedade em nome coletivo, respondendo todos os sócios, solidária e ilimitadamente, pelas obrigações sociais.
>
> Parágrafo único. Sem prejuízo da responsabilidade perante terceiros, podem os sócios, no ato constitutivo, ou por unânime convenção posterior, limitar entre si a responsabilidade de cada um.

O *caput* do art. 1.039 veicula prescrição já mencionada acima. Segundo nosso entendimento, a responsabilidade solidária e ilimitada dos sócios, pelas obrigações sociais decorrentes de atos lícitos, não se compactua com o CTN, e muito menos com a Constituição Federal. Portanto, a responsabilidade deve ser sempre subsidiária e limitada ao valor da integralização social, podendo, a partir dessas características, ser também solidária.

O parágrafo único, por sua vez, trata da possibilidade de limitação da responsabilidade dos sócios, oponível apenas entre eles. Regra de direito privado, compatível com a legislação fiscal.

10.5.4.3 Responsabilidade nas sociedades em comandita simples

A sociedade em comandita simples pode ser empresária, a exemplo da indústria, comércio etc., ou não empresária, como a atividade científica, literária ou artística.

Nas hipóteses em que o Código Civil for omisso, aplicam-se, supletivamente e naquilo que for compatível, as disposições relativas à sociedade em nome coletivo. Por via de consequência, a comandita simples também se utiliza supletivamente das normas da sociedade simples.

Nas sociedades em comandita simples, os arts. 1.045 e 1.046 e parágrafos determinam, *in verbis*:

> Art. 1.045. Na sociedade em comandita simples tomam parte sócios de duas categorias: os comanditados, pessoas físicas, responsáveis solidária e ilimitadamente pelas obrigações sociais; e os comanditários, obrigados somente pelo valor de sua quota.
>
> Parágrafo único. O contrato deve discriminar os comanditados e os comanditários.
>
> Art. 1.046 [...]
>
> Parágrafo único. Aos comanditados cabem os mesmos direitos e obrigações dos sócios da sociedade em nome coletivo.

A análise do art. 1.045 pressupõe a divisão inicial entre as duas categorias de sócios: comanditados e comanditários. Os primeiros possuem pleno direito de exercer a gestão da sociedade, podendo praticar todos os atos autorizados pelo contrato social e não proibidos em lei. Por competir a eles a administração da sociedade, só a essas pessoas aplica-se, segundo o Código Civil, a solidariedade ilimitada pelo adimplemento das obrigações sociais.

Ocorre que a responsabilidade ilimitada é incompatível com a Constituição Federal e com o CTN, conforme já demonstramos diversas vezes nesse trabalho. Ademais, a responsabilidade solidária, para que também não seja constitucional e ilegal, deve ser subsidiária à responsabilidade da pessoa jurídica. Se a dívida foi adquirida em nome da sociedade, é ela quem deve adimplir a obrigação, caso contrário haveria confusão de patrimônios e de personalidades.

A sociedade só não responderá pelo débito na hipótese da constatação de prática, pelos administradores, de atos ilícitos contrários aos seus interesses. Sendo ilícito, apenas o autor desse ato responderá pela dívida, sem qualquer envolvimento dos demais comanditados (haverá a exclusão da solidariedade e da subsidiariedade, ante o disposto nos arts. 927 e 942 do Código Civil).

Os comanditários, por sua vez, são obrigados apenas até o valor da integralização de suas quotas, pelas obrigações sociais em que os comanditados não forem responsáveis pessoais. Não vislumbramos qualquer incompatibilidade com o CTN.

Vejamos, a seguir, o art. 1.047 e seu parágrafo único, *in verbis*:

> Art. 1.047. Sem prejuízo da faculdade de participar das deliberações da sociedade e de lhe fiscalizar as operações, não pode o comanditário praticar qualquer ato de gestão, nem ter o nome na firma social, sob pena de ficar sujeito às responsabilidades de sócio comanditado.
>
> Parágrafo único. Pode o comanditário ser constituído procurador da sociedade, para negócio determinado e com poderes especiais.

Se o comanditário praticar qualquer ato de gestão, passará a se submeter à responsabilidade descrita no art. 1.045. Importante consignar, somente, que a responsabilidade apurada nos termos do artigo em análise não deverá recair sobre a totalidade das obrigações sociais, mas apenas naquelas geradas em função do ato de gestão praticado pelo comanditário. Quanto às demais dívidas, o sócio permanece respondendo segundo a regra geral contemplada no art. 1.045, qual seja, apenas até o valor da integralização de sua quota.

10.5.4.4 Responsabilidade nas sociedades limitadas

Com o advento do atual Código Civil, revogou-se o Decreto nº 3.708/19, que anteriormente regia as sociedades limitadas. Desde janeiro de 2003, este tipo societário vem sendo disciplinado pelos arts. 1.052 a 1.086 do Código Civil.

A limitada é a espécie de sociedade formada por duas ou mais pessoas, cujo capital social é dividido em quotas. Os membros que a compõem (sócios) detêm uma ou mais quotas, de acordo com a contribuição ofertada no momento em que ingressam na sociedade ou posteriormente, caso a contribuição inicial seja alterada.

Em regra, a responsabilidade dos sócios restringe-se ao valor de suas quotas, e todos respondem solidariamente pela integralização do capital social, conforme art. 1.052. A responsabilidade prevista neste artigo é pertinente aos negócios jurídicos regularmente firmados, e em relação aos quais a sociedade assume compromissos em nome próprio. Nesse sentido, não há qualquer referência à responsabilidade decorrente da prática de atos ilícitos, hipótese em que ela seria ilimitada e pessoal, conforme prescreve o art. 135 do CTN. Assim, a norma veiculada no enunciado em análise coaduna-se com o CTN.

Com relação à integralização das quotas sociais, é expressamente vedada a sua realização por meio da prestação de serviços. Todavia, admite-se para a integralização, além de dinheiro, outros bens passíveis de avaliação econômica (que não serviço).

Em caso de omissão do contrato social, as sociedades limitadas serão regidas subsidiariamente pelas normas aplicáveis às sociedades simples, podendo também estabelecer-se a observância à Lei das Sociedades por Ações.

A administração da sociedade limitada poderá ser realizada por sócios e não sócios, desde que expressamente previsto no contrato social.

As deliberações dos sócios poderão ser tomadas em reunião ou assembleia. A reunião de quotistas será regida pelas disposições constantes do contrato social, aplicando-se, subsidiariamente, as regras sobre assembleias gerais (art. 1.079 do Código Civil).

As deliberações serão tomadas por maioria de votos, contados segundo o valor das quotas de cada um. Para a formação da maioria absoluta são necessários votos correspondentes a mais da metade do capital social. Em caso de empate, prevalece a decisão do maior número de sócios.

Anualmente, nos quatro meses seguintes ao término do exercício social, os sócios deverão reunir-se em assembleia para deliberar sobre as matérias previstas no art. 1.071 do Código Civil, além das eventualmente previstas em outras leis e no contrato social. Nesse sentido, poderão aprovar as contas dos administradores, deliberar sobre o balanço patrimonial e o resultado do exercício, designar administradores e tratar de qualquer outro assunto constante da ordem do dia.

A assembleia é obrigatória para a sociedade limitada que contar com mais de dez sócios, e facultativa para a sociedade com número inferior. Poderá ser convocada pelos administradores (art. 1.072), pelos sócios, no caso de omissão dos administradores por mais de sessenta dias (art. 1.073, inciso I, primeira parte), pelos sócios titulares de mais de 1/5 do capital social, quando não atendido, no prazo de oito dias, o pedido de convocação (art. 1.073, inciso I, segunda parte), e pelo Conselho Fiscal, no caso de a diretoria retardar a convocação por mais de trinta dias.

Finalmente, tratemos de alguns artigos relevantes à nossa análise.

O § 1º do art. 1.055 prevê que "Pela exata estimação de bens conferidos ao capital social respondem solidariamente todos os sócios, até o prazo de cinco anos da data do registro da sociedade."

A contribuição dos sócios, para a formação do capital social pode se dar em bens, dinheiro ou créditos.[128] Quando se convencionar a integralização do capital por meio da entrega de bens, todos os sócios responderão solidariamente, perante terceiros, pela exata mensuração do valor dos respectivos bens. Aos sócios que não integralizaram desta forma cabe reclamar, dos demais, o montante correspondente à exata estimação dos bens conferidos ao capital social. Essa norma, como se nota, regulamenta relações de cunho privado, não refletindo na seara tributária. Passemos aos outros enunciados.

Art. 1.057 e parágrafo único, *in verbis*:

> Art. 1.057. Na omissão do contrato, o sócio pode ceder sua quota, total ou parcialmente, a quem seja sócio, independentemente de audiência dos outros, ou a estranho, se não houver oposição de titulares de mais de um quarto do capital social.
>
> Parágrafo único – A cessão terá eficácia quanto à sociedade e terceiros, inclusive para os fins do parágrafo único do art. 1.003, a partir da averbação do respectivo instrumento, subscrito pelos sócios anuentes.

Reportamo-nos à análise do parágrafo único do art. 1.003, que trata do limite temporal de dois anos contados da averbação da modificação do contrato, em que o cedente responderá solidariamente com o cessionário, perante a sociedade e terceiros, pelas obrigações que tinha como sócio, decorrentes

---

128. E nunca em serviços, conforme dispõe o parágrafo segundo desse mesmo artigo. A razão dessa limitação para este específico tipo societário é a limitação da responsabilidade dos sócios e a solidariedade que entre eles vigora pela integralização do capital social.

de atos lícitos. Esse dispositivo é compatível com a legislação fiscal. Apenas para os ilícitos, prevalecem os prazos decadenciais e prescricionais previstos no CTN.

Art. 1.059, *in verbis*:

> Art. 1.059. Os sócios serão obrigados à reposição dos lucros e das quantias retiradas, a qualquer título, ainda que autorizados pelo contrato, quando tais lucros ou quantia se distribuírem com prejuízo do capital.

A regulamentação da matéria objeto desse artigo é de competência do direito privado, não se incompatibilizando com o CTN. Inclui o recebimento de dividendos e de qualquer outro valor pago em detrimento do capital social (mas respeitando-se direitos individuais, como o de receber *pró-labore* em função dos serviços prestados à sociedade, em valor compatível com o de mercado), independente da boa-fé do beneficiário.

Se a distribuição ocorreu mediante o emprego de algum meio fraudulento ou para algum fim da mesma natureza, e o Fisco, além da própria sociedade, tiver sido prejudicado, a disciplina será a do art. 135 do CTN. Mas como o pressuposto fático, a princípio é diverso, entendemos que o artigo em análise compactua-se com a legislação fiscal.

Parágrafo 3º do art. 1.078, *in verbis*:

> Art. 1.078. [...]
>
> § 3º. A aprovação, sem reserva, do balanço patrimonial e do de resultado econômico, salvo erro, dolo ou simulação, exonera de responsabilidade os membros da administração e, se houver, os do conselho fiscal.

O § 3º do art. 1.078, que trata da assembleia anual dos sócios da limitada composta por mais de dez sócios, na qual as contas da administração devem ser aprovadas e, com isso, os membros da administração e do conselho fiscal exoneram-se de qualquer responsabilidade salvo nas hipóteses de erro, dolo ou simulação como fatores conducentes à aprovação do balanço, somente tem validade no âmbito privado, não sendo oponível ao Fisco em situações nas quais exista responsabilidade dos administradores derivada de normas do CTN (art. 135).

Não tendo havido prática de atos ilícitos tipificados no Código Tributário, a prescrição em análise compatibiliza-se com a legislação fiscal.

Já o art. 1.080 prescreve que "As deliberações infringentes do contrato ou da lei tornam ilimitada a responsabilidade dos que expressamente as aprovaram."

Ao prever a responsabilidade ilimitada do sócio ou do administrador responsável pela decisão que violar o contrato social ou a lei, o enunciado está de pleno acordo com a legislação fiscal.

Por último, o art. 1.158 e § 3º estabelecem:

> Art. 1.158. Pode a sociedade limitada adotar firma ou denominação, integradas pela palavra final 'limitada' ou a sua abreviatura.
>
> § 3º A omissão da palavra 'limitada' determina a responsabilidade solidária e ilimitada dos administradores que assim empregarem a firma ou a denominação da sociedade.

A prescrição contida no § 3º acima visa a proteger terceiros de boa-fé, já que a ausência da indicação da limitação da responsabilidade pode levar à conclusão de que ela é ilimitada. A omissão, nesse sentido, terá o efeito de provocar a responsabilidade solidária e ilimitada dos administradores que, de forma incorreta, empregarem a denominação social.

Essa norma não é compatível com a legislação fiscal, já que a separação das personalidades e dos patrimônios sociais e dos sócios, bem como as regras constantes do CTN e os princípios constitucionais da capacidade contributiva e do não confisco, não autorizam a responsabilidade ilimitada quando não decorrente de ato ilícito.

10.5.4.5 Responsabilidade nas sociedades anônimas

Sociedade anônima é a sociedade empresária cujo capital é dividido em ações (título representativo de uma fração do capital de uma sociedade anônima ou comandita por ações). Os membros titulares das ações são denominados acionistas, e respondem pelas obrigações da sociedade até o limite do preço de emissão das ações que tiverem subscrito ou adquirido.

Mesmo com o advento do Código Civil de 2002, a sociedade anônima permanece regulada pela Lei das Sociedades por Ações (Lei 6.404/76), ainda que o Código possa ser aplicado supletivamente.

O art. 4º da Lei das Sociedades por Ações classifica as sociedades anônimas em abertas ou fechadas. De acordo com tal classificação, será aberta a companhia que tiver os valores mobiliários de sua emissão admitidos em negociação em bolsa ou no mercado de balcão. Por outro lado, será considerada fechada aquela que não tiver os valores mobiliários disponíveis dessa forma.

As sociedades anônimas abertas necessitam de prévia autorização governamental, e sua administração sujeita-se à fiscalização da Comissão de Valores Mobiliários – CVM, necessária já que, como essas sociedades utilizam-se de recursos captados junto ao mercado de capitais, faz-se primordial proporcionar ao investidor uma maior segurança.

A administração das sociedades anônimas é exercida pelo Conselho de Administração ou pela Diretoria. O Conselho de Administração é eleito e destituível pela Assembleia Geral, e deve ser composto por um mínimo de três acionistas.

A Diretoria das sociedades anônimas, por sua vez, é composta por pelo menos dois membros, que poderão ou não participar do capital social da sociedade, cuja eleição e destituição será deliberada pelo Conselho de Administração. Se este órgão inexistir, tais atribuições competirão à Assembleia Geral, nos termos do art. 143 da Lei das Sociedades por Ações.

Na omissão do estatuto social, e também não havendo deliberação por parte do Conselho de Administração, a representação da companhia, assim como a prática dos atos necessários ao funcionamento regular da sociedade, poderão ser exercidos por qualquer dos diretores.

Os acionistas comuns terão responsabilidade limitada ao preço de emissão das ações que subscrever ou adquirir. Já os acionistas controladores responderão pessoalmente na hipótese de cometerem algum ilícito com abuso de poder (o que indica que a responsabilidade é subjetiva).

O único artigo do Código Civil, que trata exclusivamente da responsabilidade dos acionistas, é o de nº 1.088, em que pesem as regras pertinentes às sociedades simples deverem ser subsidiariamente aplicadas.

Considerando que o objeto desse capítulo restringe-se às disposições do Código Civil relacionadas à responsabilidade dos administradores, e considerando também que o art. 1.089 determina que as sociedades anônimas permanecerão regidas por legislação especial (*in casu*, a Lei 6.404/76), não serão analisadas as demais disposições legais que tratam da responsabilidade dos acionistas.

10.5.4.6 Responsabilidade nas sociedades em comandita por ações

A comandita por ações é espécie de sociedade cujo capital é dividido também em ações, respondendo os acionistas somente pelo valor das ações subscritas ou adquiridas. A sociedade apenas poderá ser administrada por acionistas, sendo que os diretores possuirão responsabilidade subsidiária, ilimitada e solidária pelas obrigações da sociedade.

As sociedades em comandita por ações serão regidas pelas normas relativas às sociedades anônimas, sem prejuízo das regras próprias constantes dos arts. 280 e seguintes da Lei 6.404/76. Não se aplicam a elas as normas relativas ao Conselho de Administração, autorização estatutária de aumento de capital e emissão de bônus de subscrição.

Aplicável à espécie, temos o art. 1.091 e §§1º e 3º, *in verbis*:

> Art. 1.091. Somente o acionista tem qualidade para administrar a sociedade e, como diretor, responde subsidiária e ilimitadamente pelas obrigações da sociedade.

§ 1º Se houver mais de um diretor, serão solidariamente responsáveis, depois de esgotados os bens sociais.

[...]

§ 3º. O diretor destituído ou exonerado continua, durante 2 (dois) anos, responsável pelas obrigações sociais contraídas sob sua administração.

O *caput* do artigo trata da responsabilidade subsidiária e ilimitada do acionista diretor, pelas obrigações sociais, afastando-se a prescrição contida no art. 1.088 supra, também aplicável à sociedade comandita por ações, em função de o art. 1.090 determinar a aplicação subsidiária das regras pertinentes à sociedade anônima. Já o § 1º do art. 1.091 determina a solidariedade entre os diretores, após esgotados os bens sociais.

Entendemos que a responsabilidade ilimitada, quando decorrente da prática de atos ilícitos, é incompatível com a legislação fiscal, por ferir os princípios da capacidade contributiva e do não confisco, além da separação das personalidades e dos patrimônios dos acionistas e da sociedade.

Finalmente, o § 3º do art. 1.091 ajusta-se à legislação fiscal somente quando estivermos tratando de obrigações assumidas sem qualquer espécie de ilícito por parte do diretor. Nessas circunstâncias, ele continuará responsável pelas obrigações contraídas durante sua administração, em até dois anos de sua destituição ou exoneração. Já para as situações ilícitas, aplica-se o art. 135 do CTN.

10.5.4.7 Responsabilidade nas sociedades cooperativas

A sociedade cooperativa é formada por pessoas que se obrigam mutuamente a contribuir com bens e serviços, objetivando exercer uma atividade econômica de proveito comum, sem que haja a finalidade de obtenção de lucro. De acordo com o art. 4º da Lei 5.764/71, as cooperativas são sociedades de pessoas, com forma e natureza jurídica próprias, não sujeitas à falência e constituídas para prestar serviços aos associados.

Distinguem-se das demais sociedades em função das diversas características que lhe são peculiares, dentre as quais a possibilidade de dispensa do capital social, limitação do valor de quotas que cada sócio poderá tomar e impossibilidade da transferência das quotas a terceiros, ainda que em virtude de sucessão.

Este tipo de sociedade é regido por legislação especial, tecendo o Código Civil breves diretrizes a respeito. A sociedade cooperativa será sempre simples, muito embora não esteja proibida de exercer atividades empresariais.

O art. 1.095 do Código Civil (*caput* e §§ 1º e 2º) determina que a responsabilidade dos sócios pode ser limitada ou ilimitada, restringindo-se a conceituar essas duas possibilidades. O ato constitutivo da sociedade deverá, então, dispor sobre a espécie de responsabilidade dos sócios em relação às obrigações sociais.

Por tudo o que já foi visto, entendemos que a responsabilidade será limitada se o sócio responder apenas até o valor integralizado de suas quotas, já que, caso contrário, não haveríamos de falar em responsabilidade *limitada*. Tal prescrição compactua-se com a legislação fiscal sempre que os fatos praticados pelos sócios forem atos regulares de gestão. Não o sendo, a responsabilidade será ilimitada (arts. 134 e 135 do CTN).

No que diz respeito à possibilidade da responsabilidade ser solidária e ilimitada (§ 2º do art. 1.095), por ser uma opção dos sócios, entendemos que essa previsão é constitucional e legal.

10.6 Resumo das responsabilidades dos sócios e dos acionistas no Código Civil de 2002

Para concluir, apresentaremos o quadro a seguir, que sintetiza as responsabilidades dos sócios e dos acionistas nas diversas espécies de sociedade existentes no Brasil, com base nas principais regras prescritas pelo Código Civil, bem como em nossa interpretação acerca de referidos dispositivos.

RESPONSABILIDADE TRIBUTÁRIA

Espécie de sociedade	Extensão da responsabilidade, segundo o Código Civil	Nosso entendimento
Sociedade comum	- Responsabilidade subsidiária, solidária e ilimitada (arts. 989, 990 e 1.024). - Para o sócio que contratou pela sociedade, não há subsidiariedade.	- Responsabilidade subsidiária, solidária e ilimitada, inclusive para o sócio que contratou pela sociedade.
Sociedade em conta de participação	- Responsabilidade ilimitada e pessoal do sócio ostensivo. - Sócio participante responde apenas perante o sócio ostensivo, segundo as regras do contrato social (art. 991 e parágrafo único).	- Normas compatíveis com a legislação fiscal.
Sociedade simples * Todas as regras da sociedade simples aplicam-se subsidiariamente aos demais tipos de sociedade, naquilo em que forem compatíveis. Somente para as sociedades coligadas essa disposição não se aplica.	- Responsabilidade ilimitada, na proporção do capital; ou solidária entre os sócios, se assim for estipulado no contrato social (arts. 1.007 e 1.023). - Contrato social determinará, também, se a responsabilidade dos sócios será subsidiária (art. 997, inciso VIII). - Manutenção da responsabilidade dos sócios pelas obrigações sociais, durante 2 anos de sua saída da sociedade (art. 1.003). - Distribuição de lucros ilícitos ou fictícios acarreta a responsabilidade dos administradores que a realizam, e dos sócios que a recebem (art. 1.009).	- Responsabilidade por atos lícitos deve ser limitada ao valor da integralização do capital social, e não à participação de cada sócio na sociedade, dividida pelo valor da dívida. - Contrato social pode dispor, também, sobre a solidariedade entre os sócios, bem como sobre a subsidiariedade (que por ser uma faculdade dos sócios, não é ilegal ou inconstitucional, se for eleita). - Regra dos 2 anos é constitucional e legal para atos lícitos. Ilícitos submetem-se aos prazos decadenciais e prescricionais do CTN, e desencadeiam a responsabilidade ilimitada. - Regra que regulamenta a distribuição de lucros ilícitos ou fictícios compactua-se com a legislação fiscal.
Sociedade em nome coletivo	- Responsabilidade solidária e ilimitada perante terceiros (art. 1.039).	- Responsabilidade subsidiária, solidária e limitada ao valor da integralização do capital social.

Comandita simples	- Responsabilidade solidária e ilimitada para os comanditados. E limitada, ao valor da quota, para os comanditários (art. 1.045).	- Responsabilidade subsidiária, limitada e solidária, para os comanditados e para os comanditários. Apenas pelos atos ilícitos é que o sócio comanditado responde pessoal e ilimitadamente.
Sociedade limitada	- Responsabilidade limitada ao valor das quotas. Todos os sócios respondem solidariamente até a integralização (art. 1.052). - Manutenção da responsabilidade dos sócios pelas obrigações sociais, durante 2 anos de sua saída da sociedade (art. 1.003). - Deliberações infringentes do contrato social ou da lei tornam ilimitada a responsabilidade dos que expressamente a aprovaram (art. 1.080).	- Responsabilidade limitada ao valor da integralização. - Responsabilidade será ilimitada se infringir o contrato social ou a lei (nos termos dos arts. 135 e 137 do CTN). - Regra dos 2 anos é constitucional e legal somente para atos lícitos. Ilícitos submetem-se aos prazos decadenciais e prescricionais previstos no CTN. - Responsabilidade ilimitada pelas deliberações infringentes do contrato social ou da lei compactua-se com a legislação fiscal.
Sociedade anônima	- Responsabilidade limitada ao preço das ações que subscreverem ou adquirirem (art. 1.088).	- Responsabilidade limitada à subscrição ou aquisição das ações.
Comandita por ações	- Responsabilidade subsidiária e ilimitada do diretor (art. 1.091). Se houver mais de um diretor, a responsabilidade é solidária (art. 1.091, § 1º) - Para os demais acionistas, a responsabilidade é limitada ao preço das ações que subscreverem ou adquirirem (art. 1.088) - Manutenção da responsabilidade dos sócios pelas obrigações sociais, durante 2 anos de sua saída da sociedade (art. 1.091, § 3º)	- Responsabilidade de todos os acionistas é subsidiária e limitada à subscrição ou à aquisição das ações. - Regra dos 2 anos é constitucional e legal para atos lícitos. Ilícitos submetem-se aos prazos decadenciais e prescricionais previstos no CTN.
Cooperativa	- Responsabilidade pode ser limitada ou ilimitada. Código Civil restringe-se a conceituar as duas possibilidades, sem prescrever em quais casos se aplicam. Ato constitutivo deverá dispor sobre essa matéria	- Norma compatível com a legislação fiscal.

REFERÊNCIAS

ABBAGNANO, Nicola. *Dicionário de filosofia*. Tradução de Alfredo Bosi. São Paulo: Mestre Jou, 1982.

ACHIRICA, Carlos Lete. *La responsabilidad tributaria de los administradores de las sociedades mercantiles*. Madrid (Espanha): Civitas, 2000.

ALVIM, Arruda. *Manual de direito processual civil: parte geral*. 3ª ed. São Paulo: Revista dos Tribunais, v. 1, 1990.

AMARO, Luciano da Silva. *Direito tributário brasileiro*. São Paulo: Saraiva, 1997.

_____. ISS – preço e valor de serviço. *Revista de Direito Tributário*. São Paulo: Revista dos Tribunais, nº 40, 1987.

ATALIBA, Geraldo. *Hipótese de incidência tributária*. 5ª ed. São Paulo: Malheiros, 1996.

AULETE, Caldas. *Dicionário contemporâneo da língua portuguesa*. Rio de Janeiro: Delta, 1968.

BALEEIRO, Aliomar. *Uma introdução à ciência das finanças*. 15ª ed. Rio de Janeiro: Forense, 1998.

_____. *Direito tributário brasileiro*, 10ª ed. rev. atual. por Flávio Bauer Novelli. Rio de Janeiro: Forense, 1993.

BANDEIRA DE MELLO, Celso Antônio. *Curso de direito administrativo*. 4ª ed., São Paulo: Malheiros, 1993.

_____. Ilícito tributário. *Revista de Direito Público*. São Paulo: Malheiros, v. 62 [s.d].

BARRETO, Aires Fernandino. *ISS na Constituição e na lei*. São Paulo: Dialética, 2003.

BARRETO, Paulo Ayres. *O imposto sobre a renda e os preços de transferência*. São Paulo: Dialética, 2001.

BECHO, Renato Lopes. *Sujeição passiva e responsabilidade tributária*. São Paulo: Dialética, 2000.

BECKER, Alfredo Augusto. *Teoria geral do direito tributário*. 3ª ed. São Paulo: Lejus, 1988.

BOBBIO, Norberto. *Teoría general del derecho*. 2ª ed. Santa Fé de Bogotá (Colômbia): Editorial Temis, 1992.

BOTTALLO, Eduardo Domingos. *Curso de processo administrativo tributário*. São Paulo: Malheiros Editores, 2006.

BULGARELLI, Waldírio. *Sociedades comerciais*. 8ª ed. São Paulo: Atlas, 1999.

CAIS, Cleide Previtalli. *O processo tributário*. 2ª ed. São Paulo: Revista dos Tribunais, 1996.

_____. Exceção de pré-executividade em execução fundada em título executivo extrajudicial. *Revista Dialética de Direito Tributário*. São Paulo, Dialética, nº 43, p. 22-32, 1999.

CAMPO, Ronaldo Cunha. *Execução fiscal e embargos do devedor*. Rio de Janeiro: Forense, 1978.

CANOTILHO, José Joaquim Gomes. *Direito constitucional*. 5ª ed. Coimbra (Portugal): Almedina, 1991.

CANUTO, Enrique de Miguel. *Extensión a terceros de los efectos de las sentencias tributarias*. Elcano: Aranzadi, 2001.

CAPEZ, Fernando. *Curso de direito penal: parte geral.* 6ª ed. São Paulo: Saraiva, v. I, 2003.

CARRAZZA, Roque Antônio. *Curso de direito constitucional tributário.* 3ª ed. São Paulo: Revista dos Tribunais, 1991.

CARVALHO, Paulo de Barros. *Curso de direito tributário.* 14ª ed. São Paulo: Saraiva, 2002.

_____. *Direito tributário: fundamentos jurídicos da incidência.* São Paulo: Saraiva, 1998.

_____. Sujeição passiva e responsáveis tributários. *Repertório IOB de Jurisprudência - Caderno tributário, constitucional e administrativo.* São Paulo: IOB, p. 255-265, 1996.

CARVALHOSA, Modesto. *Comentários à lei de sociedades anônimas,* v. 4, tomo II, 5ª. ed. São Paulo: Saraiva, 2014.

CERQUEIRA, Marcelo Paulo Fortes de. *Repetição do indébito tributário.* São Paulo: Max Limonad, 2000.

COELHO, Fábio Ulhoa. *Manual de direito comercial.* 23ª ed. São Paulo: Saraiva, 2011.

_____. *Curso de direito comercial: direito de empresa.* V. 2, 14ª. ed. São Paulo: Saraiva, 2010.

_____. *Desconsideração da personalidade jurídica.* 2ª ed. São Paulo: Revista dos Tribunais, 1989.

_____. Parecer proferido para o Instituto de Registro de Títulos e Documentos e de Pessoas Jurídicas do Brasil, para o Centro de Estudos e Distribuição de Títulos e Documentos de São Paulo e para o Registro Civil das Pessoas Jurídicas do Rio de Janeiro. São Paulo: 2003.

COÊLHO, Sacha Calmon Navarro. *Curso de direito tributário brasileiro.* Rio de Janeiro: Forense, 1999.

_____. Responsabilidade dos sócios e administradores. *Revista de Direito Tributário*. São Paulo: Malheiros, nº 87, p. 305-313, 2003.

_____. In: Carlos Valder do Nascimento (coord.). *Comentários ao Código Tributário Nacional*. Rio de Janeiro: Forense, 1997.

COMPARATO, Fábio Konder. *O poder de controle na sociedade anônima*. Rio de Janeiro: Editora Forense, 2008.

CONRADO, Paulo Cesar. *Introdução à teoria geral do processo civil*. 2ª ed., São Paulo: Max Limonad, 2003.

_____. O problema do contraditório nos lançamentos por homologação. *Revista Dialética de Direito Tributário*. São Paulo: Dialética, nº 52, p. 114-7, 2000.

DALLAZEM, Dalton Luiz. *Cisão e responsabilidade tributária*. Dissertação de Mestrado. São Paulo: Pontifícia Universidade Católica de São Paulo, 1998.

DARZÉ, Andréa Medrado. *Responsabilidade tributária:* solidariedade e subsidiariedade. São Paulo: Noeses, 2010.

DENARI, Zelmo. *Enciclopédia Saraiva do Direito*. São Paulo: Saraiva, v. 66, 1981.

DERZI, Misabel Abreu Machado. *Direito tributário, direito penal e tipo*. São Paulo: Revista dos Tribunais, 1988.

_____. Legalidade material, modo de pensar "tipificante" e praticidade do direito tributário. *Justiça tributária*. São Paulo: Max Limonad, 1998.

_____. Transcrição da mesa de debates ocorrida no IX Congresso Brasileiro do IDEPE. *Revista de Direito Tributário*. São Paulo: Malheiros, nº 67, p. 178-195 [s.d.].

DERZI, Misabel Abreu Machado; COÊLHO, Sacha Calmon Navarro. *Direito tributário aplicado*. Belo Horizonte: Del Rey, 1997.

DINIZ, Gustavo Saad. *Responsabilidade dos administradores por dívidas das sociedades limitadas*. Porto Alegre: Síntese, 2003.

DINIZ, Marcelo de Lima. *Garantias e privilégios do crédito tributário* (texto inédito).

DINIZ, Maria Helena. *Dicionário jurídico*. São Paulo: Saraiva, v. 4, 1998.

FERRAGUT, Maria Rita. *Presunções no direito tributário*. São Paulo: Dialética, 2001.

FERRAZ JÚNIOR, Tércio Sampaio. *Introdução ao estudo do direito*. 2ª ed. São Paulo: Atlas, 1995.

FERREIRA Waldemar; LUCENA José Waldecy. *Das sociedades por quotas de responsabilidade limitada*. 3ª ed. Rio de Janeiro: Renovar, 1999.

FIGUEIREDO, Lucia Valle. *Curso de direito administrativo*. 3ª ed. São Paulo: Malheiros, 1994.

_____. *Estado de direito e devido processo legal* (texto inédito).

GOMES, Orlando. *Introdução ao direito civil*. 12ª ed. Rio de Janeiro: Forense, 1996.

GRECO, Marco Aurélio. *Planejamento tributário*. 2. ed. São Paulo: Dialética, 2008.

GUIBOURG, Ricardo A.; GHIGLIANI, Alejandro M.; GUARINONI, Ricardo. *Introducción al conocimiento científico*. 2ª ed. Buenos Aires (Argentina): Eudeba, 1994.

HEGENBERG, Leonidas. *Definições: termos teóricos e significado*. São Paulo: Cultrix, 1974.

HEIDEGGER, Martin. Sobre a essência da verdade. *Coleção "Os pensadores"*. São Paulo: Nova Cultural, 1989.

HOFFMANN, Susy Gomes. *Teoria da prova no direito tributário*. Tese de Doutorado. São Paulo: Pontifícia Universidade Católica de São Paulo, 1998.

HORVATH, Estevão. *Lançamento tributário e "autolançamento"*. São Paulo: Dialética, 1997.

JIMÉNEZ, Francisco J. Martín. *El procedimiento de derivación de responsabilidad tributaria*. Valladolid (Espanha): Lex Nova, 2000.

JUNQUEIRA, Helena Marques. *A responsabilidade tributária dos sócios e administradores da pessoa jurídica*. Dissertação de Mestrado. São Paulo: Pontifícia Universidade Católica de São Paulo, 2002.

KELSEN, Hans. *Teoria pura do direito*. Tradução de João Baptista Machado. Coimbra (Portugal): Arménio Amado, 1976.

LAPATZA, Ferreiro. Los sujetos pasivos de la obligación tributaria. *Revista Española de Derecho Financiero*. Madrid (Espanha): Civitas, nº 72, p. 381-398, 1991.

MARINS, James. *Direito processual tributário brasileiro (administrativo e judicial)*. 2ª ed., São Paulo: Dialética, 2002.

MARQUES, José Frederico. *Instituições de direito processual civil*. Rio de Janeiro: Forense, v. 3, 1958.

MARTINS, Fran. *Curso de direito comercial*. 11ª ed. Rio de Janeiro: Forense, 1986.

MATIAS, João Luis Nogueira. *Responsabilidade tributária dos sócios no Mercosul*. Belo Horizonte: Mandamentos, 2001.

MATIELLO, Fabrício Zamprogna. *Código Civil comentado*. São Paulo: LTr, 2003.

MEDAUAR, Odete. *A processualidade no direito administrativo*. São Paulo: Revista dos Tribunais, 1993.

MELO, José Eduardo Soares de. *Curso de direito tributário*. 2ª ed. São Paulo: Dialética, 2001.

MELO, Leonardo Augusto Santos. A exceção de pré-executividade na execução fiscal. *Revista Dialética de Direito Tributário*. São Paulo: Dialética, nº 78, p. 57-72, 2002.

MIRANDA, Pontes de. *Tratado de direito privado*. Rio de Janeiro: Borsoi, tomos I, II e IV, 1954.

_____. *Comentários ao Código de Processo Civil*. Rio de Janeiro: Forense, tomo IX, 1976.

MONTEIRO, Washington de Barros. *Curso de direito civil*: parte geral. 41. ed., v. 1. atual. Ana Cristina de Barros Monteiro França Pinto. São Paulo: Saraiva, 2007.

MONTEIRO NETO, Nelson. O problema do responsável pela sociedade comercial em matéria de dívida tributária e um interessante aspecto no plano do direito processual. *Revista Dialética de Direito Tributário*. São Paulo: Dialética, nº 73, p. 92-6, 2001.

MOREIRA, José Edson Campos. *A linguagem competente do direito, a teoria das provas e a responsabilidade tributária dos administradores das sociedades civis e comerciais*. Dissertação de Mestrado. São Paulo: Pontifícia Universidade Católica de São Paulo, 2001.

NERY JUNIOR, Nelson. *Princípios do Processo Civil na Constituição Federal*. 4. ed. São Paulo: Revista dos Tribunais, 1997.

NERY JUNIOR, Nelson; NERY, Rosa Maria Andrade. *Código Civil anotado*. 2ª ed. São Paulo: Revista dos Tribunais, 2003.

NEDER, Marcos Vinicius. *Responsabilidade solidária no lançamento tributário* (texto inédito).

NOGUEIRA, Ruy Barbosa. *Curso de direito tributário*. 14ª ed. São Paulo: Saraiva, 1995.

NUCCI, Guilherme de Souza. *Código Penal comentado*. 4ª ed., São Paulo: Revista dos Tribunais, 2004.

OLIVEIRA, Ricardo Mariz de. *O empresário, a sociedade empresária, a sociedade simples e a responsabilidade tributária perante o Código Tributário Nacional – CTN e o Código Civil de 2002* (texto inédito).

PACHECO, Angela Maria da Motta. *Sanções tributárias e sanções penais tributárias*. São Paulo: Max Limonad, 1997.

PAULA JUNIOR, Aldo de. *Sujeição passiva por responsabilidade na modalidade de substituição tributária – aspectos lógicos, teóricos e práticos* (texto inédito).

PAULSEN, LEANDRO. *Responsabilidade e substituição tributárias*. 2ª ed. Porto Alegre: Livraria do Advogado, 2014.

QUEIROZ, Luís Cesar Souza de. *Sujeição passiva tributária*. Rio de Janeiro: Forense, 1998.

REALE, Miguel. *Fundamentos do direito*. 3ª ed. São Paulo: Revista dos Tribunais, 1998.

RODRIGUES, Silvio. *Direito civil: parte geral*. 28ª ed. São Paulo: Saraiva, v. I, 1998.

SÁ, Rodrigo Cesar Caldas de. Exceção de pré-executividade e Fazenda Pública: pode alguém ser submetido a processo executivo sem pressupostos ou condições de constituição ou desenvolvimento regular? *Revista Dialética de Direito Tributário*. São Paulo: Dialética, nº 53, p. 95-104, 2000.

SANTI, Eurico Marcos Diniz de. *Lançamento tributário*. São Paulo: Max Limonad, 1996.

_____. *Decadência e prescrição no direito tributário.* São Paulo: Max Limonad, 2000.

SILVA, José Afonso da. *Curso de direito constitucional positivo.* 6ª ed. São Paulo: Revista dos Tribunais, 1990.

SILVEIRA, Paulo Caliendo V. da. Do conceito de estabelecimentos permanentes e sua aplicação no direito tributário internacional. In: Torres, Heleno Taveira (coord.) *Direito tributário internacional aplicado.* São Paulo: Quartier Latin, 2003.

SOUSA, Rubens Gomes de. *Compêndio de legislação tributária.* São Paulo: Resenha Tributária, 1975.

_____. Sujeito passivo das taxas. *Revista de Direito Público.* São Paulo: Malheiros, nº 16, p. 346-53 [s.d.].

SOUZA, Gelson Amaro de. *Responsabilidade tributária e legitimidade passiva na execução fiscal.* 2ª ed. Ribeirão Preto: Nacional de Direito Livraria e Editora, 2001.

TAVARES, Alexandre Macedo. Dívida fiscal societária e a natureza jurídica específica da responsabilidade dos sócios-gerentes e diretores: solidariedade inconteste ou substitutividade excepcional? *Revista Dialética de Direito Tributário.* São Paulo: Dialética, nº 75, 2001.

THEODORO JÚNIOR, Humberto. *Curso de direito processual civil.* Rio de Janeiro: Forense, v. 2, 1985.

_____. *Processo de execução.* 6ª ed. São Paulo: Ed. Universitária de Direito, 1981.

TÔRRES, Heleno Taveira; QUEIROZ, Mary Elbe (Coord.). *Desconsideração da personalidade jurídica em matéria tributária.* Regime tributário da interposição de pessoas e da desconsideração da personalidade jurídica: os limites do art. 135, II e III, do CTN. São Paulo: Quartier Latin, 2005.

TORRES, Ricardo Lobo. *Curso de direito financeiro e tributário.* 12ª ed. Rio de Janeiro: Renovar, 2005.

VILANOVA, Lourival. *As estruturas lógicas e o sistema do direito positivo*. São Paulo: Max Limonad, 1997.

_____. *Causalidade e relação no direito*. 2ª ed. São Paulo: Saraiva, 1989.

XAVIER, Alberto. *Do lançamento: teoria geral do ato, do procedimento e do processo tributário*. 2ª ed. Rio de Janeiro: Forense, 1998.

_____. *Tipicidade da tributação, simulação e norma antielisiva*. São Paulo: Dialética, 2001.

WAMBIER, Teresa Arruda Alvim; WAMBIER, Luiz Rodrigues. *Processo de execução e assuntos afins*. São Paulo: Revista dos Tribunais, 1998.